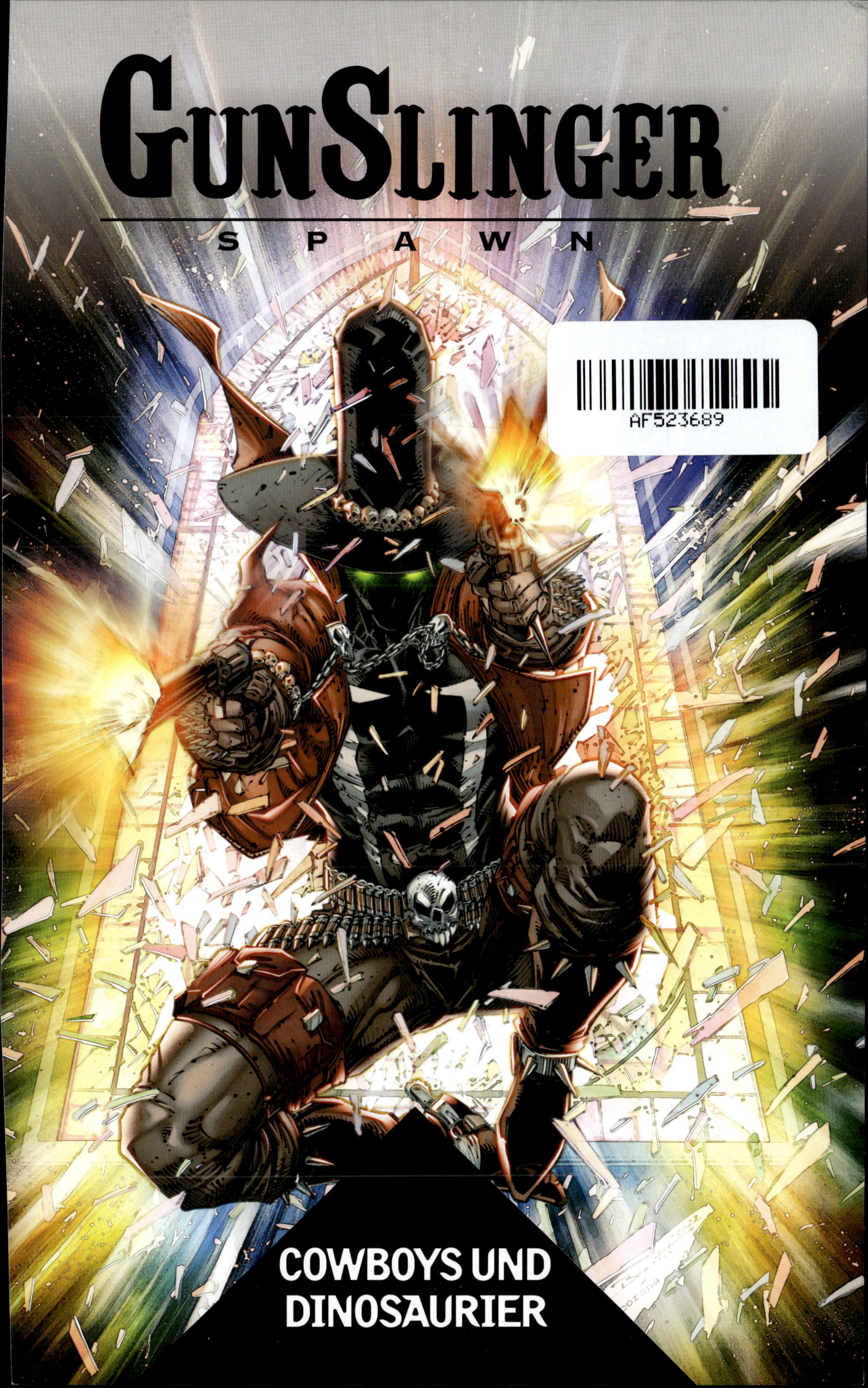

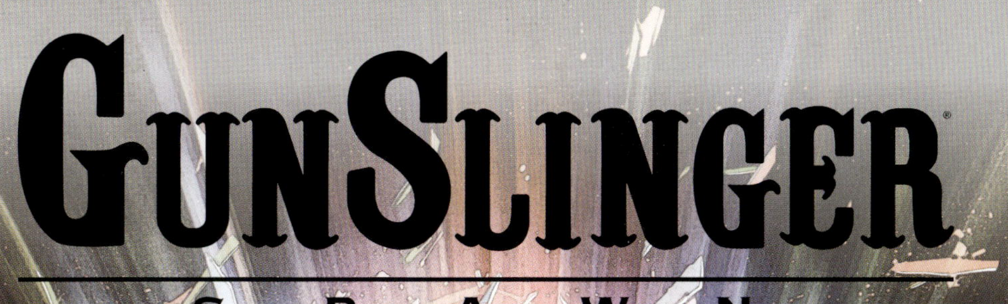

COWBOYS UND DINOSAURIER

COWBOYS UND DINOSAURIER TEIL 1
Untitled
Gunslinger Spawn (2021) 20
Mai 2023

COWBOYS UND DINOSAURIER TEIL 2
Untitled
Gunslinger Spawn (2021) 21
Juni 2023

COWBOYS UND DINOSAURIER TEIL 3
Untitled
Gunslinger Spawn (2021) 22
Juli 2023

COWBOYS UND DINOSAURIER TEIL 4
Untitled
Gunslinger Spawn (2021) 23
August 2023

COWBOYS UND DINOSAURIER TEIL 5
Untitled
Gunslinger Spawn (2021) 24
September 2023

COWBOYS UND DINOSAURIER ENDE
Untitled
Gunslinger Spawn (2021) 25
Oktober 2023

TODD McFARLANE
SKRIPT & PLOT

BRETT BOOTH (20-24)
DEXTER SOY (25)
ZEICHNUNGEN

ADELSO CORONA
COREY KING (22-23)
TUSCHE

IVAN NUNES
FARBEN

SIMONE DOMIZI
LETTERING

CLAUDIA FLIEGE
ÜBERSETZUNG

THOMAS HEALY
YVETTE ARTEAGA
ERIC STEPHENSON
REDAKTION USA

SPAWN GESCHAFFEN VON **TODD McFARLANE**

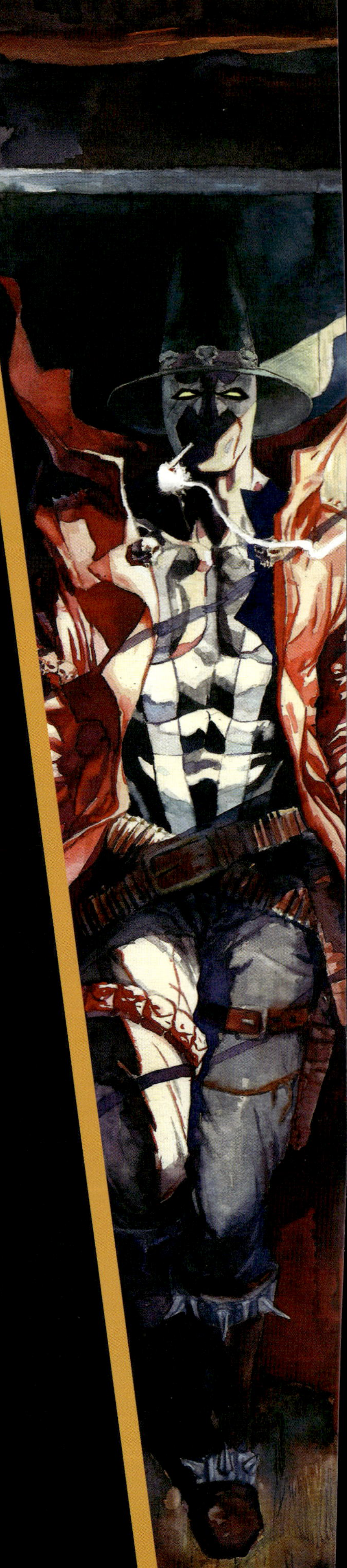

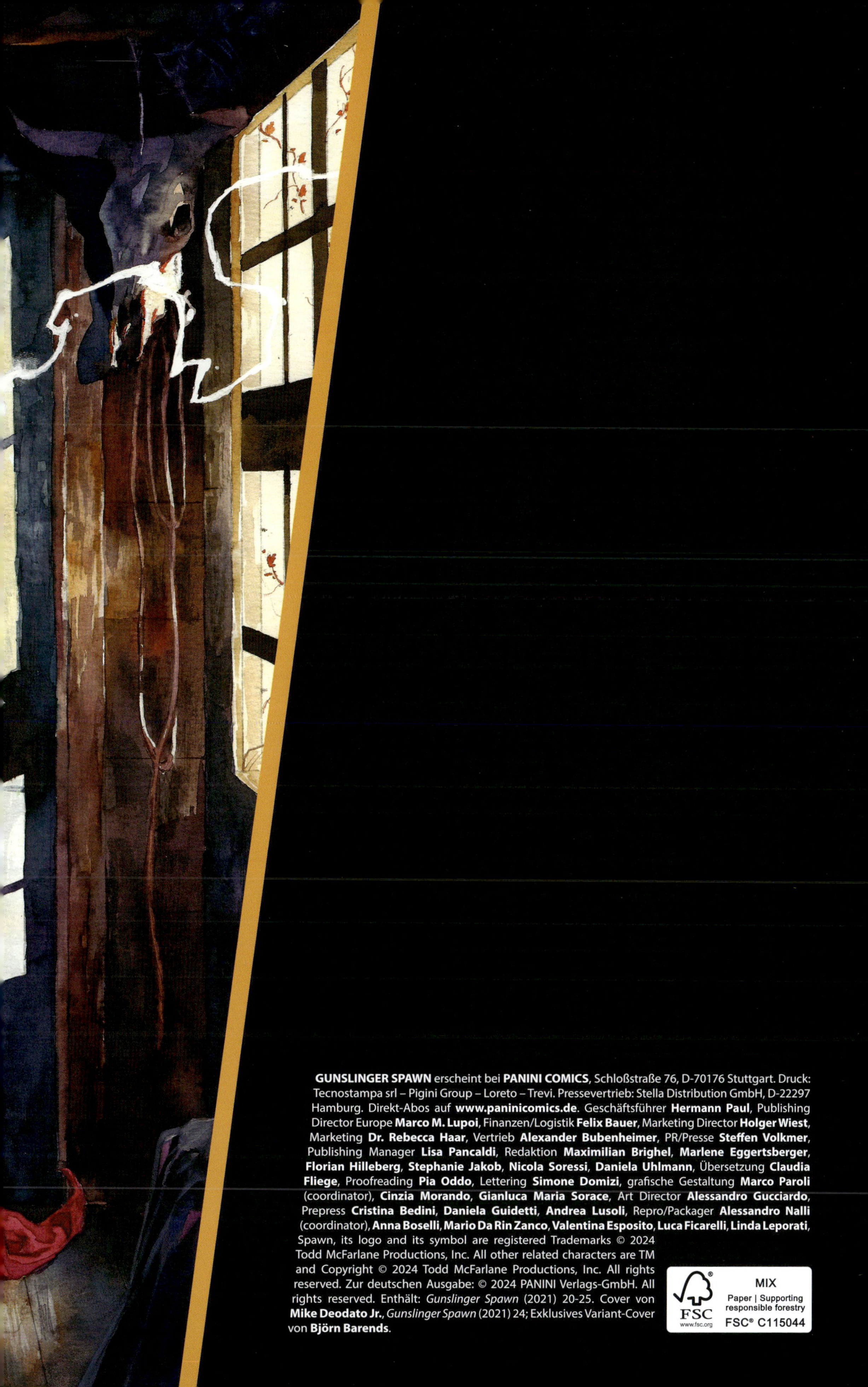

GUNSLINGER SPAWN erscheint bei **PANINI COMICS**, Schloßstraße 76, D-70176 Stuttgart. Druck: Tecnostampa srl – Pigini Group – Loreto – Trevi. Pressevertrieb: Stella Distribution GmbH, D-22297 Hamburg. Direkt-Abos auf **www.paninicomics.de**. Geschäftsführer **Hermann Paul**, Publishing Director Europe **Marco M. Lupoi**, Finanzen/Logistik **Felix Bauer**, Marketing Director **Holger Wiest**, Marketing **Dr. Rebecca Haar**, Vertrieb **Alexander Bubenheimer**, PR/Presse **Steffen Volkmer**, Publishing Manager **Lisa Pancaldi**, Redaktion **Maximilian Brighel**, **Marlene Eggertsberger**, **Florian Hilleberg**, **Stephanie Jakob**, **Nicola Soressi**, **Daniela Uhlmann**, Übersetzung **Claudia Fliege**, Proofreading **Pia Oddo**, Lettering **Simone Domizi**, grafische Gestaltung **Marco Paroli** (coordinator), **Cinzia Morando**, **Gianluca Maria Sorace**, Art Director **Alessandro Gucciardo**, Prepress **Cristina Bedini**, **Daniela Guidetti**, **Andrea Lusoli**, Repro/Packager **Alessandro Nalli** (coordinator), **Anna Boselli**, **Mario Da Rin Zanco**, **Valentina Esposito**, **Luca Ficarelli**, **Linda Leporati**,

 Enthält: *Gunslinger Spawn* (2021) 20-25. Cover von **Mike Deodato Jr.**, *Gunslinger Spawn* (2021) 24; Exklusives Variant-Cover von **Björn Barends**.

SAURIER, CLOWNS UND BLAUE BOHNEN

von Florian Hilleberg

Im Jahr 1992 erschien die erste Ausgabe von *Spawn* bei Image Comics. Erfunden worden war die Figur von einem der Mitbegründer des Verlags, **Todd McFarlane**. Der schrieb und zeichnete die Serie zunächst ganz allein, was ihm 2019 sogar einen Eintrag ins Guinnessbuch der Rekorde einbrachte. Mittlerweile sind andere Autoren und Zeichner für die Serie verantwortlich, sodass sich deren Schöpfer anderen Projekten widmen kann, unter anderem der Expansion des Spawn-Universums, die sich durch mehrere Spin-off-Serien bemerkbar macht. Eine davon ist die überaus erfolgreiche Serie *Gunslinger Spawn*. Der titelgebende Antiheld, hinter dem sich der Revolverschwinger **Jeremy Winston** verbirgt, stammt aus der Hauptserie und war so beliebt, dass sich McFarlane entschloss, ihm eine eigene Serie zu schenken, die es mittlerweile auf 25 US-Ausgaben gebracht hat. Vor gut 200 Jahren wurde die Familie von Jeremy Winston brutal ermordet, woraufhin dieser einen Pakt mit dem Höllenfürsten **Mammon** schloss und zu **Gunslinger Spawn** wurde. Mittlerweile ist der rächende Revolverheld in der Gegenwart angekommen, im Körper eines Mannes namens **Javier**, und noch immer auf der Suche nach jenen, die verantwortlich sind für den Tod seiner Schwester. Ein junger Mann namens **Taylor** begleitet Javier auf seinem Trip durch ein ihm fremdes Amerika, das so gar nichts mehr mit dem Wilden Westen zu tun hat. Zwischenzeitlich schloss sich Gunslinger Spawn sogar **Jessica Priest** alias **She-Spawn** und ihrem Team namens **Scorched** an, trennte sich jedoch schon bald wieder von der Truppe, unter anderem, um seinen alten Feind **Winterstone** zu erledigen. Auch mit dem **Clown**, dem Erzfeind des Original-Spawn alias Ex-Söldner **Al Simmons** ist Gunslinger bereits aneinandergeraten. Momentan sucht der Clown auf **Omega Island** nach jenem Portal, durch das **Cogliostro** alias **Kain** alias **Sinn** in die Hölle gelangte, wo er dabei ist, den Höllenthron zu besteigen (siehe *Spawn* 130, 131 & 133). Die Schmach, die ihm Gunslinger Spawn beigebracht hat, hat der Clown jedoch nicht vergessen und seine eigene Tochter **Dakota**, die Königin der Dinosaurier, auf Javier und Taylor angesetzt. Doch Dakota hat eigene Pläne, denn sie sucht noch immer nach ihrer Mutter. Außerdem hasst sie ihren Vater aus tiefstem Herzen. Daher hofft sie, dass Gunslinger Spawn ihr dabei helfen wird, den Clown ein für alle Mal zu vernichten …

Todd McFarlane hat es sich nicht nehmen lassen, die Geschichte von Gunslinger Spawn persönlich weiterzuerzählen. Gezeichnet werden dessen Abenteuer erneut von **Brett Booth** und erstmals auch von **Dexter Soy**. Viel Spaß beim Lesen!

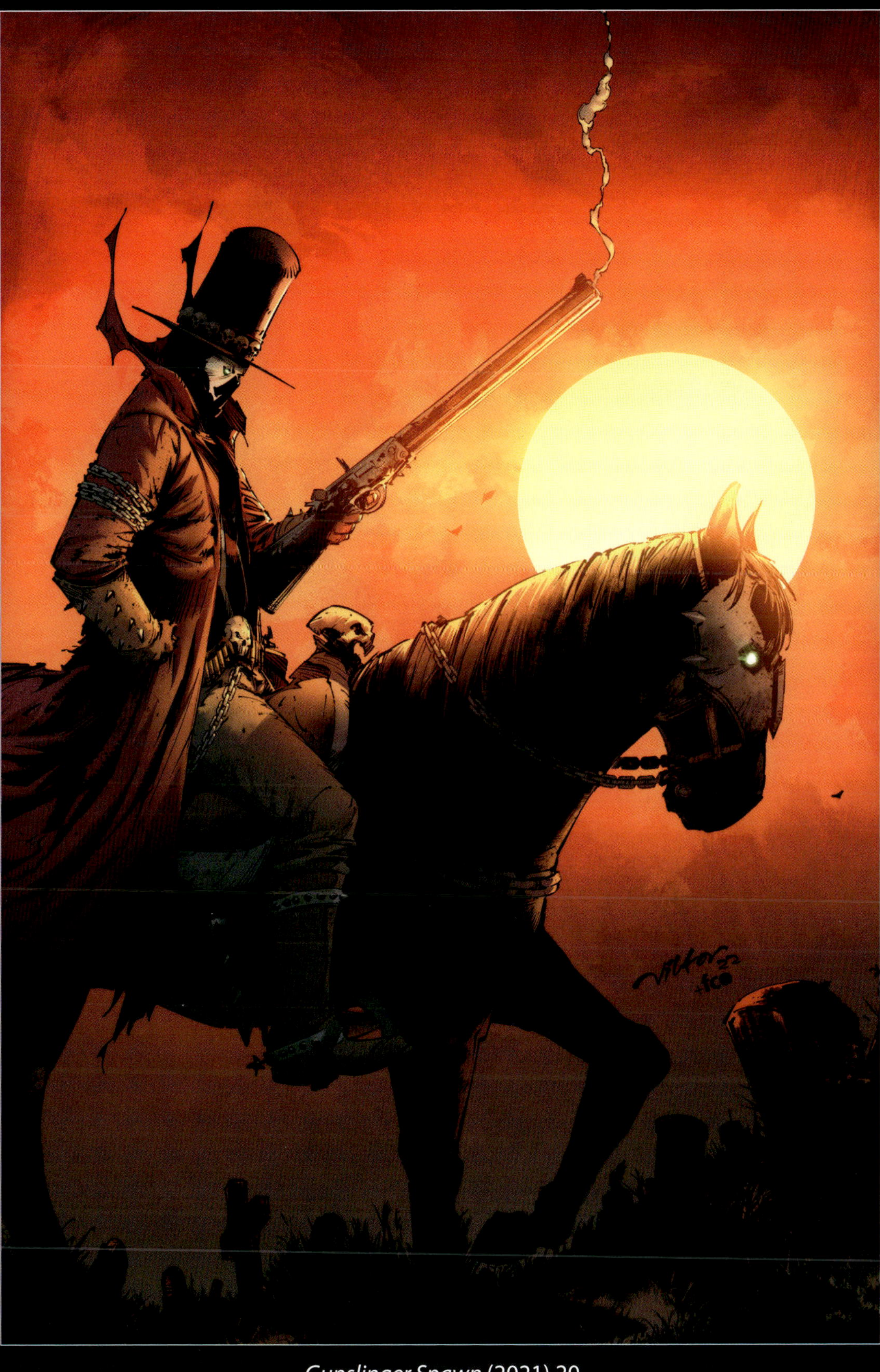

Gunslinger Spawn (2021) 20
Cover von **VIKTOR BOGDANOVIC**

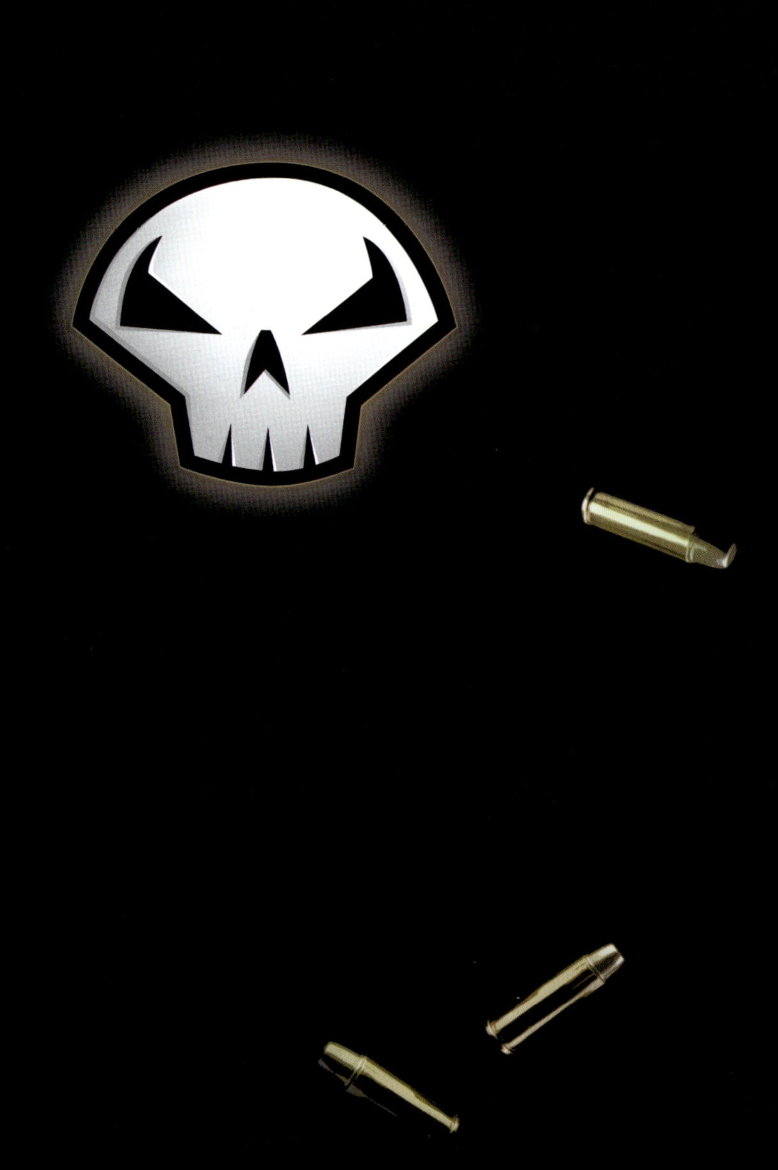

JAVIER WIRD MÜDE VON DEM, WAS HIER PASSIERT, ER MUSS SICH ERHOLEN.

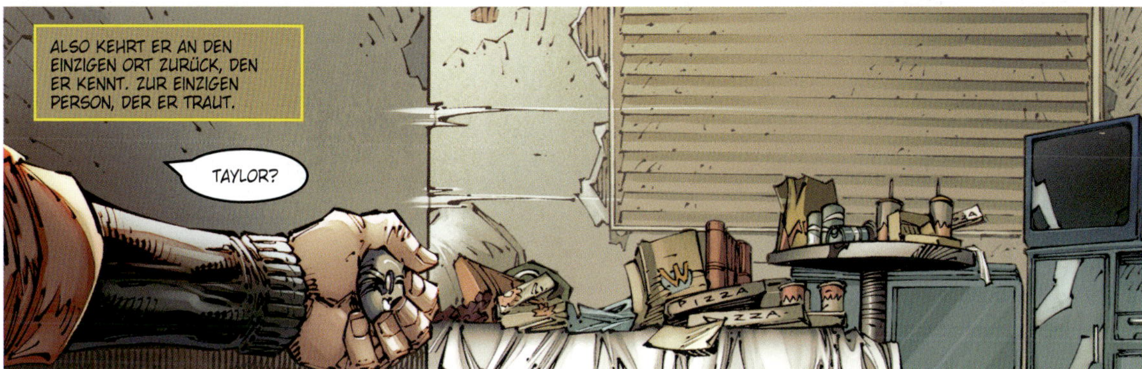

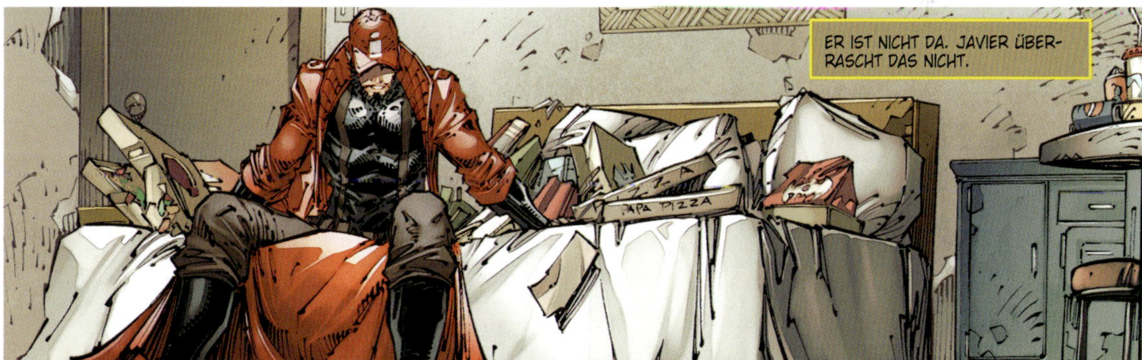

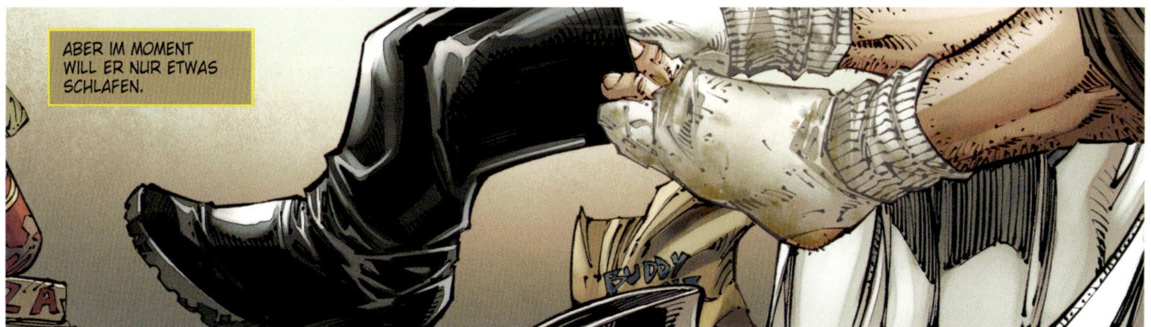

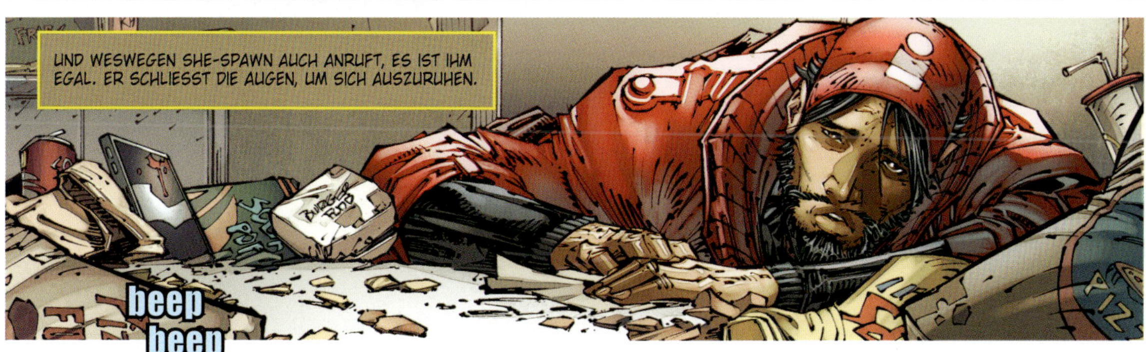

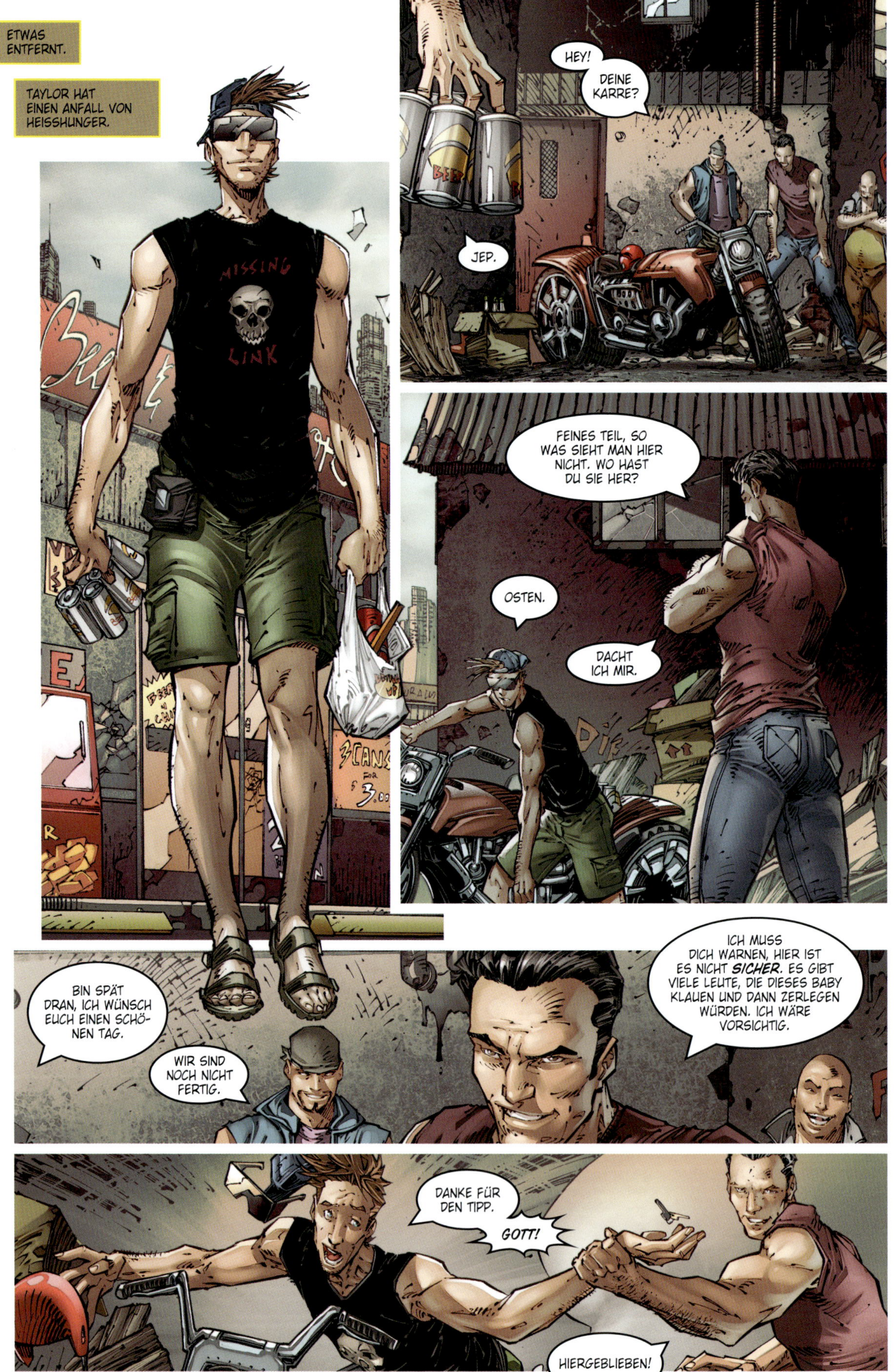

ETWAS ENTFERNT.
TAYLOR HAT EINEN ANFALL VON HEISSHUNGER.
HEY!
DEINE KARRE?
JEP.
FEINES TEIL, SO WAS SIEHT MAN HIER NICHT. WO HAST DU SIE HER?
OSTEN.
DACHT ICH MIR.
BIN SPÄT DRAN, ICH WÜNSCH EUCH EINEN SCHÖ-NEN TAG.
WIR SIND NOCH NICHT FERTIG.
ICH MUSS DICH WARNEN, HIER IST ES NICHT **SICHER**. ES GIBT VIELE LEUTE, DIE DIESES BABY KLAUEN UND DANN ZERLEGEN WÜRDEN. ICH WÄRE VORSICHTIG.
DANKE FÜR DEN TIPP.
GOTT!
HIERGEBLIEBEN!

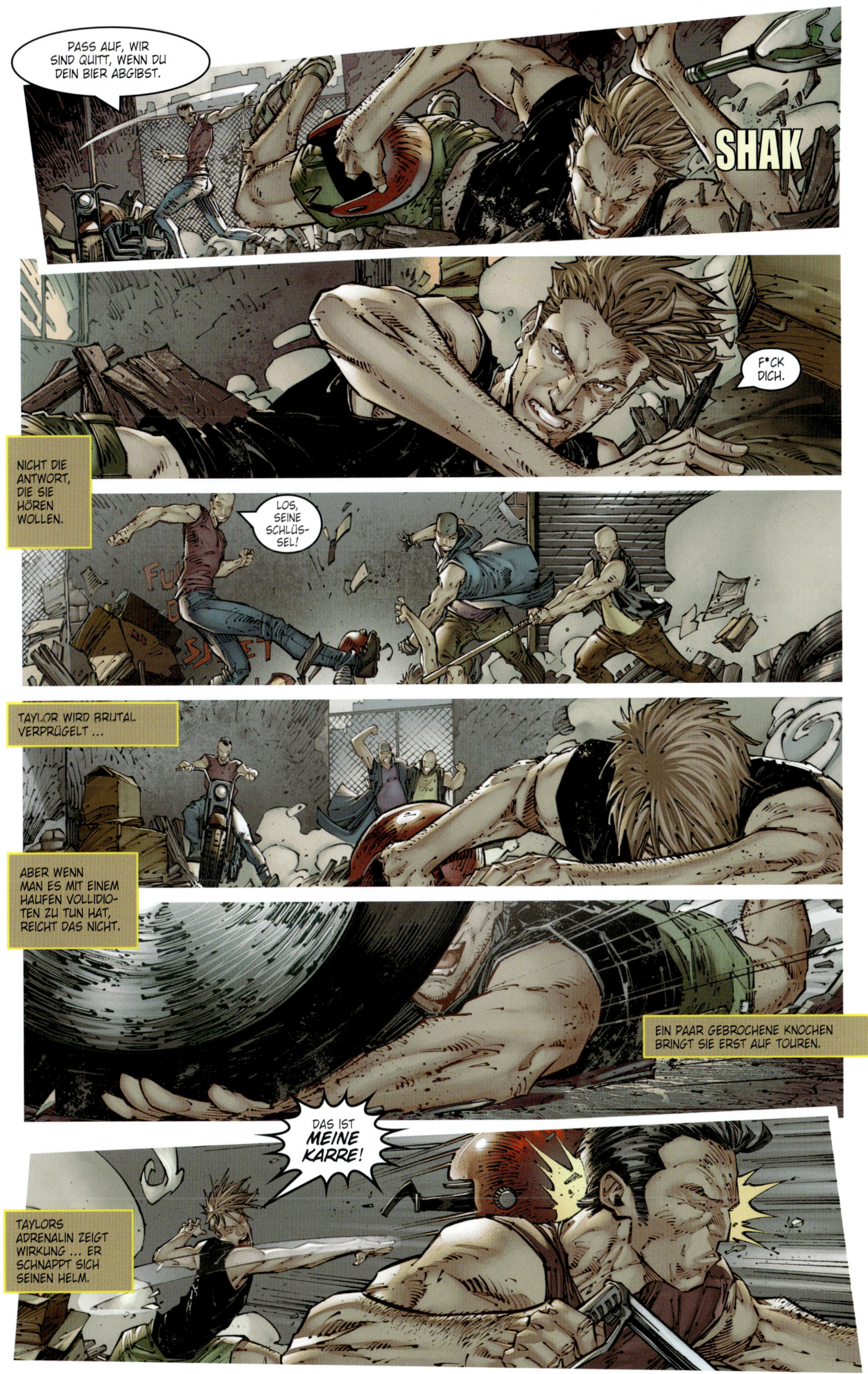
PASS AUF, WIR SIND QUITT, WENN DU DEIN BIER ABGIBST.
SHAK
F*CK DICH.
NICHT DIE ANTWORT, DIE SIE HÖREN WOLLEN.
LOS, SEINE SCHLÜS-SEL!
TAYLOR WIRD BRUTAL VERPRÜGELT ...
ABER WENN MAN ES MIT EINEM HAUFEN VOLLIDIO-TEN ZU TUN HAT, REICHT DAS NICHT.
EIN PAAR GEBROCHENE KNOCHEN BRINGT SIE ERST AUF TOUREN.
DAS IST MEINE KARRE!
TAYLORS ADRENALIN ZEIGT WIRKUNG ... ER SCHNAPPT SICH SEINEN HELM.

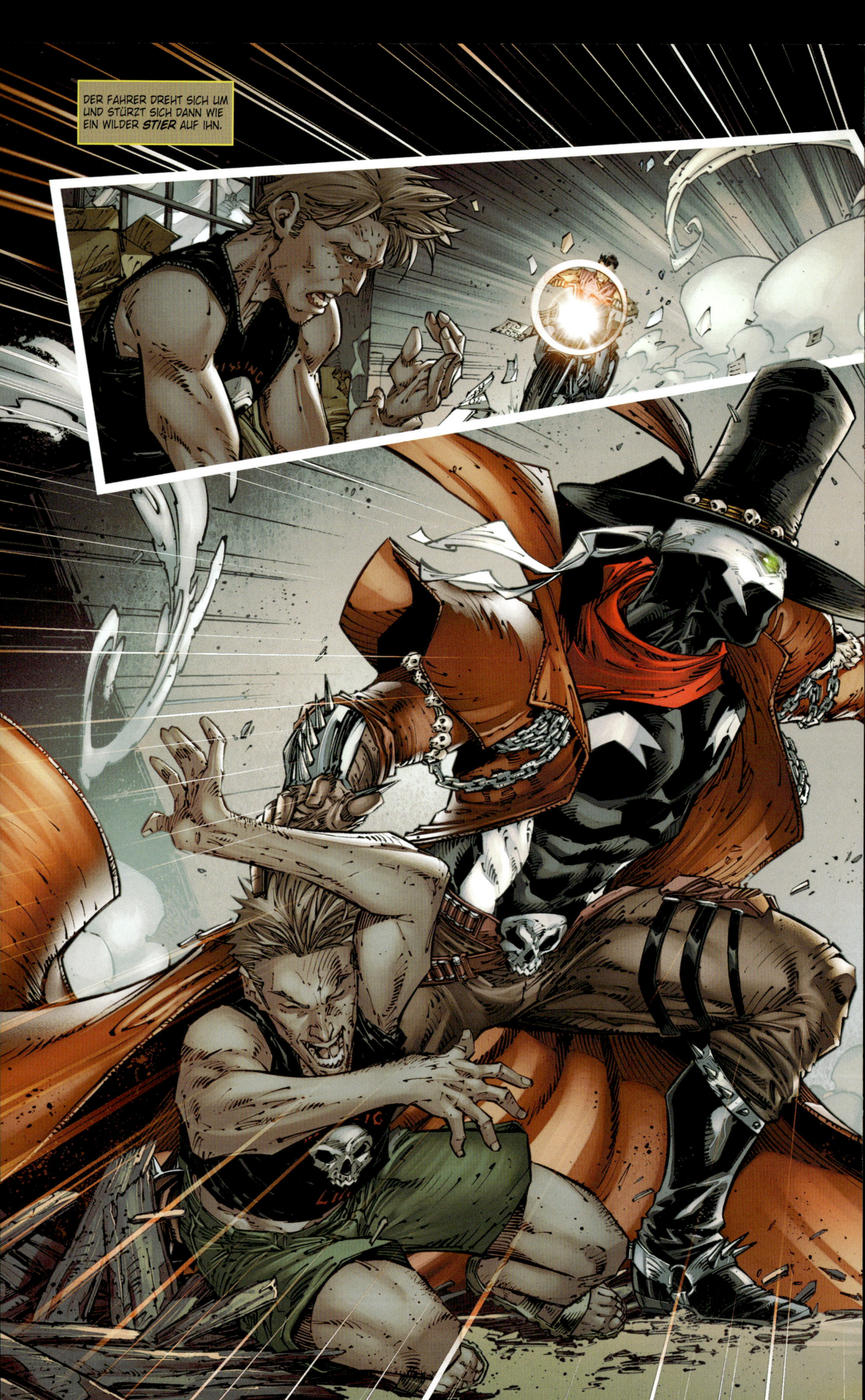
DER FAHRER DREHT SICH UM
UND STÜRZT SICH DANN WIE
EIN WILDER STIER AUF IHN.

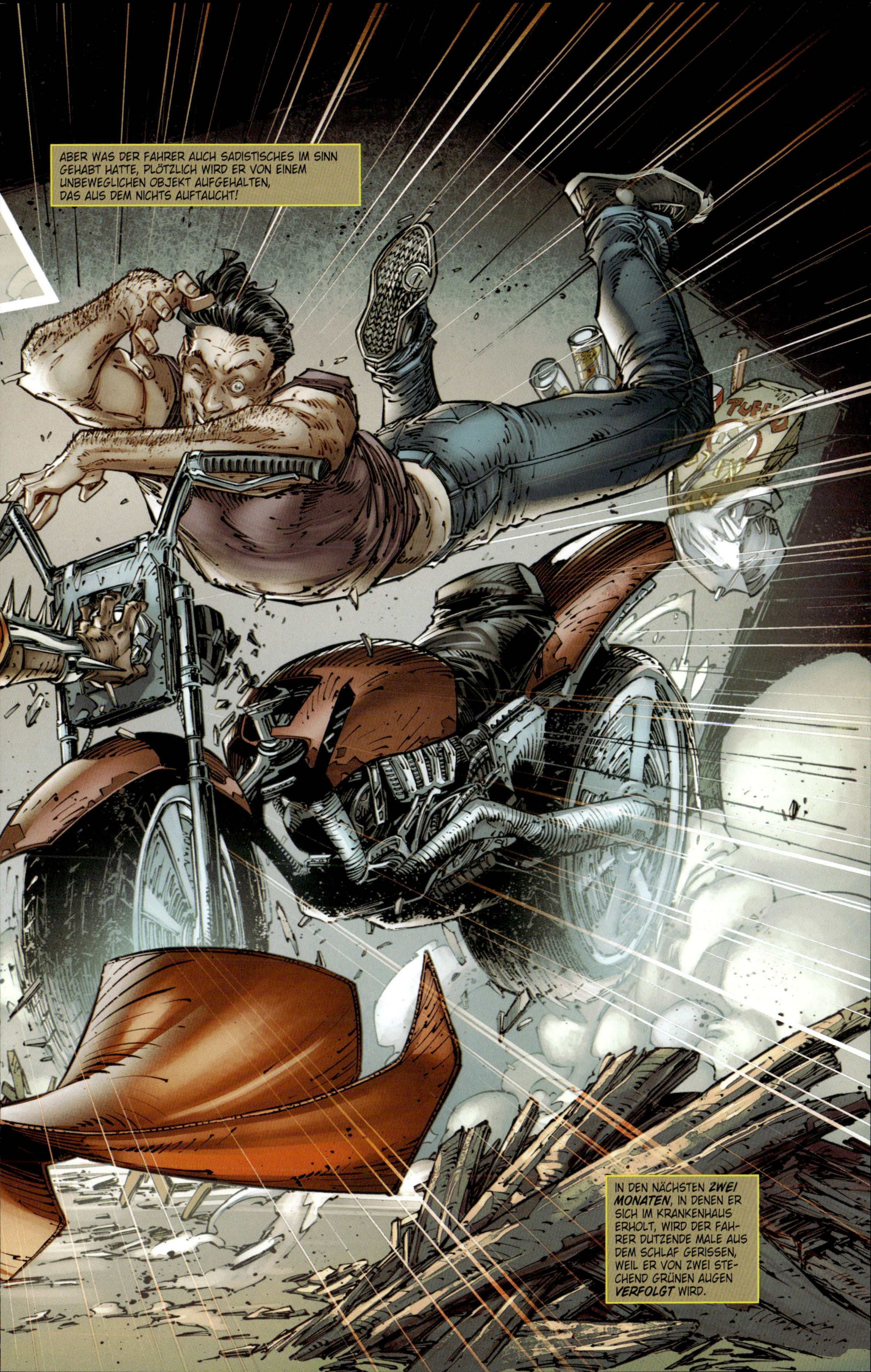
ABER WAS DER FAHRER AUCH SADISTISCHES IM SINN GEHABT HATTE, PLÖTZLICH WIRD ER VON EINEM UNBEWEGLICHEN OBJEKT AUFGEHALTEN, DAS AUS DEM NICHTS AUFTAUCHT!
IN DEN NÄCHSTEN ZWEI MONATEN, IN DENEN ER SICH IM KRANKENHAUS ERHOLT, WIRD DER FAHRER DUTZENDE MALE AUS DEM SCHLAF GERISSEN, WEIL ER VON ZWEI STECHEND GRÜNEN AUGEN VERFOLGT WIRD.

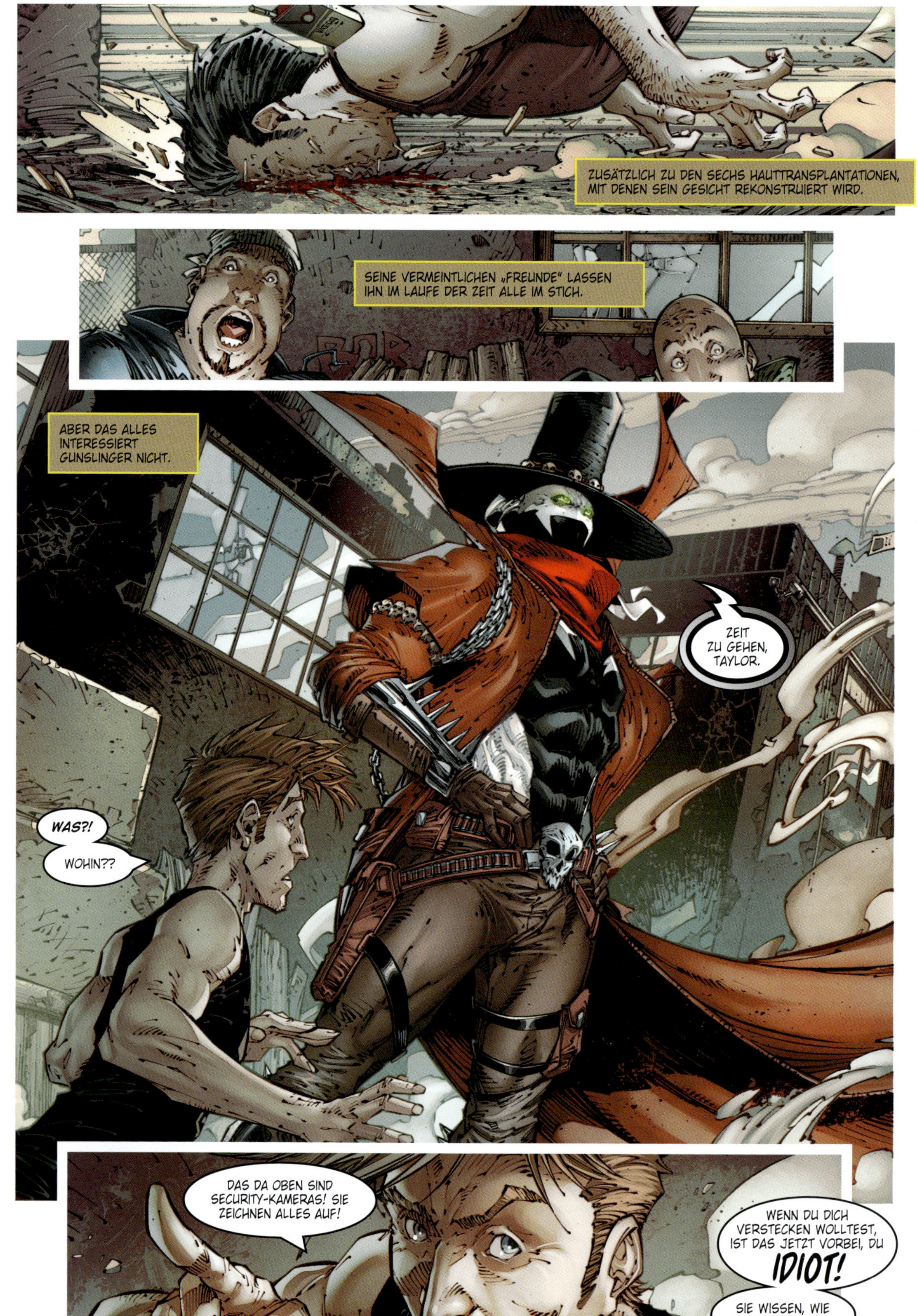
ZUSÄTZLICH ZU DEN SECHS HAUTTRANSPLANTATIONEN, MIT DENEN SEIN GESICHT REKONSTRUIERT WIRD.
SEINE VERMEINTLICHEN „FREUNDE" LASSEN IHN IM LAUFE DER ZEIT ALLE IM STICH.
ABER DAS ALLES INTERESSIERT GUNSLINGER NICHT.
ZEIT ZU GEHEN, TAYLOR.
WAS?!
WOHIN??
DAS DA OBEN SIND SECURITY-KAMERAS! SIE ZEICHNEN ALLES AUF!
WENN DU DICH VERSTECKEN WOLLTEST, IST DAS JETZT VORBEI, DU IDIOT!
SIE WISSEN, WIE DU AUSSIEHST ...
... UND ICH!

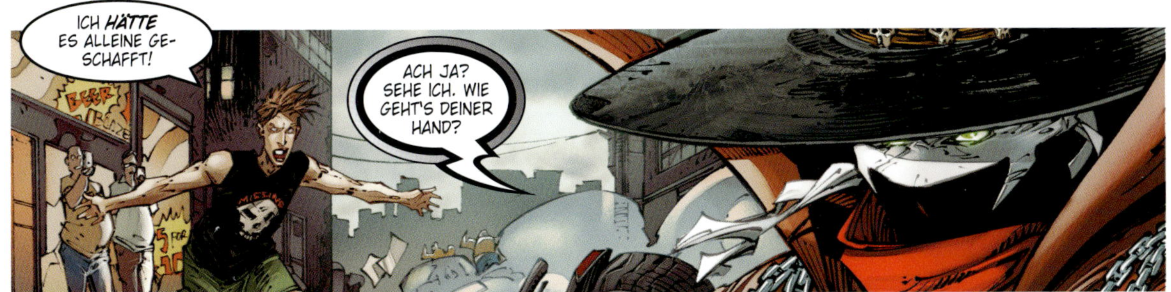
ICH HÄTTE ES ALLEINE GESCHAFFT!
ACH JA? SEHE ICH. WIE GEHT'S DEINER HAND?

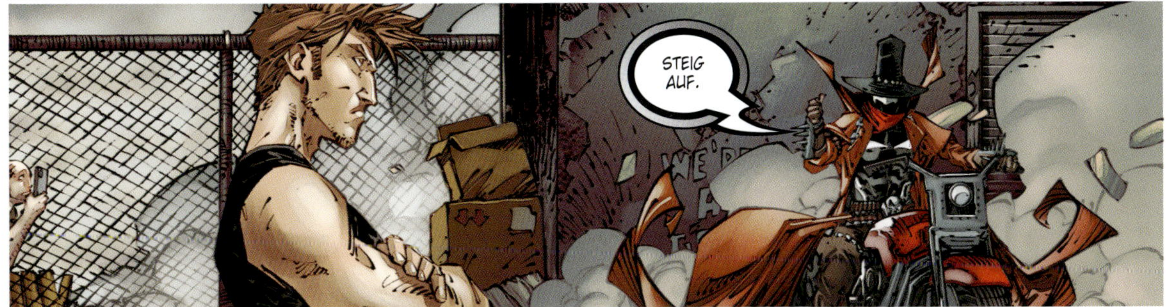
STEIG AUF.

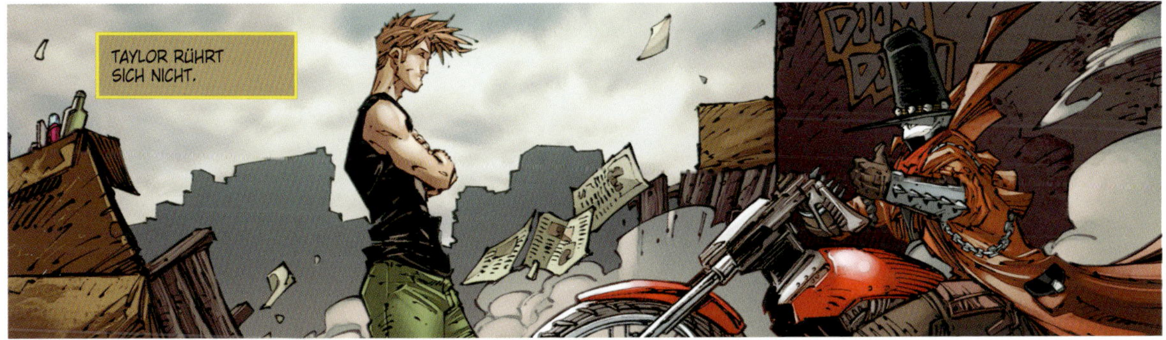
TAYLOR RÜHRT SICH NICHT.

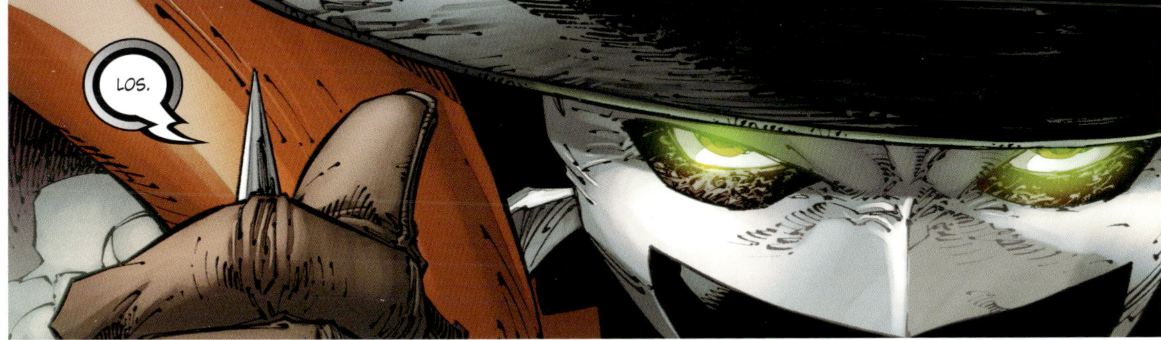
LOS.

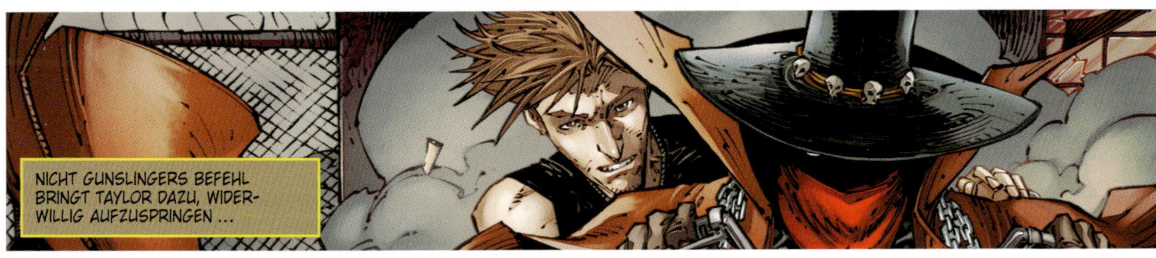
NICHT GUNSLINGERS BEFEHL BRINGT TAYLOR DAZU, WIDERWILLIG AUFZUSPRINGEN ...

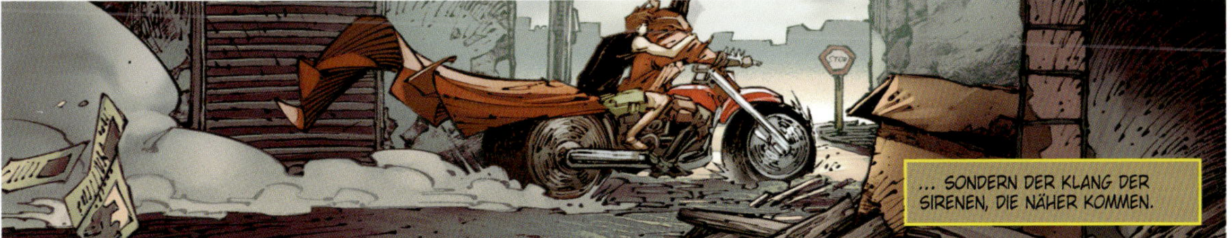
... SONDERN DER KLANG DER SIRENEN, DIE NÄHER KOMMEN.

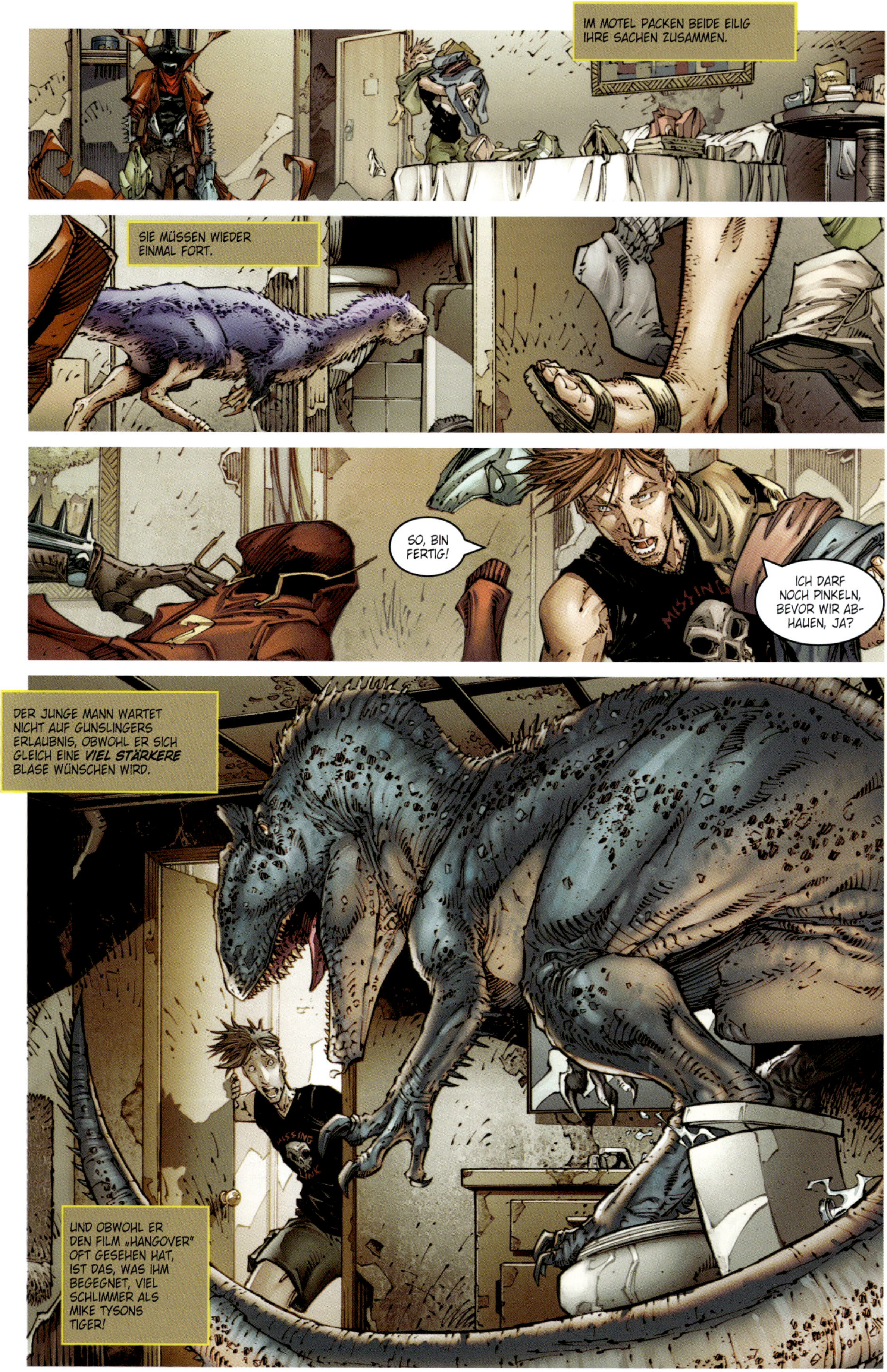

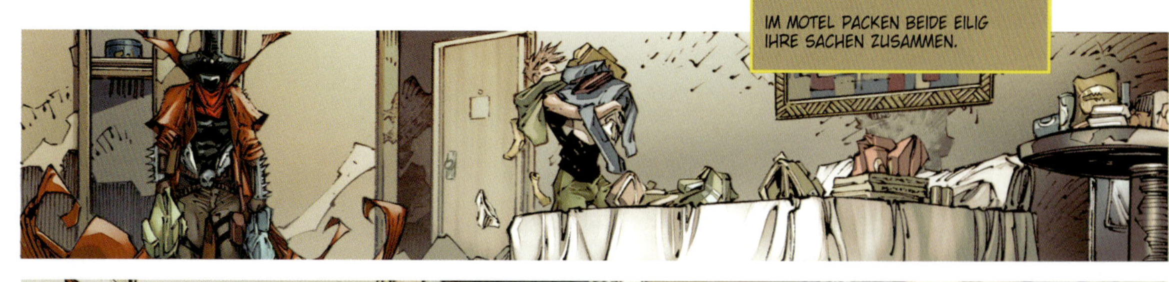

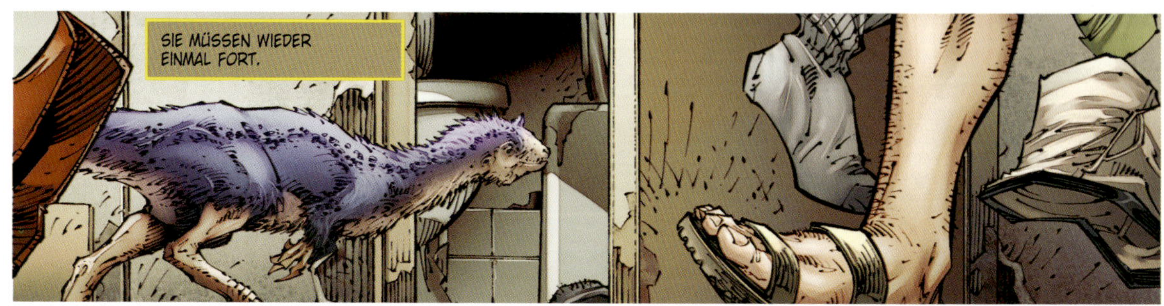

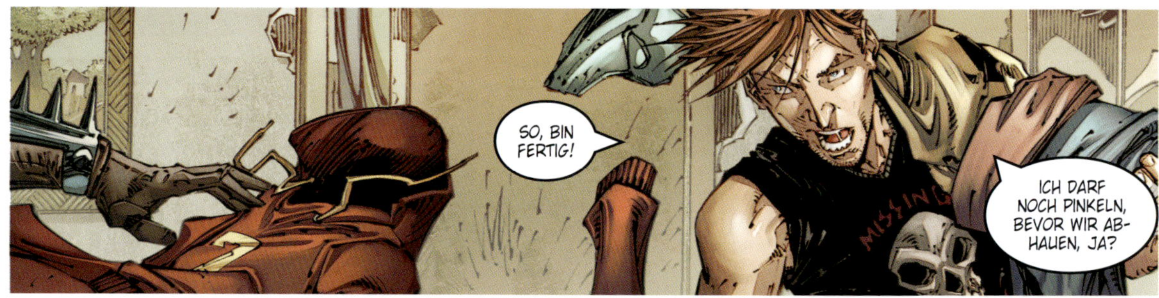

DER JUNGE MANN WARTET NICHT AUF GUNSLINGERS ERLAUBNIS, OBWOHL ER SICH GLEICH EINE ***VIEL STÄRKERE*** BLASE WÜNSCHEN WIRD.

UND OBWOHL ER DEN FILM „HANGOVER" OFT GESEHEN HAT, IST DAS, WAS IHM BEGEGNET, VIEL SCHLIMMER ALS MIKE TYSONS TIGER!

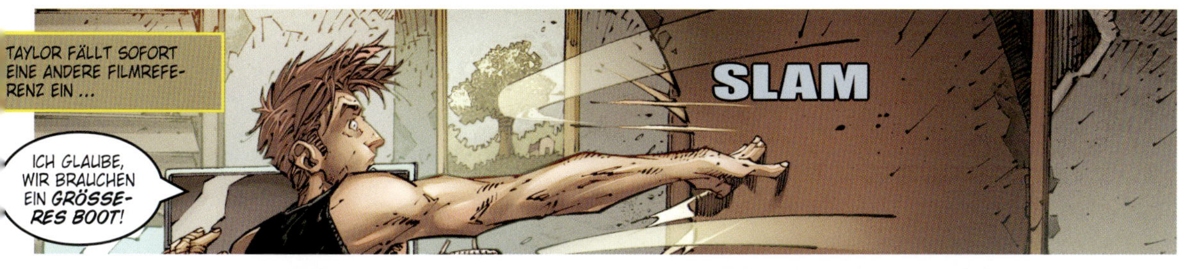

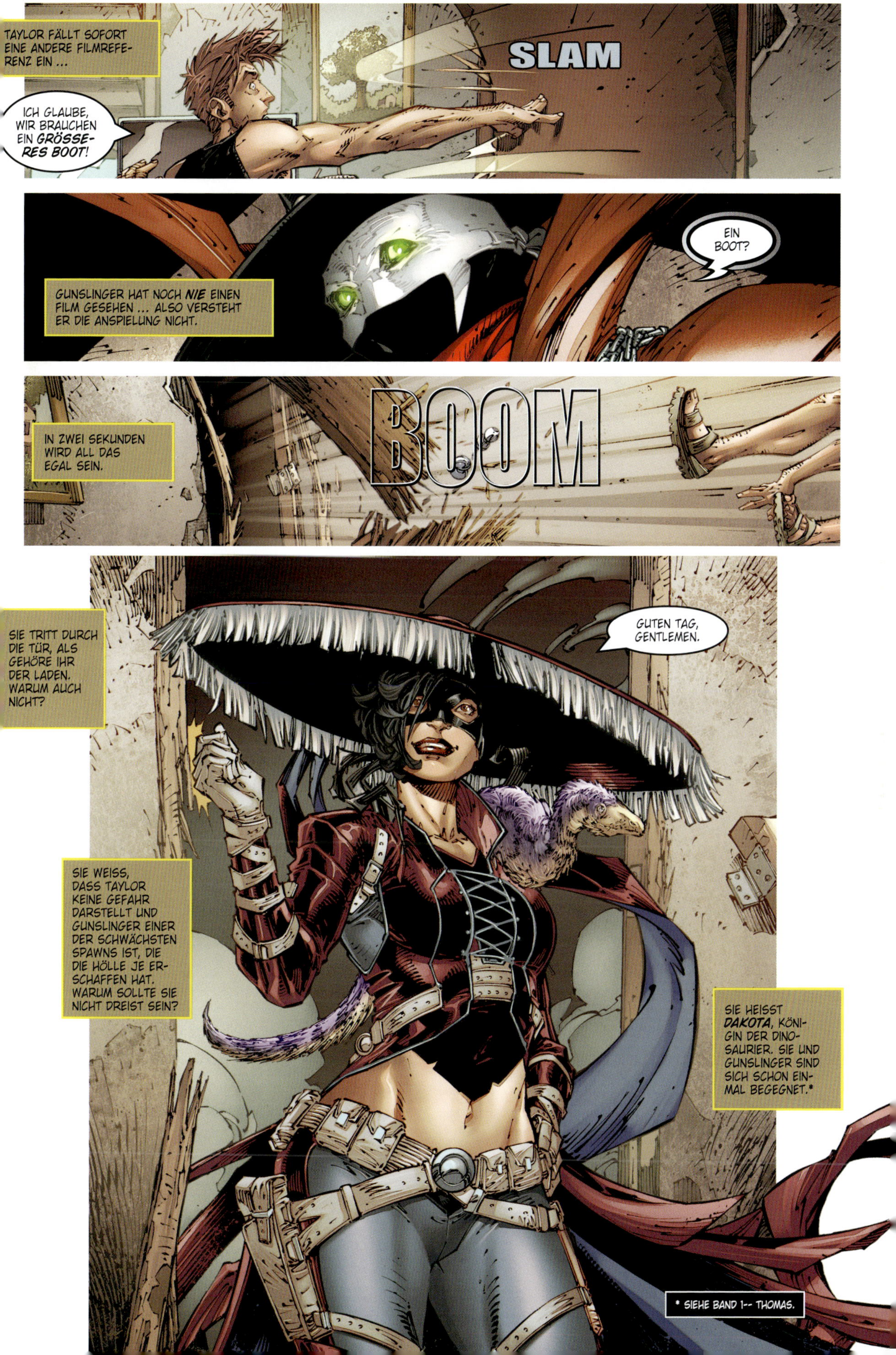

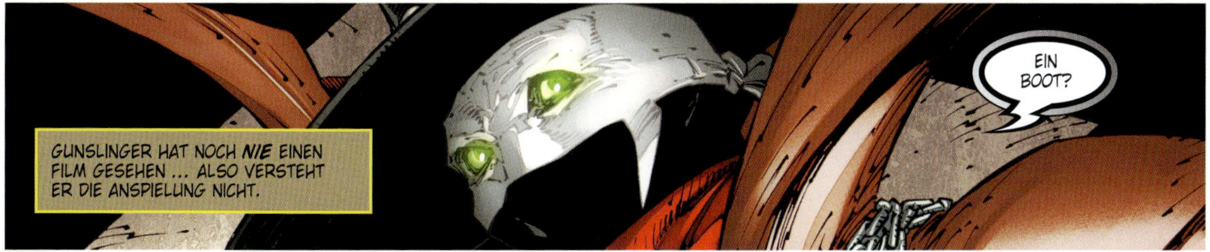

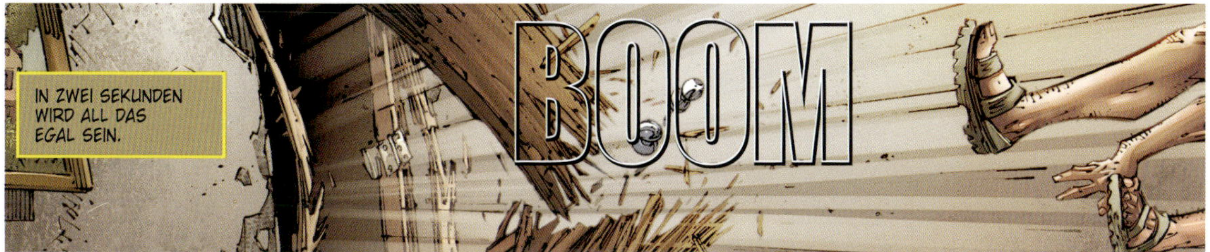

SIE TRITT DURCH DIE TÜR, ALS GEHÖRE IHR DER LADEN. WARUM AUCH NICHT?

GUTEN TAG, GENTLEMEN.

SIE WEISS, DASS TAYLOR KEINE GEFAHR DARSTELLT UND GUNSLINGER EINER DER SCHWÄCHSTEN SPAWNS IST, DIE DIE HÖLLE JE ER-SCHAFFEN HAT. WARUM SOLLTE SIE NICHT DREIST SEIN?

SIE HEISST **DAKOTA**, KÖNI-GIN DER DINO-SAURIER. SIE UND GUNSLINGER SIND SICH SCHON EIN-MAL BEGEGNET.*

* SIEHE BAND 1-- THOMAS.

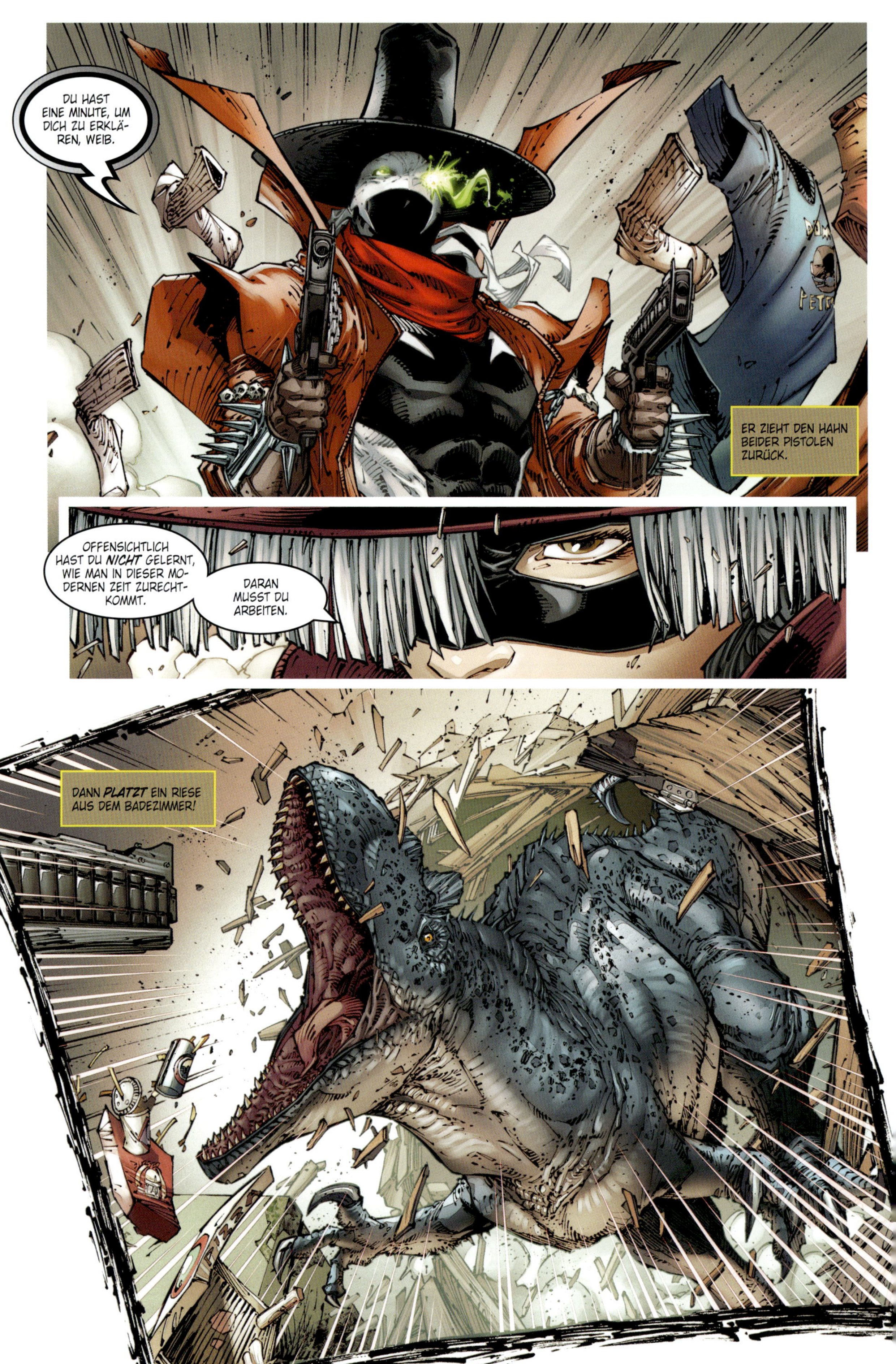
DU HAST EINE MINUTE, UM DICH ZU ERKLÄ-REN, WEIB.
ER ZIEHT DEN HAHN BEIDER PISTOLEN ZURÜCK.
OFFENSICHTLICH HAST DU *NICHT* GELERNT, WIE MAN IN DIESER MO-DERNEN ZEIT ZURECHT-KOMMT.
DARAN MUSST DU ARBEITEN.
DANN *PLATZT* EIN RIESE AUS DEM BADEZIMMER!

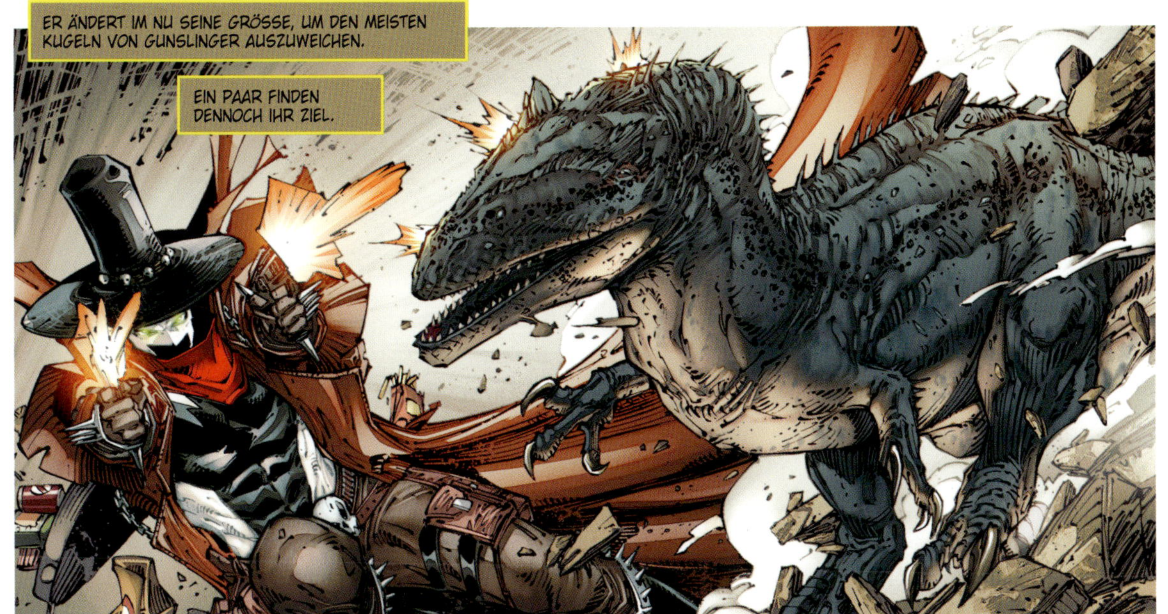
ER ÄNDERT IM NU SEINE GRÖSSE, UM DEN MEISTEN KUGELN VON GUNSLINGER AUSZUWEICHEN.
EIN PAAR FINDEN DENNOCH IHR ZIEL.

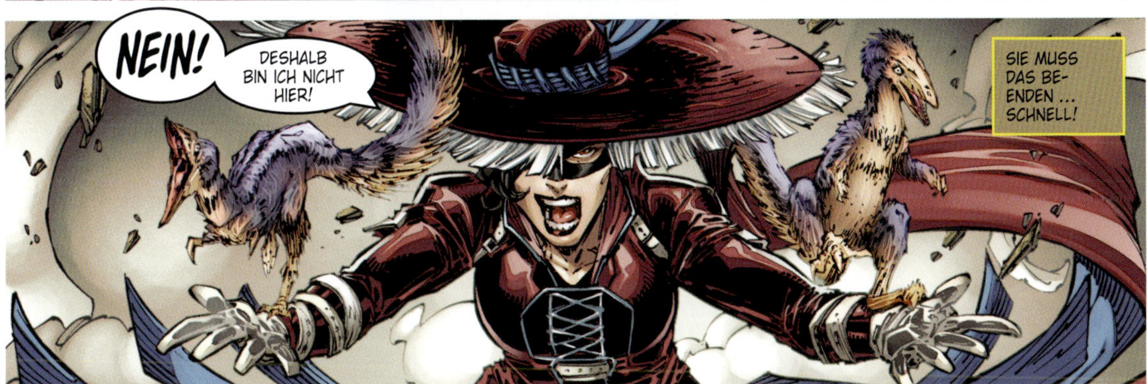
NEIN!
DESHALB BIN ICH NICHT HIER!
SIE MUSS DAS BE-ENDEN ... SCHNELL!

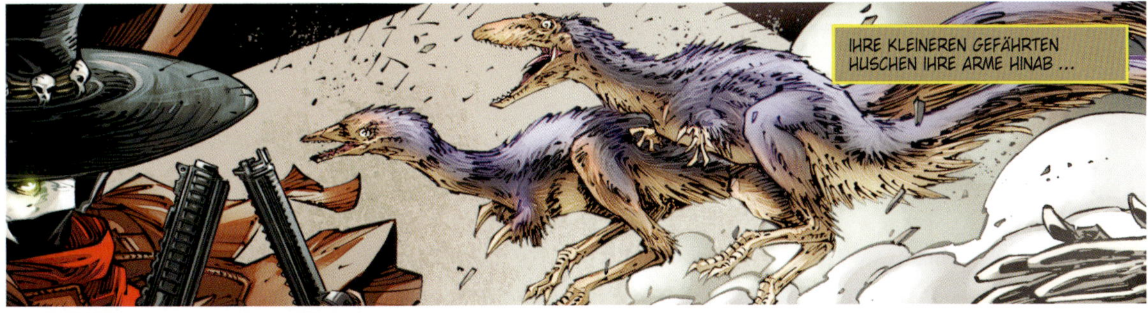
IHRE KLEINEREN GEFÄHRTEN HUSCHEN IHRE ARME HINAB ...

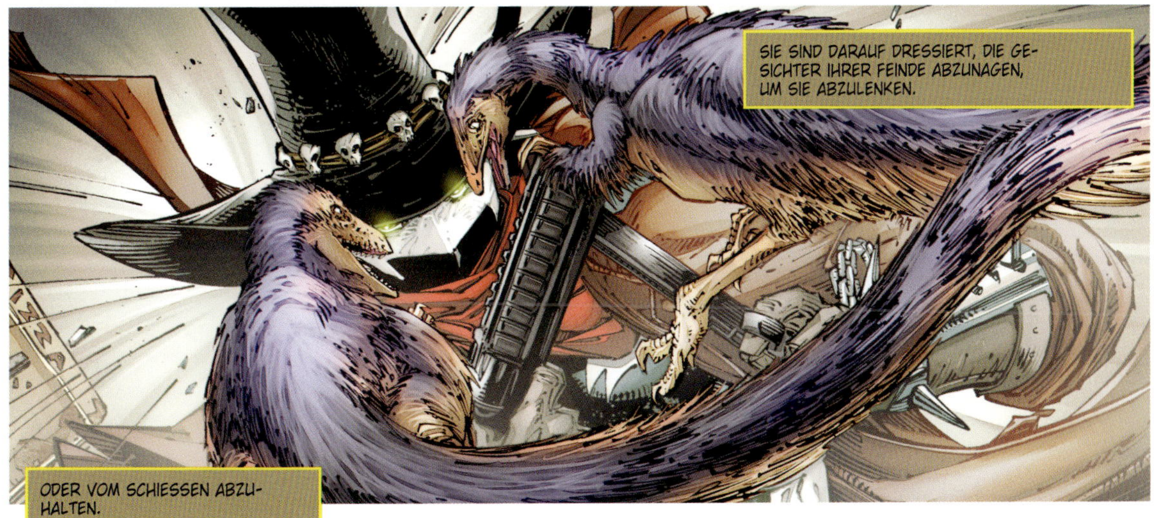
SIE SIND DARAUF DRESSIERT, DIE GE-SICHTER IHRER FEINDE ABZUNAGEN, UM SIE ABZULENKEN.
ODER VOM SCHIESSEN ABZU-HALTEN.

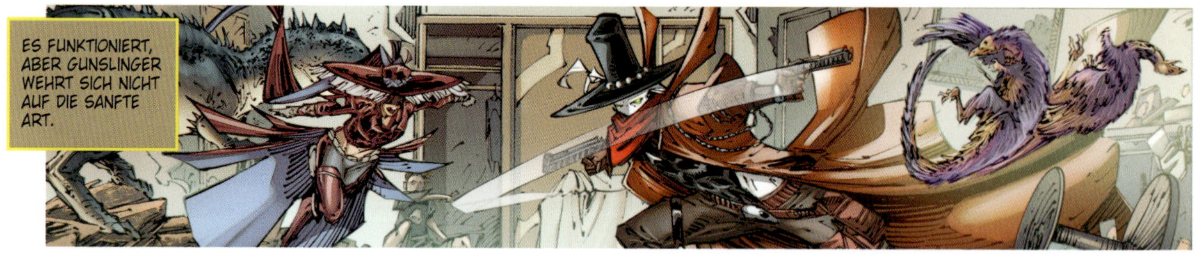

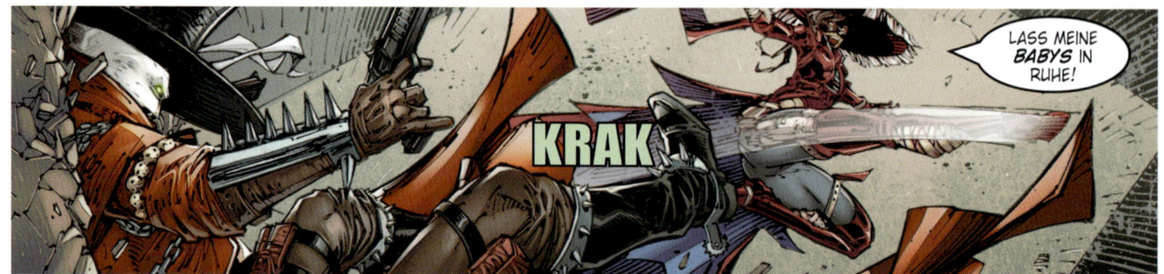

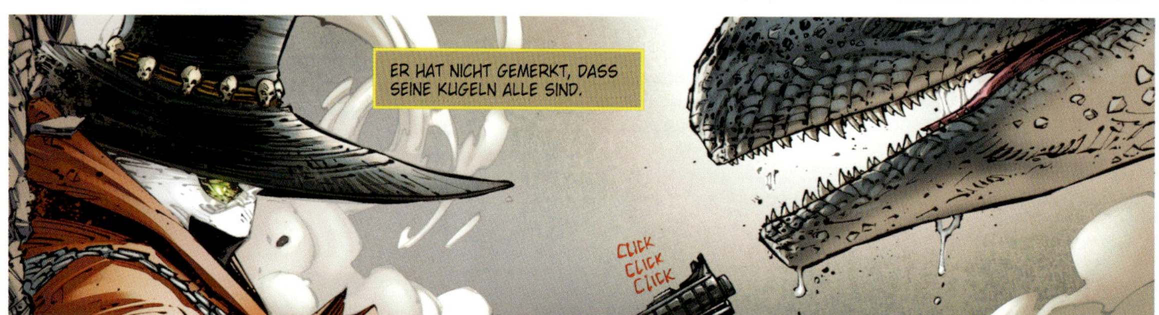

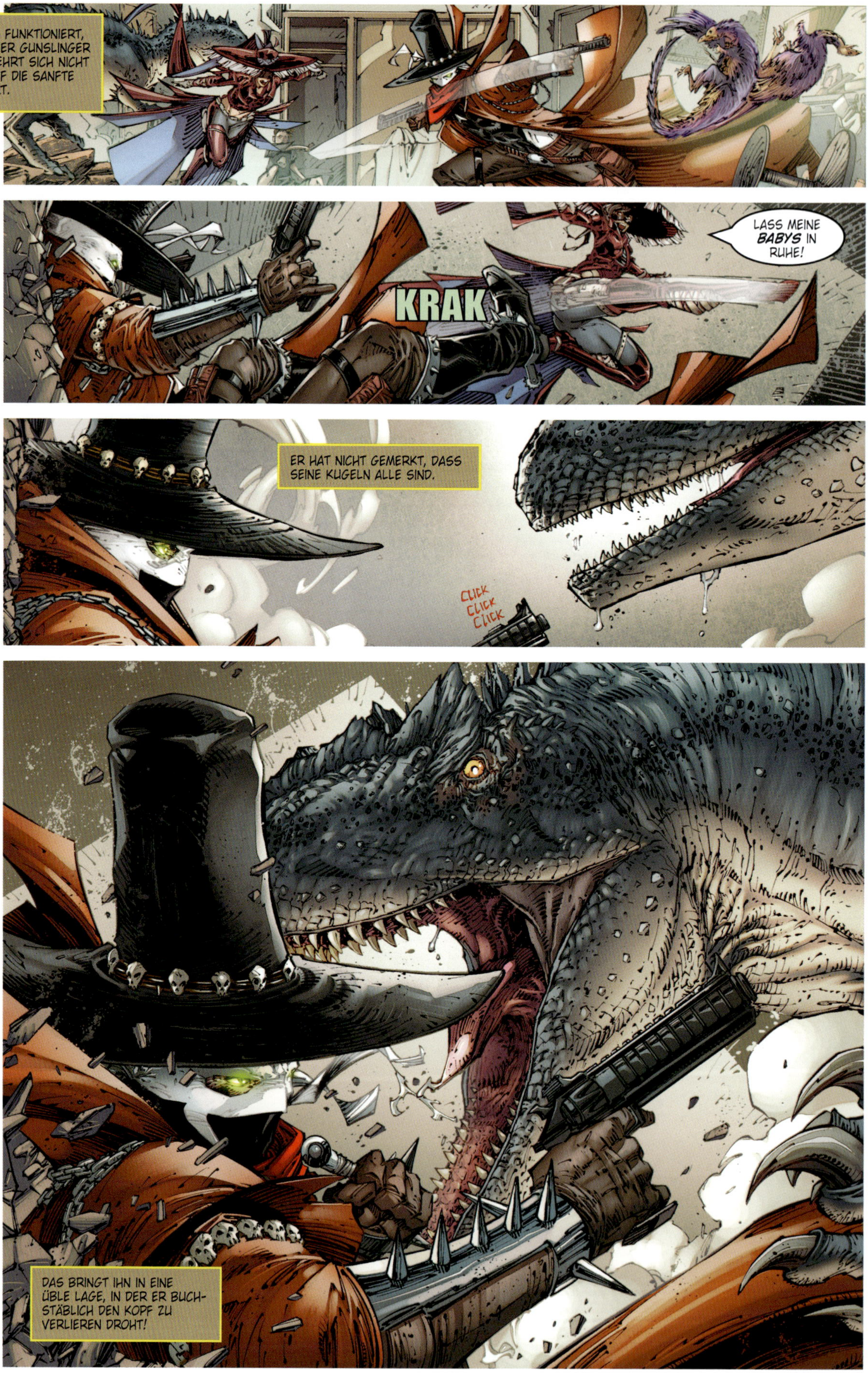

DAS BRINGT IHN IN EINE ÜBLE LAGE, IN DER ER BUCHSTÄBLICH DEN KOPF ZU VERLIEREN DROHT!

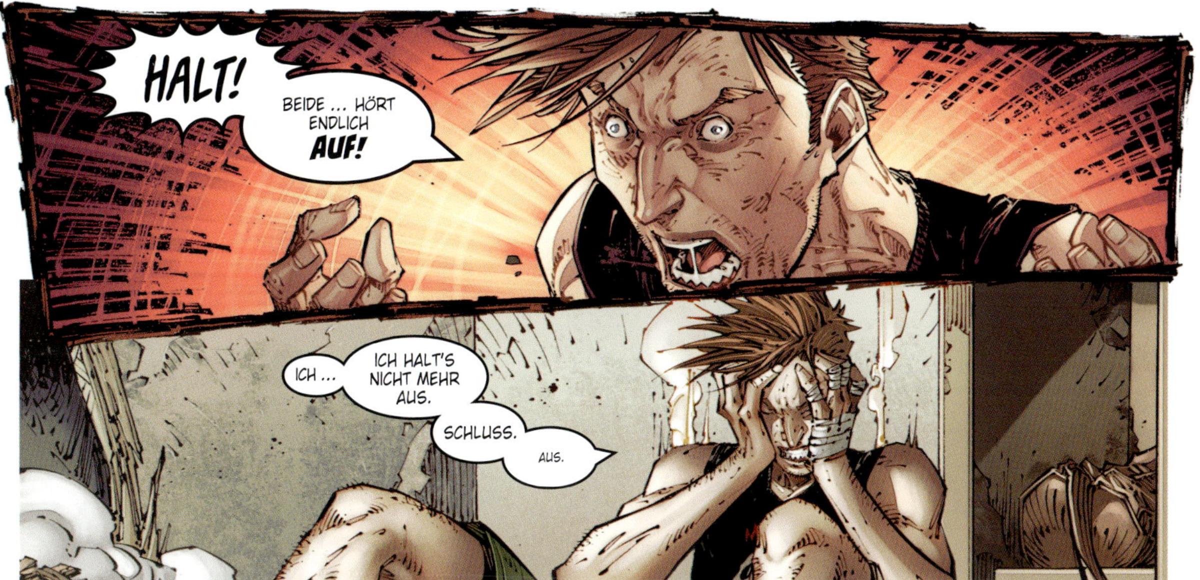
HALT!
BEIDE ... HÖRT ENDLICH AUF!
ICH ...
ICH HALT'S NICHT MEHR AUS.
SCHLUSS.
AUS.

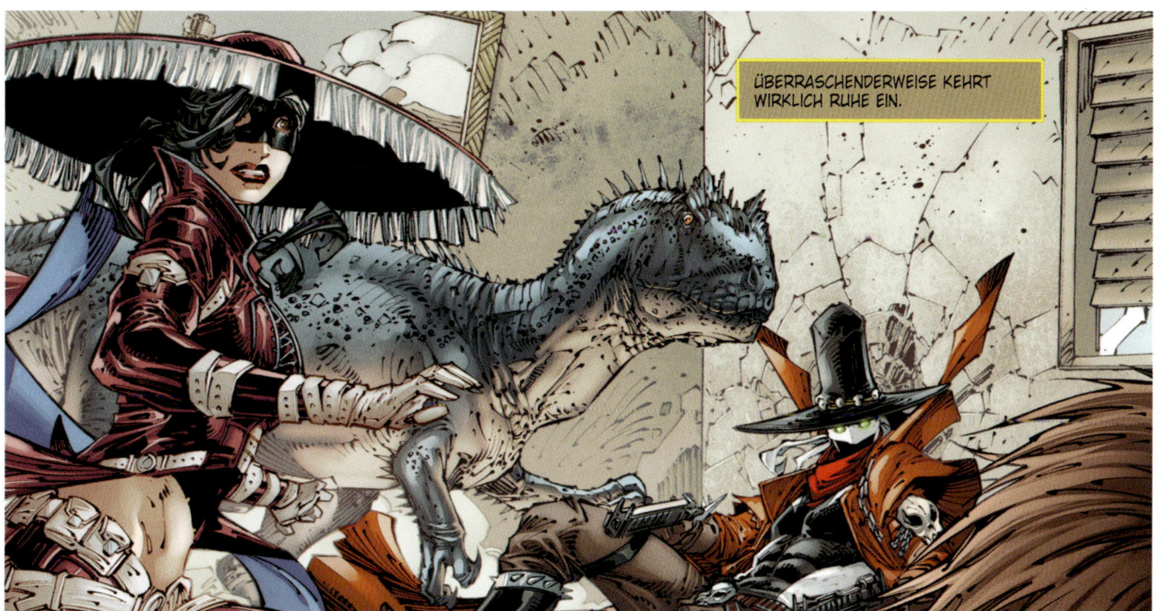
ÜBERRASCHENDERWEISE KEHRT WIRKLICH RUHE EIN.

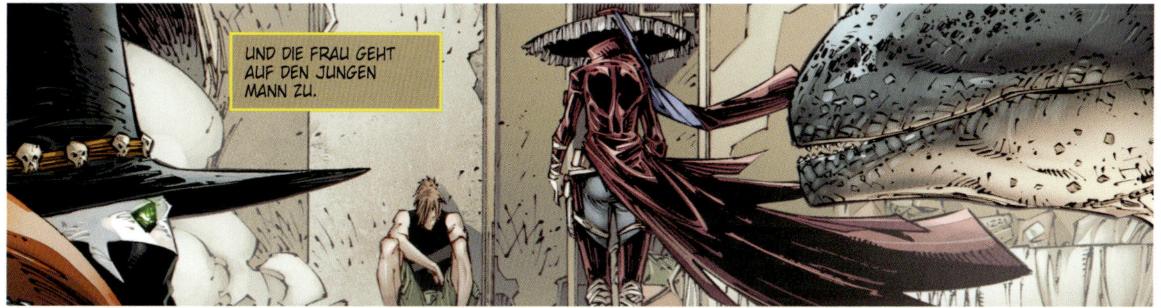
UND DIE FRAU GEHT AUF DEN JUNGEN MANN ZU.

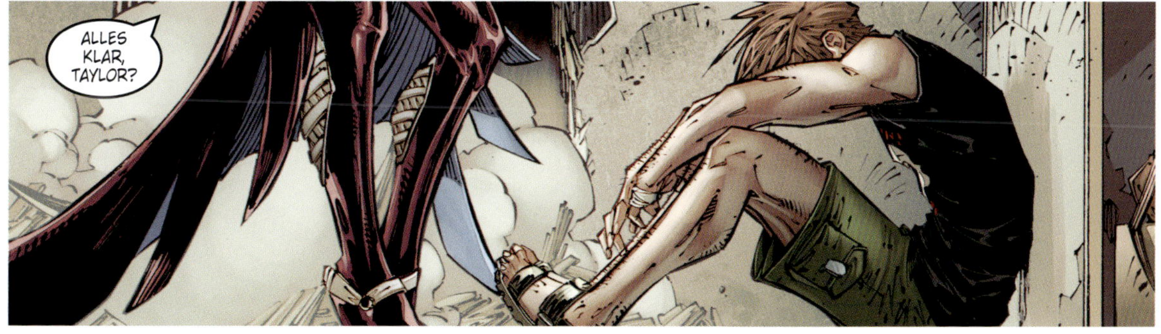
ALLES KLAR, TAYLOR?

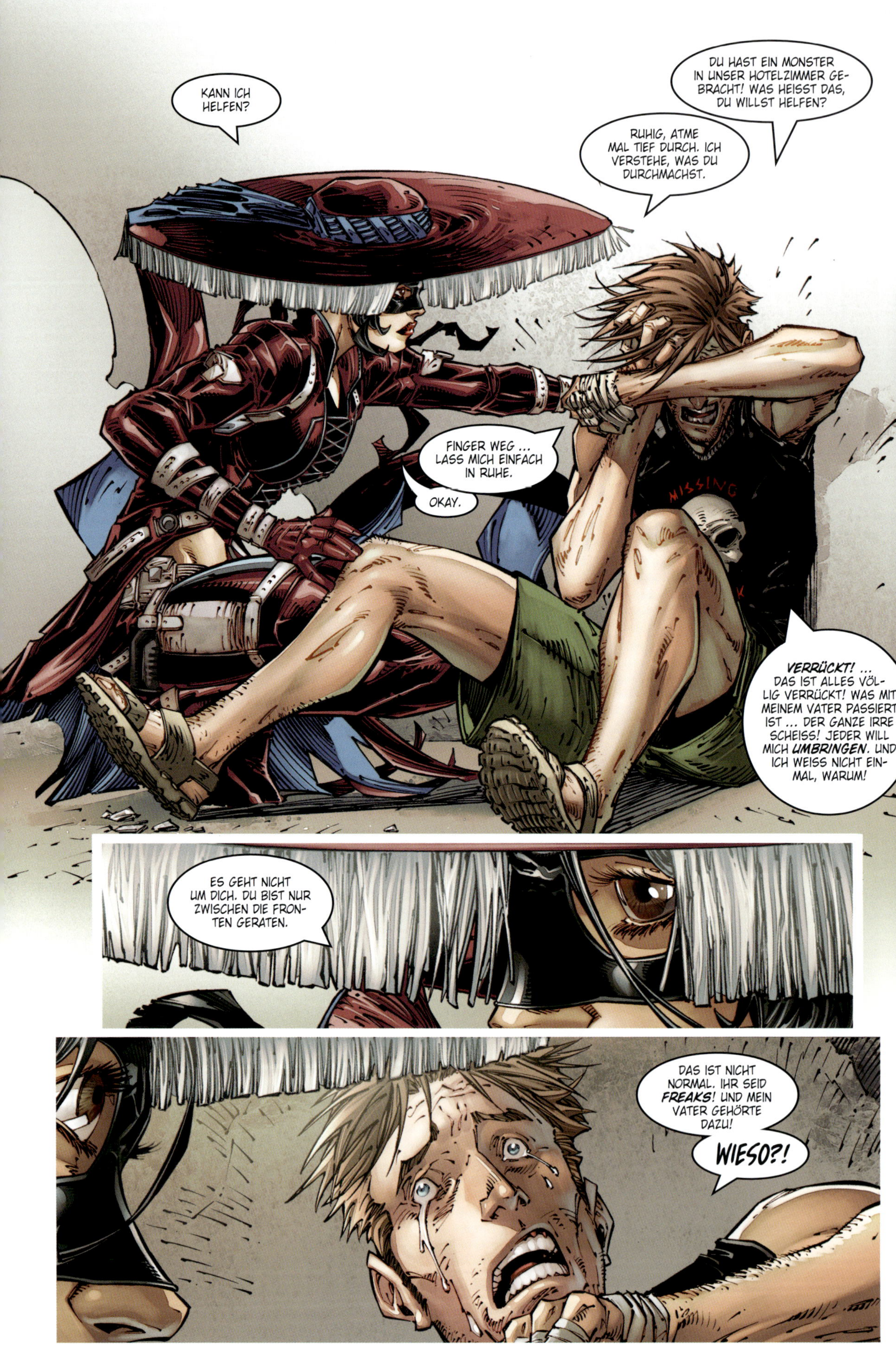
KANN ICH HELFEN?
DU HAST EIN MONSTER IN UNSER HOTELZIMMER GEBRACHT! WAS HEISST DAS, DU WILLST HELFEN?
RUHIG, ATME MAL TIEF DURCH. ICH VERSTEHE, WAS DU DURCHMACHST.
FINGER WEG … LASS MICH EINFACH IN RUHE.
OKAY.
MISSING
VERRÜCKT! … DAS IST ALLES VÖLLIG VERRÜCKT! WAS MIT MEINEM VATER PASSIERT IST … DER GANZE IRRE SCHEISS! JEDER WILL MICH UMBRINGEN. UND ICH WEISS NICHT EINMAL, WARUM!
ES GEHT NICHT UM DICH. DU BIST NUR ZWISCHEN DIE FRONTEN GERATEN.
DAS IST NICHT NORMAL. IHR SEID FREAKS! UND MEIN VATER GEHÖRTE DAZU!
WIESO?!

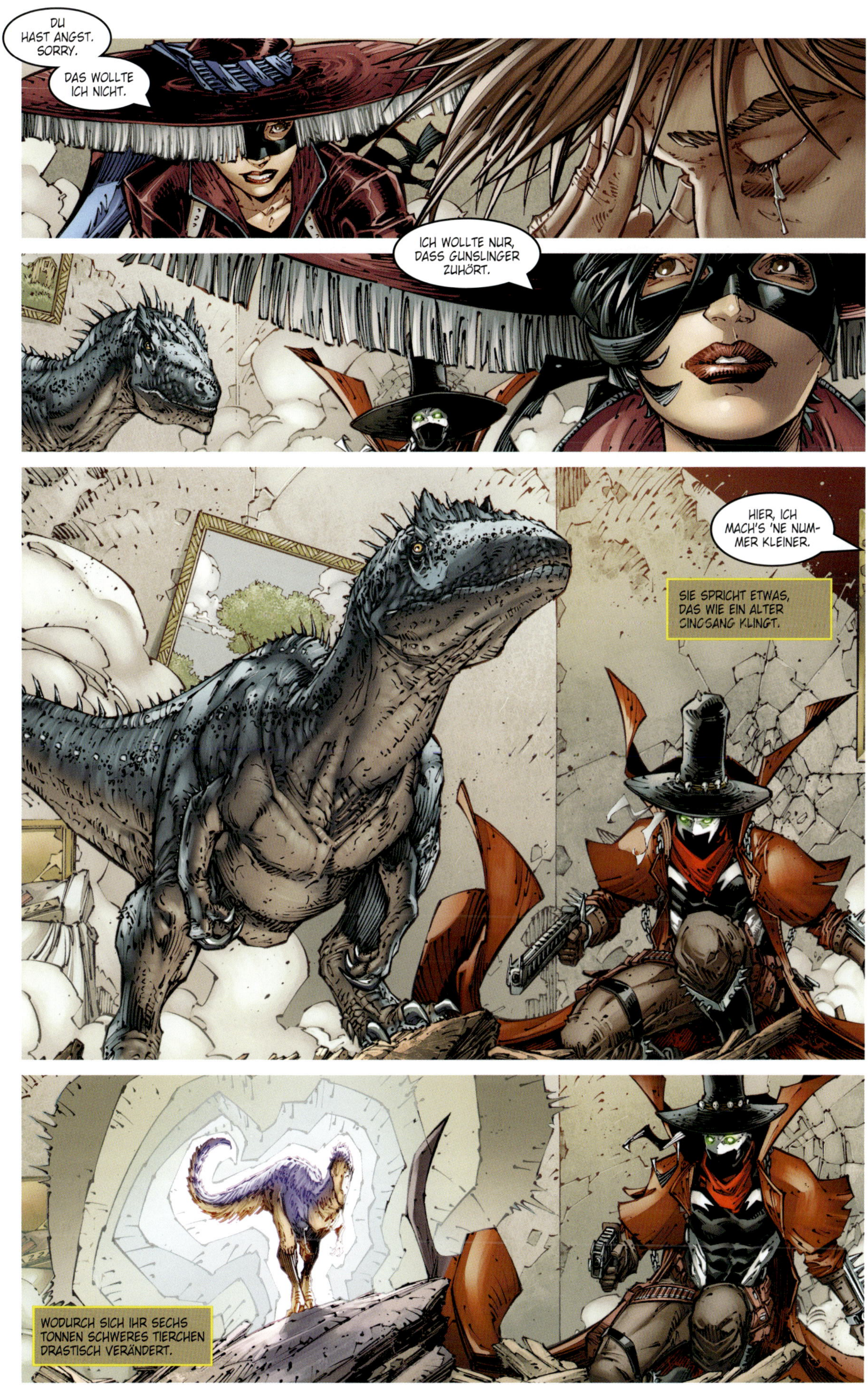

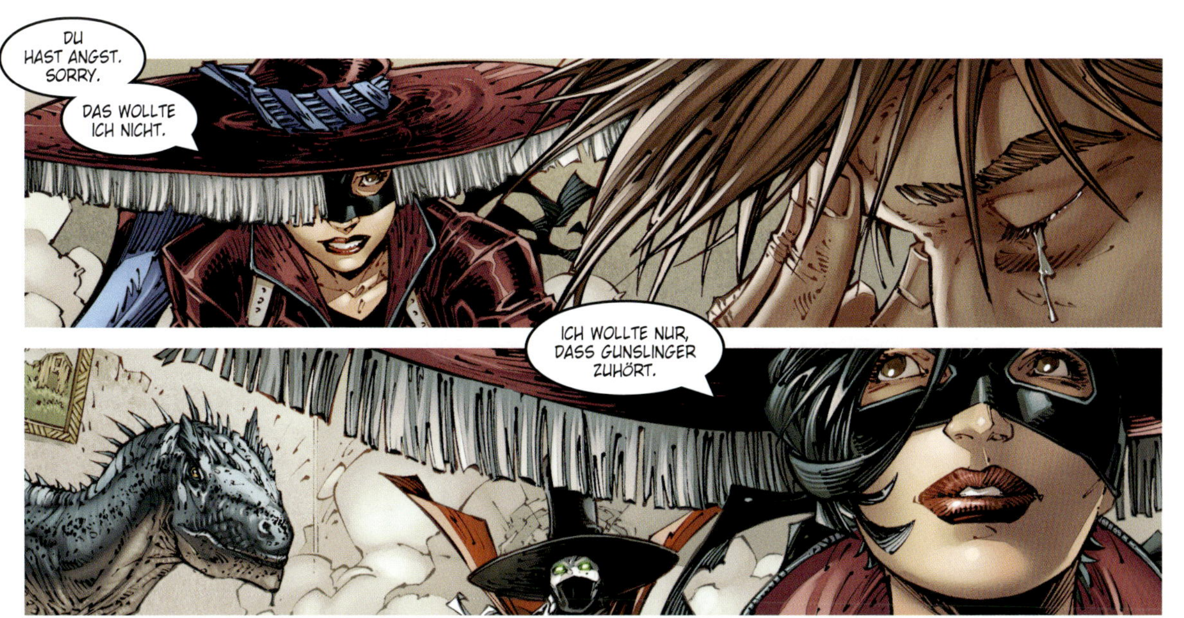
DU HAST ANGST. SORRY.
DAS WOLLTE ICH NICHT.
ICH WOLLTE NUR, DASS GUNSLINGER ZUHÖRT.

HIER, ICH MACH'S 'NE NUMMER KLEINER.
SIE SPRICHT ETWAS, DAS WIE EIN ALTER SINGSANG KLINGT.

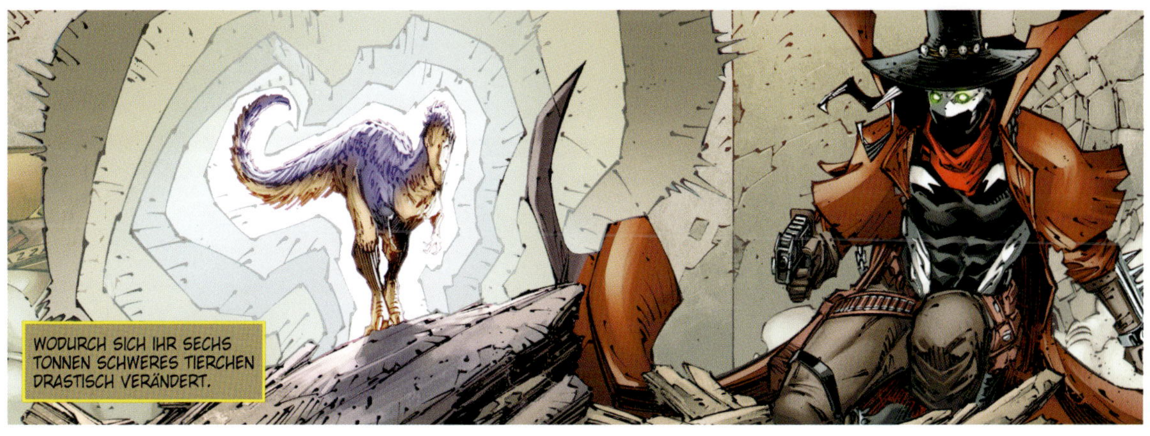
WODURCH SICH IHR SECHS TONNEN SCHWERES TIERCHEN DRASTISCH VERÄNDERT.

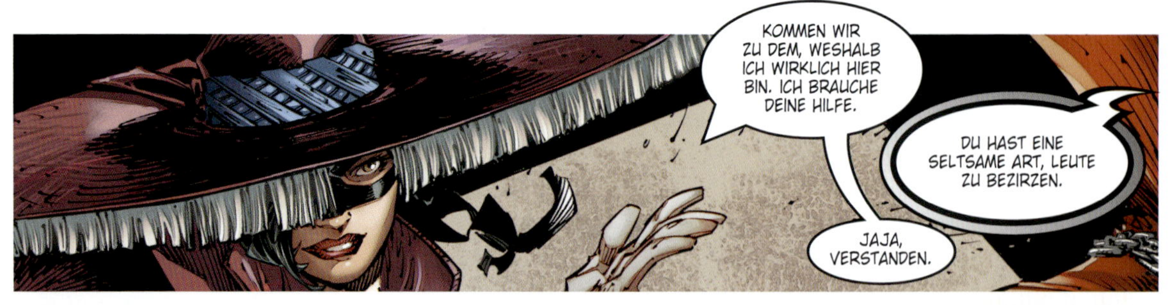
KOMMEN WIR ZU DEM, WESHALB ICH WIRKLICH HIER BIN. ICH BRAUCHE DEINE HILFE.
DU HAST EINE SELTSAME ART, LEUTE ZU BEZIRZEN.
JAJA, VERSTANDEN.

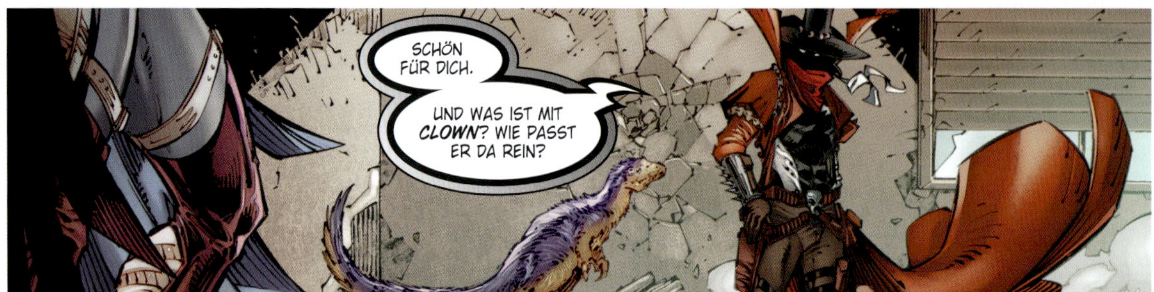
SCHÖN FÜR DICH.
UND WAS IST MIT *CLOWN*? WIE PASST ER DA REIN?

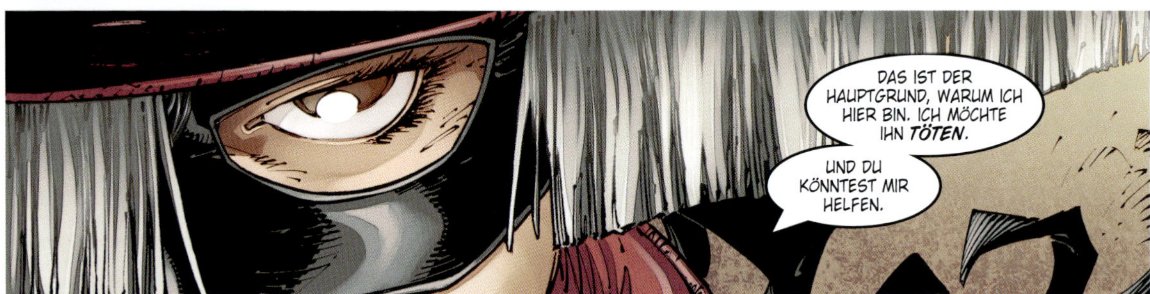
DAS IST DER HAUPTGRUND, WARUM ICH HIER BIN. ICH MÖCHTE IHN *TÖTEN*.
UND DU KÖNNTEST MIR HELFEN.

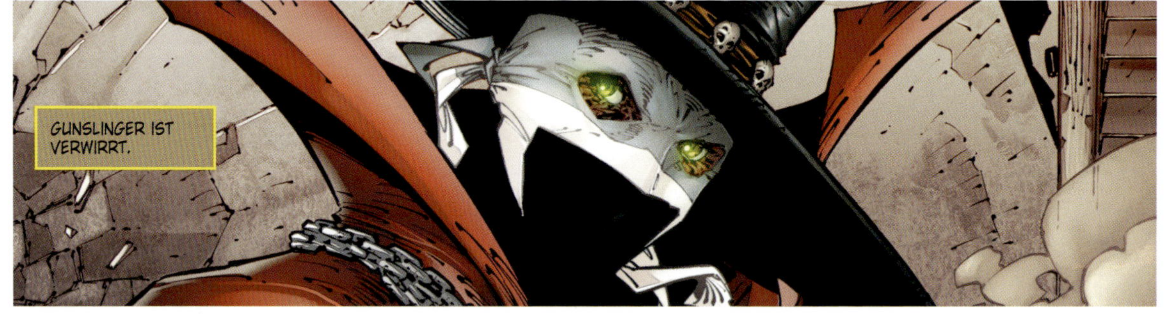
GUNSLINGER IST VERWIRRT.

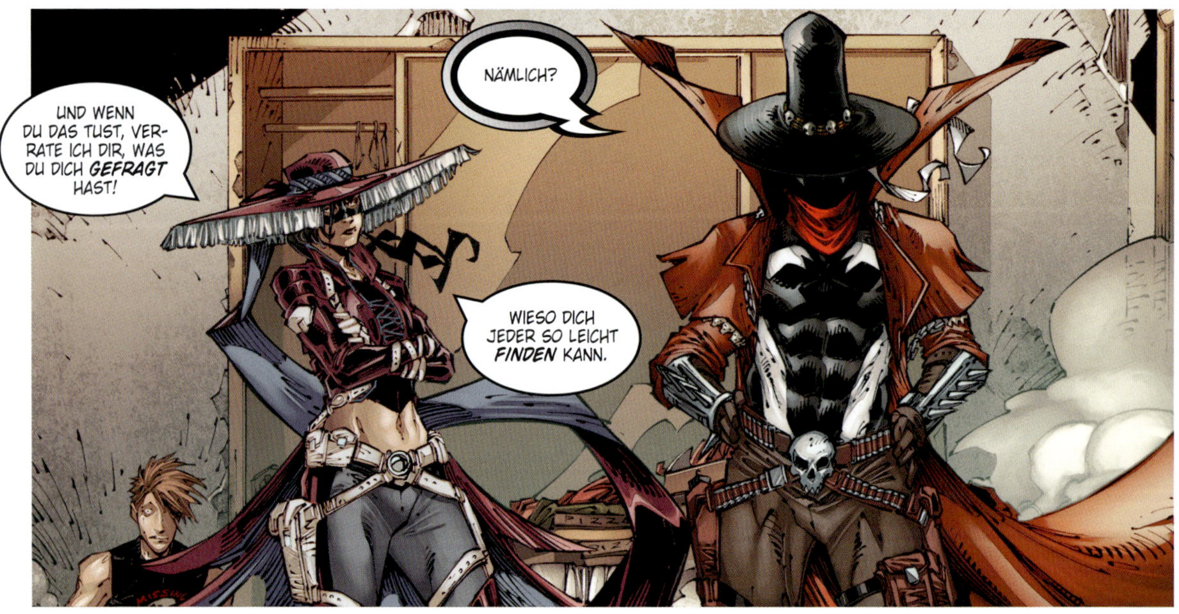
NÄMLICH?
UND WENN DU DAS TUST, VERRATE ICH DIR, WAS DU DICH *GEFRAGT* HAST!
WIESO DICH JEDER SO LEICHT *FINDEN* KANN.

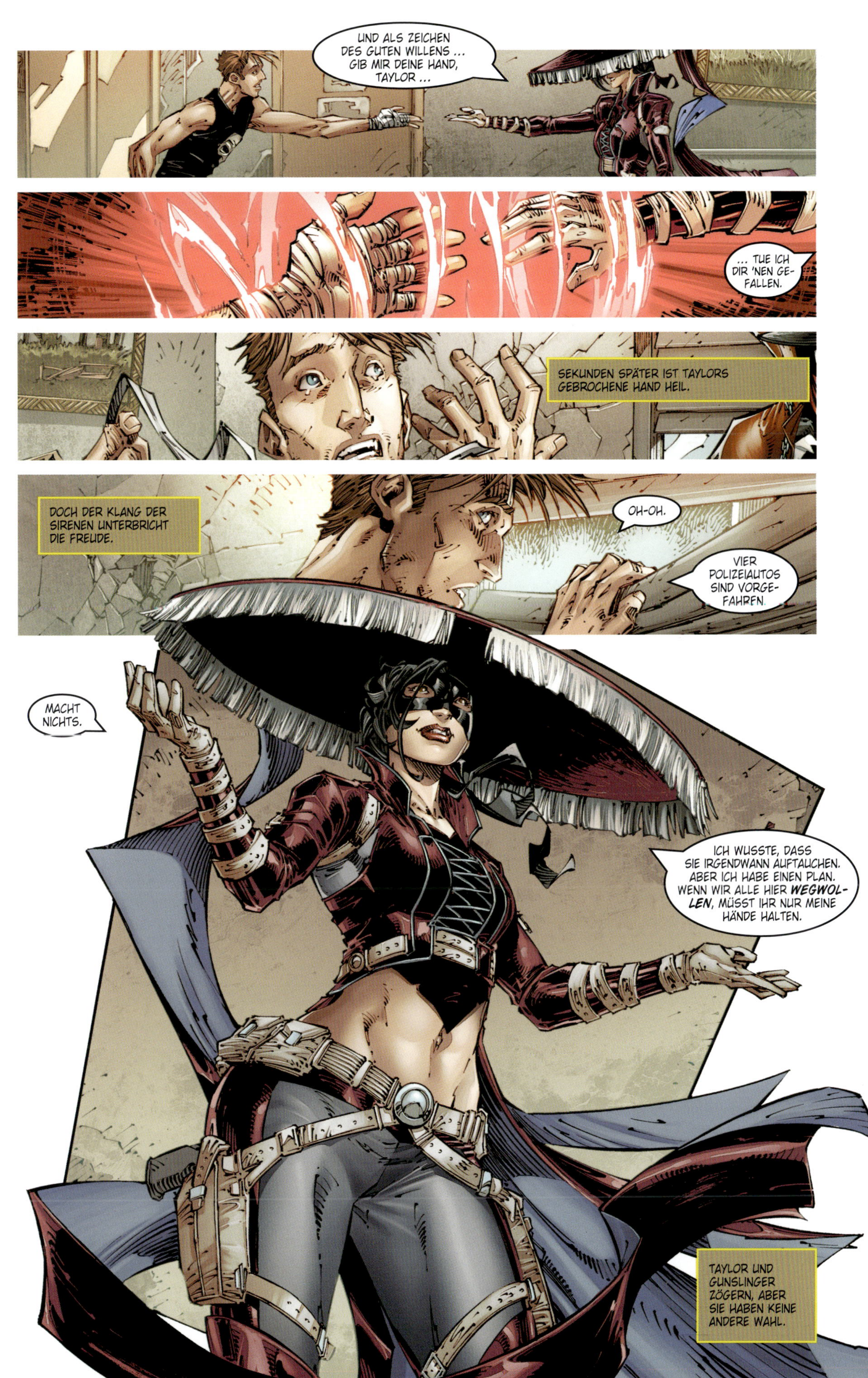
UND ALS ZEICHEN DES GUTEN WILLENS ... GIB MIR DEINE HAND, TAYLOR ...
... TUE ICH DIR 'NEN GE-FALLEN.
SEKUNDEN SPÄTER IST TAYLORS GEBROCHENE HAND HEIL.
DOCH DER KLANG DER SIRENEN UNTERBRICHT DIE FREUDE.
OH-OH.
VIER POLIZEIAUTOS SIND VORGE-FAHREN.
MACHT NICHTS.
ICH WUSSTE, DASS SIE IRGENDWANN AUFTAUCHEN. ABER ICH HABE EINEN PLAN. WENN WIR ALLE HIER **WEGWOL-LEN**, MÜSST IHR NUR MEINE HÄNDE HALTEN.
TAYLOR UND GUNSLINGER ZÖGERN, ABER SIE HABEN KEINE ANDERE WAHL.

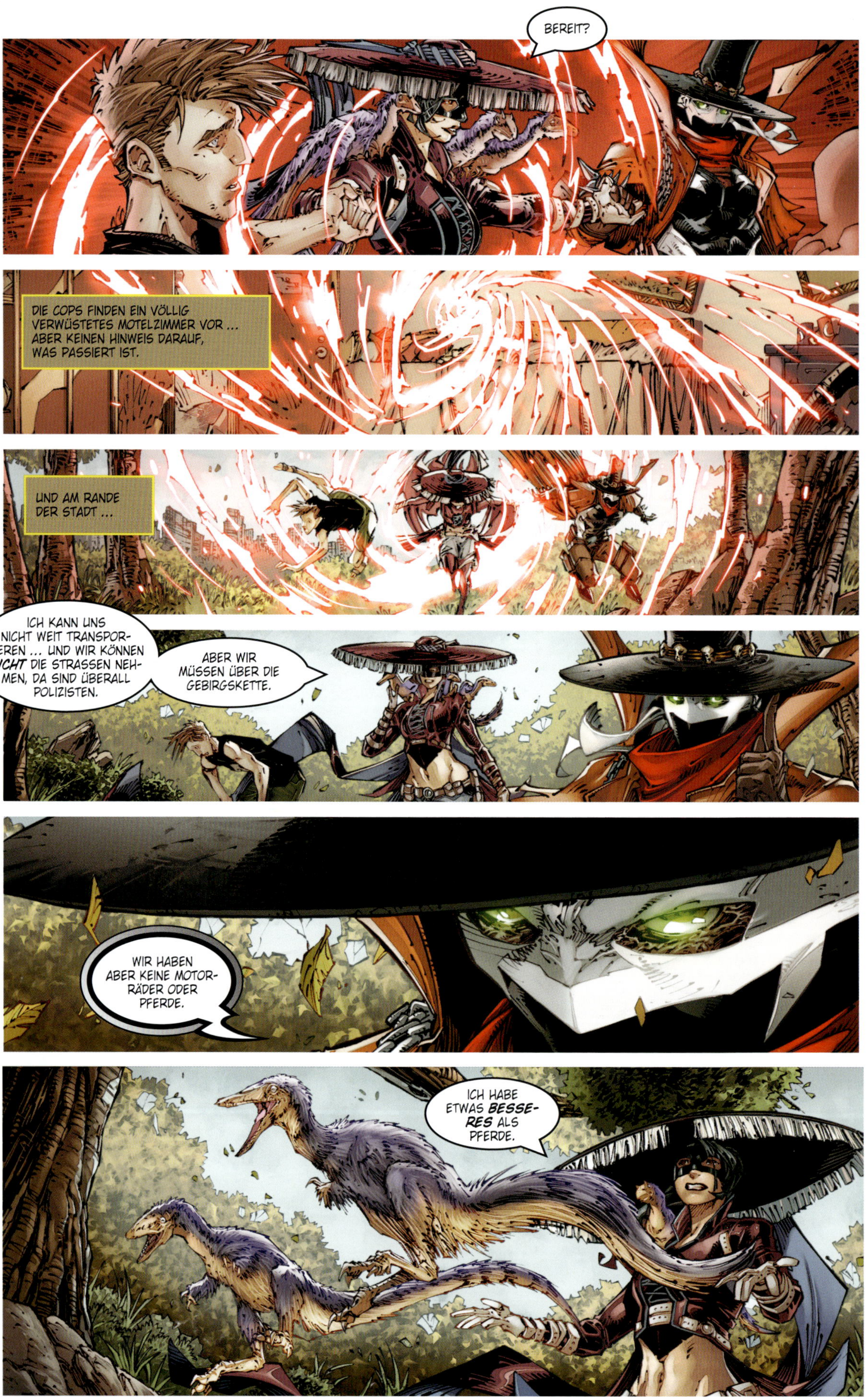

BEREIT?

DIE COPS FINDEN EIN VÖLLIG VERWÜSTETES MOTELZIMMER VOR … ABER KEINEN HINWEIS DARAUF, WAS PASSIERT IST.

UND AM RANDE DER STADT …

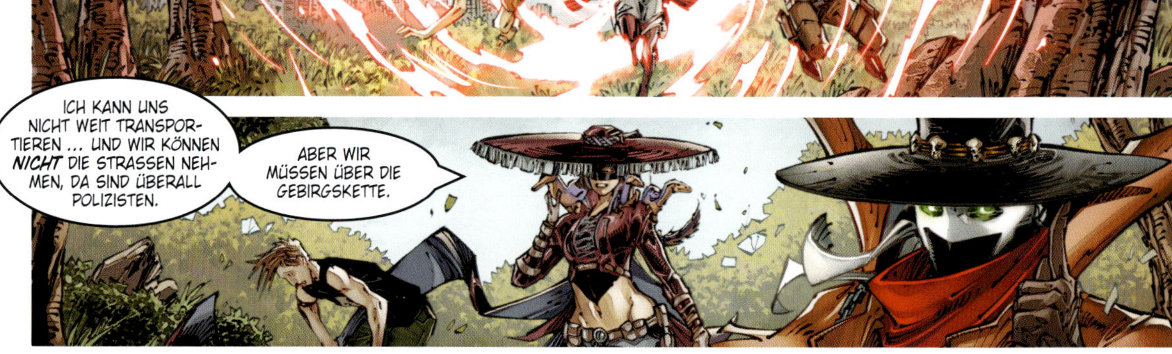

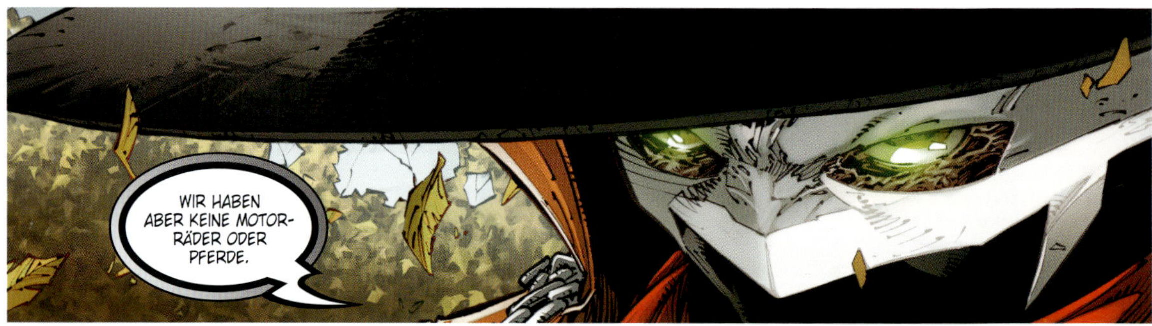

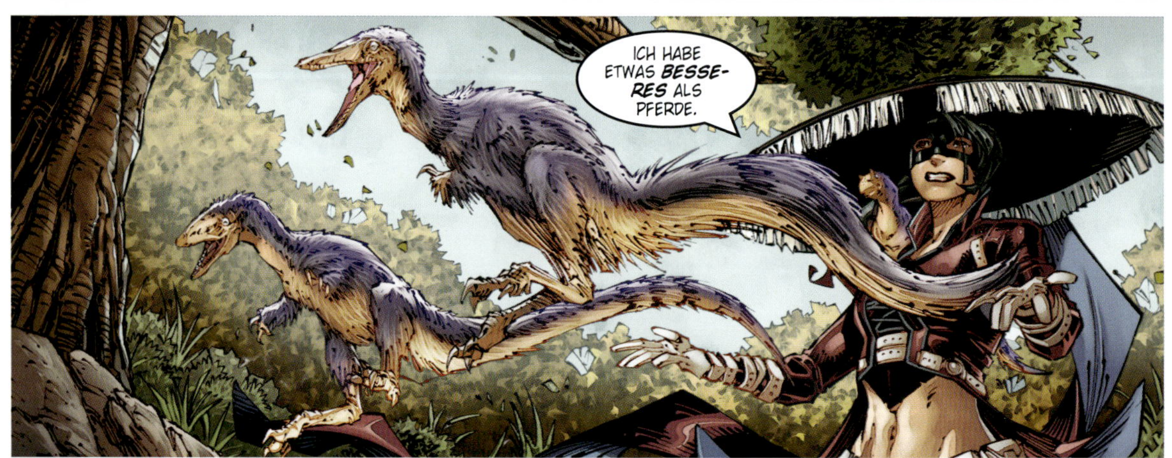

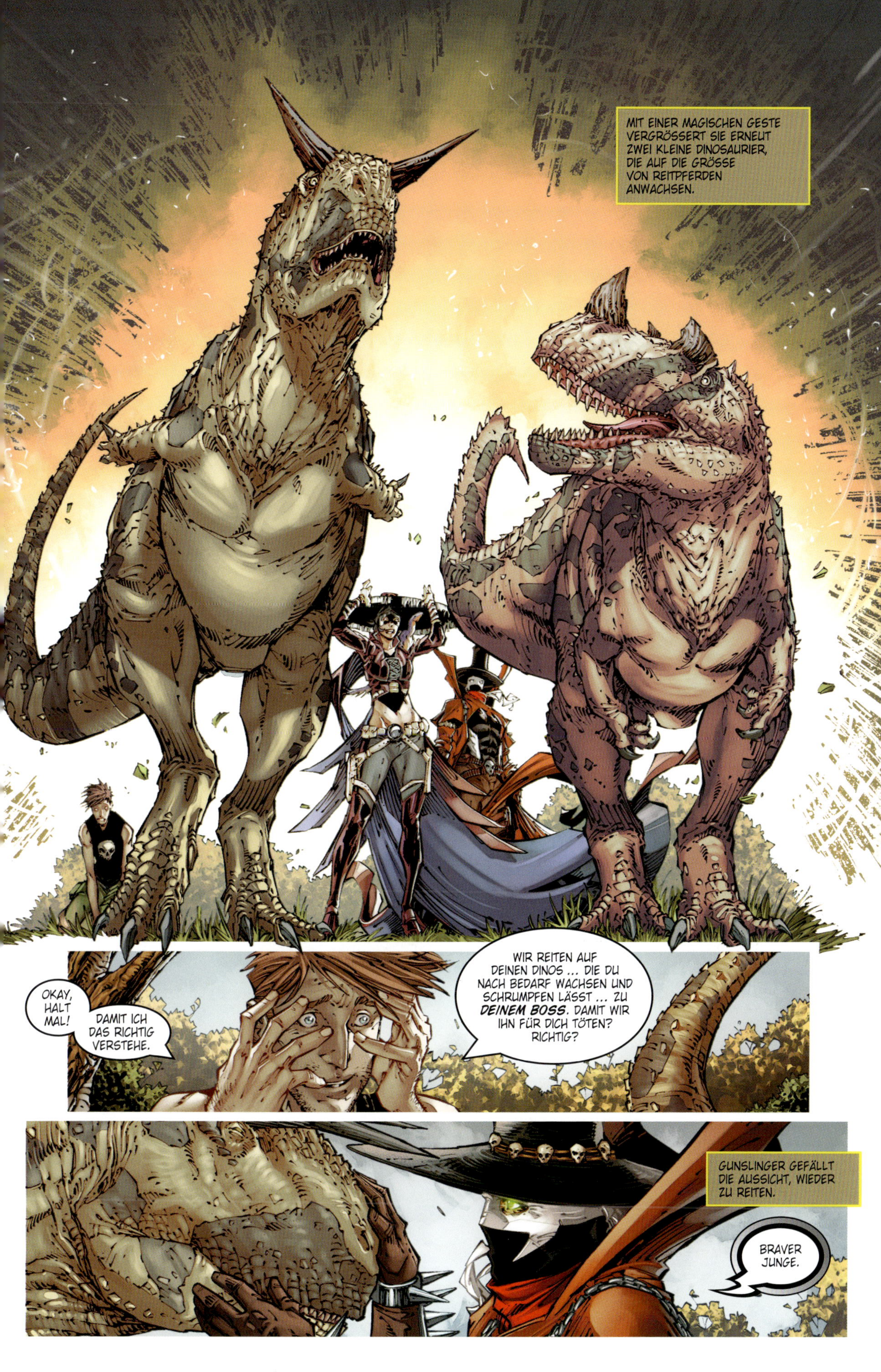
MIT EINER MAGISCHEN GESTE VERGRÖSSERT SIE ERNEUT ZWEI KLEINE DINOSAURIER, DIE AUF DIE GRÖSSE VON REITPFERDEN ANWACHSEN.
OKAY, HALT MAL!
DAMIT ICH DAS RICHTIG VERSTEHE.
WIR REITEN AUF DEINEN DINOS ... DIE DU NACH BEDARF WACHSEN UND SCHRUMPFEN LÄSST ... ZU ***DEINEM BOSS***. DAMIT WIR IHN FÜR DICH TÖTEN? RICHTIG?
GUNSLINGER GEFÄLLT DIE AUSSICHT, WIEDER ZU REITEN.
BRAVER JUNGE.

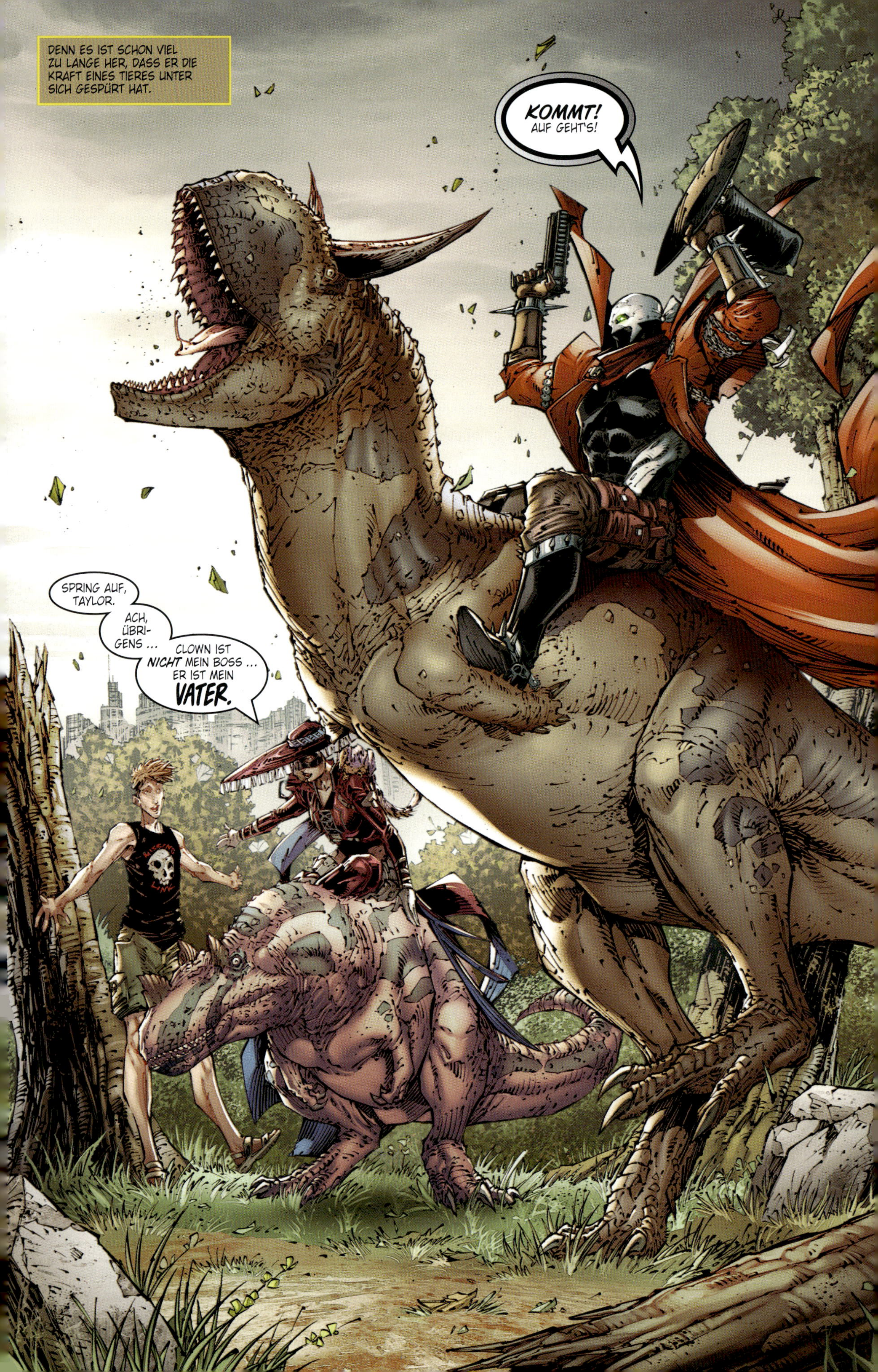
DENN ES IST SCHON VIEL ZU LANGE HER, DASS ER DIE KRAFT EINES TIERES UNTER SICH GESPÜRT HAT.
KOMMT! AUF GEHT'S!
SPRING AUF, TAYLOR.
ACH, ÜBRIGENS ...
CLOWN IST NICHT MEIN BOSS ... ER IST MEIN VATER.

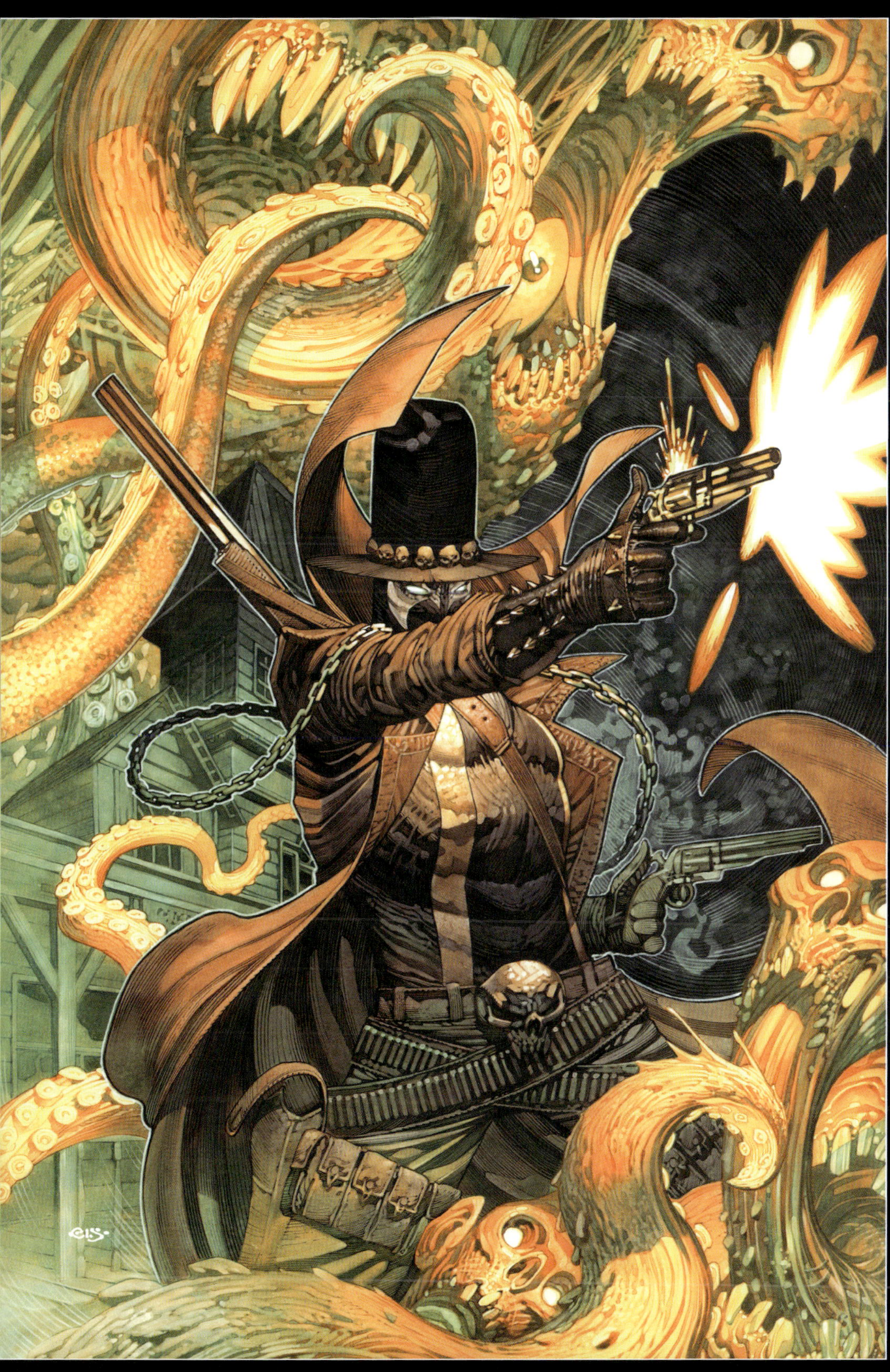

Gunslinger Spawn (2021) 21
Cover von **CHRIS STEVENS**

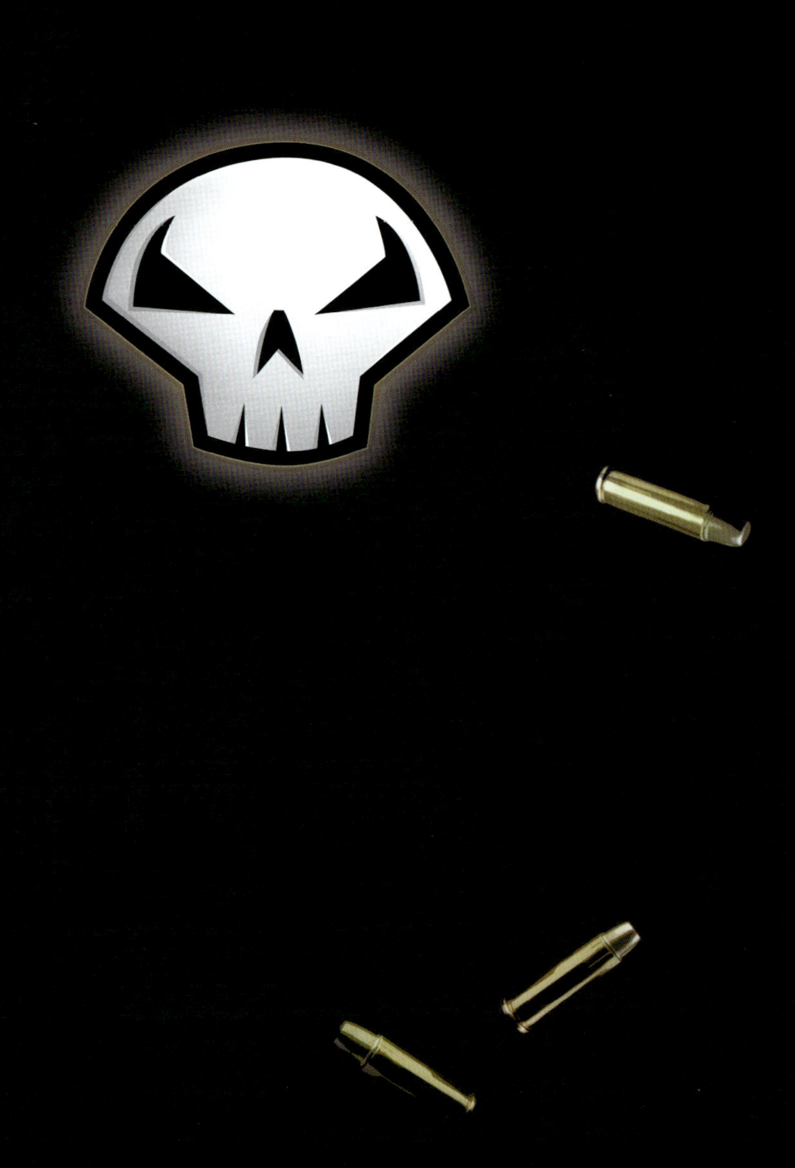

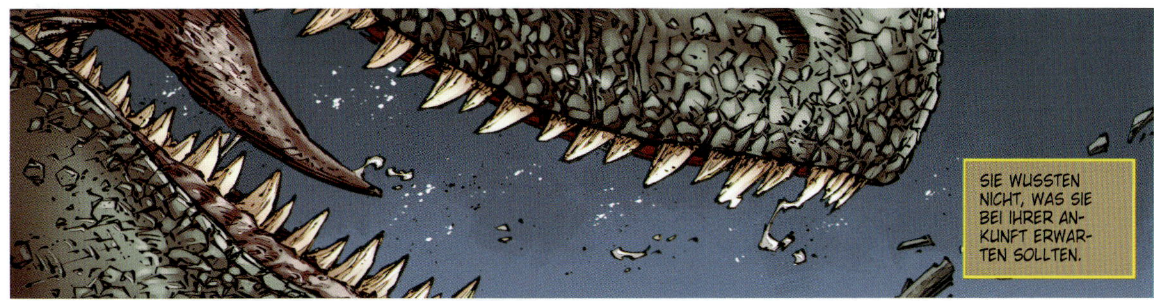
SIE WUSSTEN NICHT, WAS SIE BEI IHRER ANKUNFT ERWARTEN SOLLTEN.
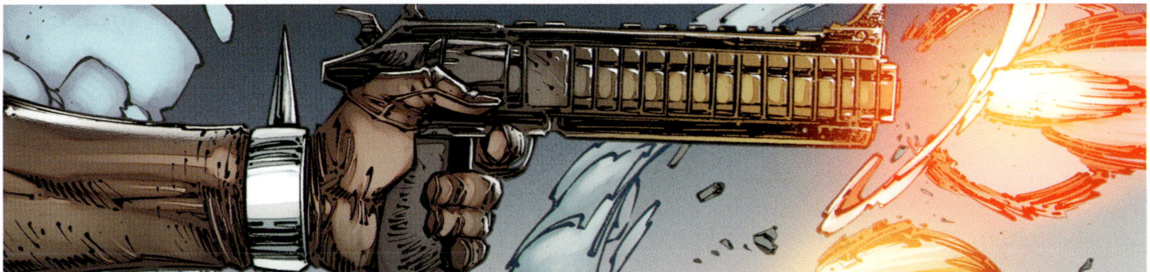
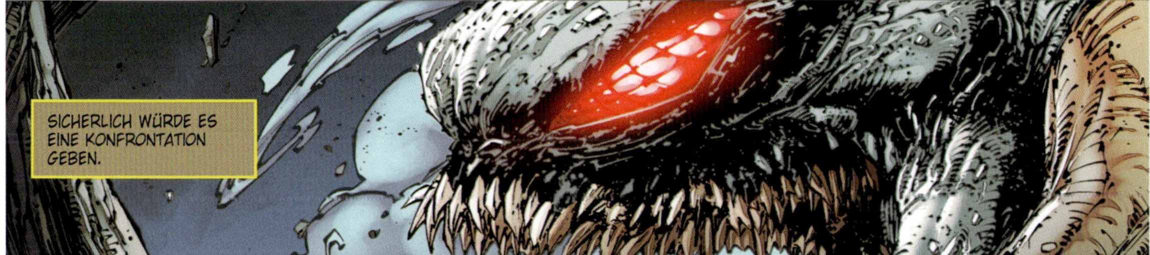
SICHERLICH WÜRDE ES EINE KONFRONTATION GEBEN.
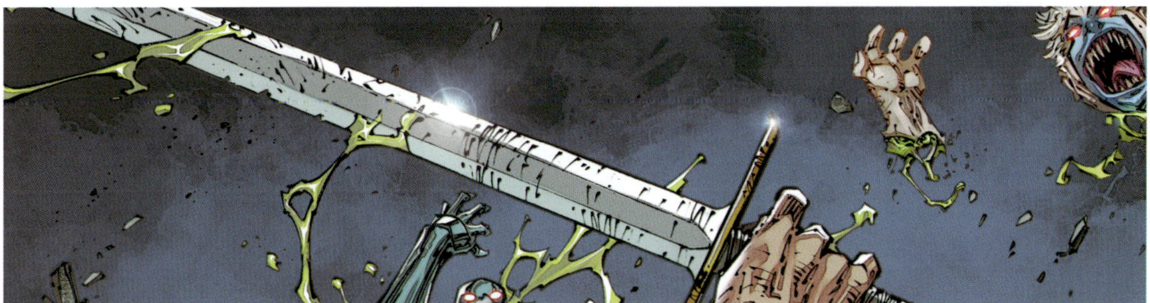
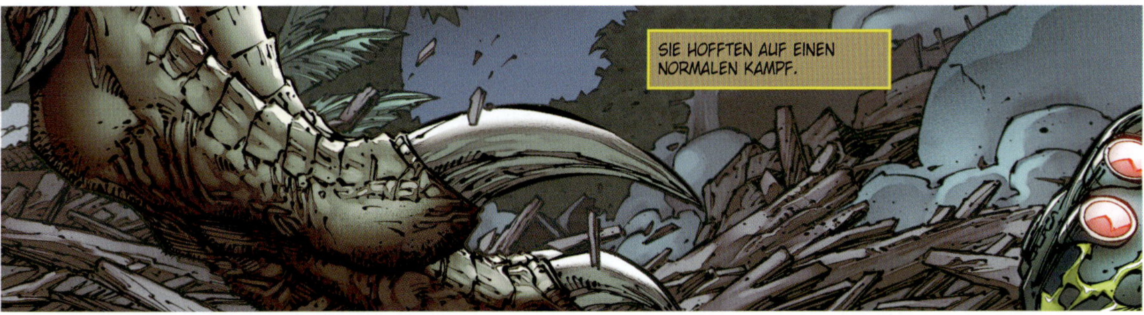
SIE HOFFTEN AUF EINEN NORMALEN KAMPF.
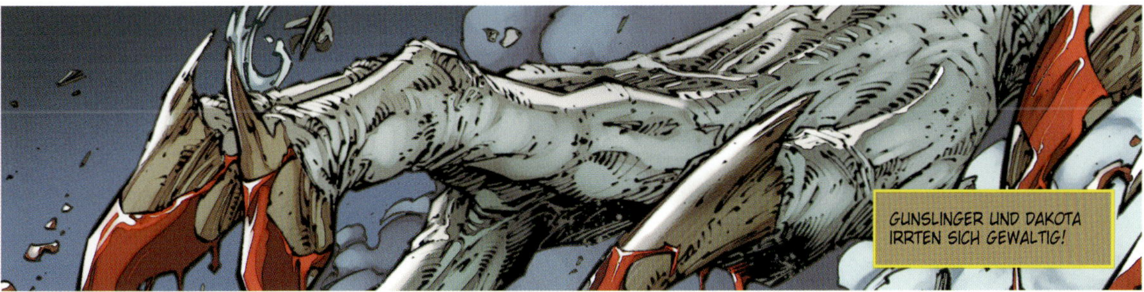
GUNSLINGER UND DAKOTA IRRTEN SICH GEWALTIG!

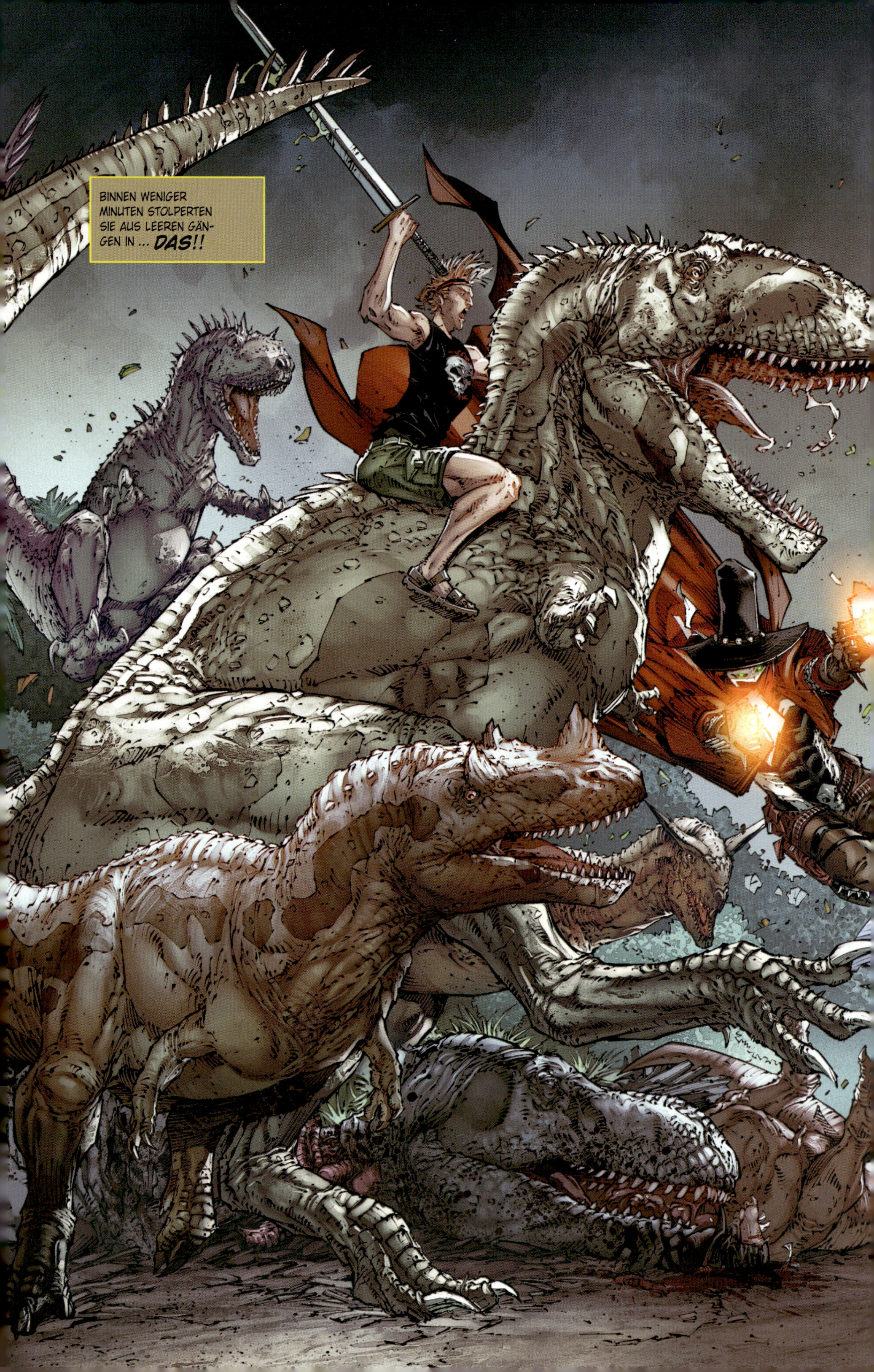
BINNEN WENIGER MINUTEN STOLPERTEN SIE AUS LEEREN GÄN-GEN IN ... DAS!!

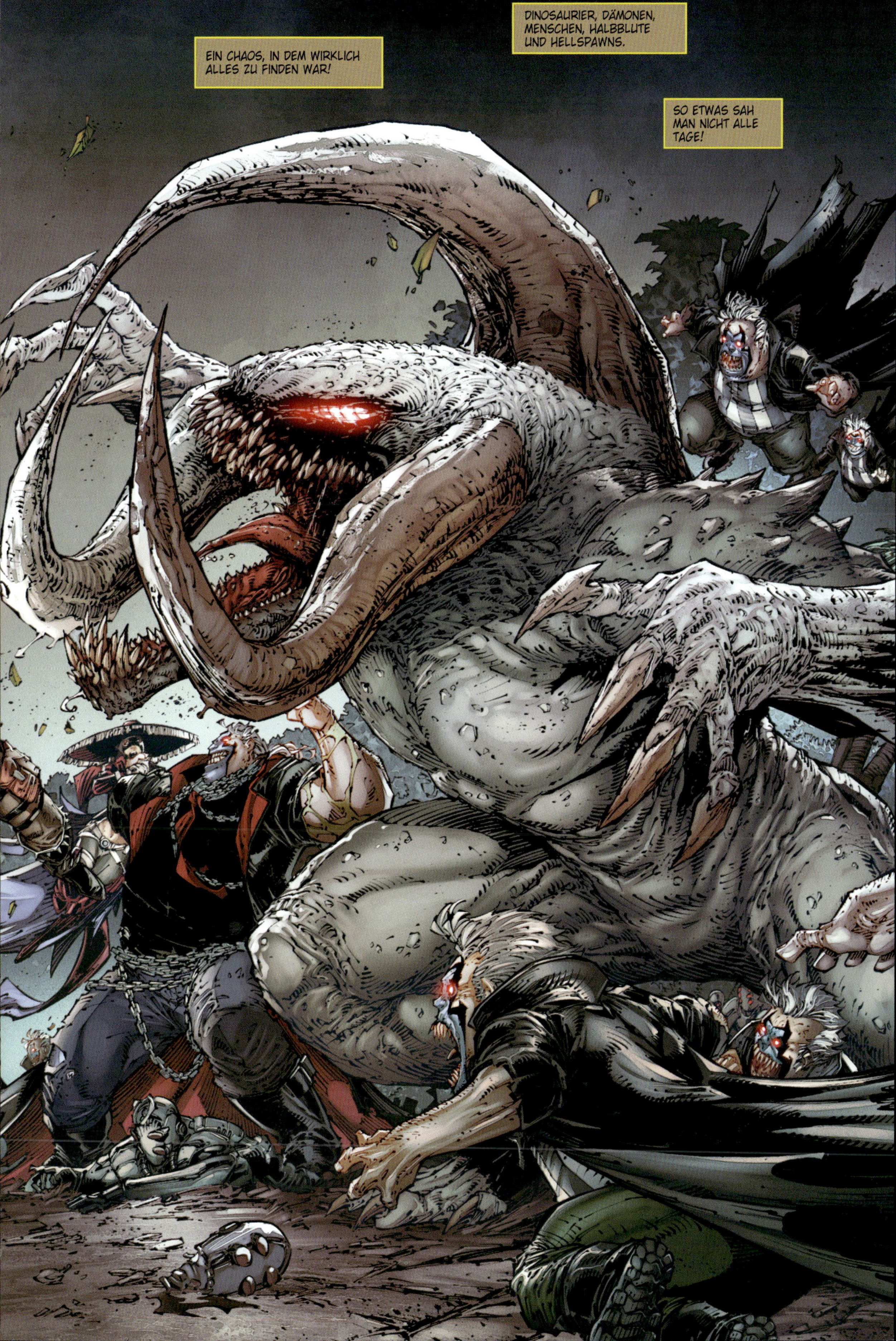
EIN CHAOS, IN DEM WIRKLICH ALLES ZU FINDEN WAR!
DINOSAURIER, DÄMONEN, MENSCHEN, HALBBLUTE UND HELLSPAWNS.
SO ETWAS SAH MAN NICHT ALLE TAGE!

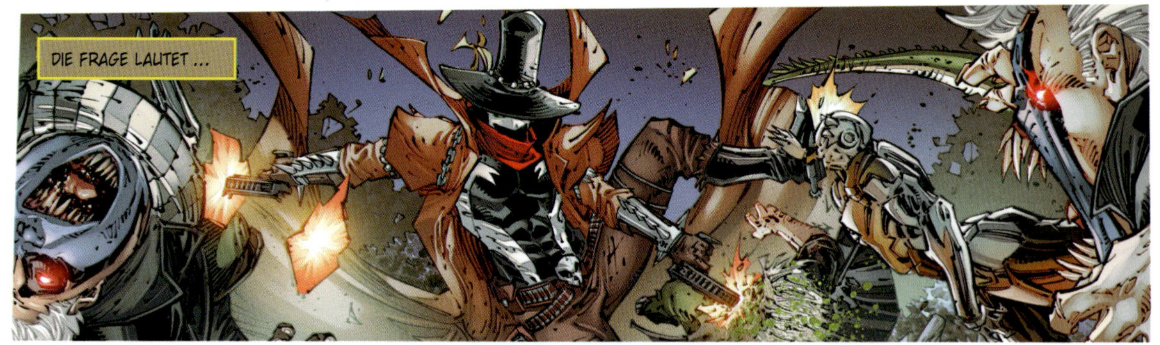
DIE FRAGE LAUTET ...
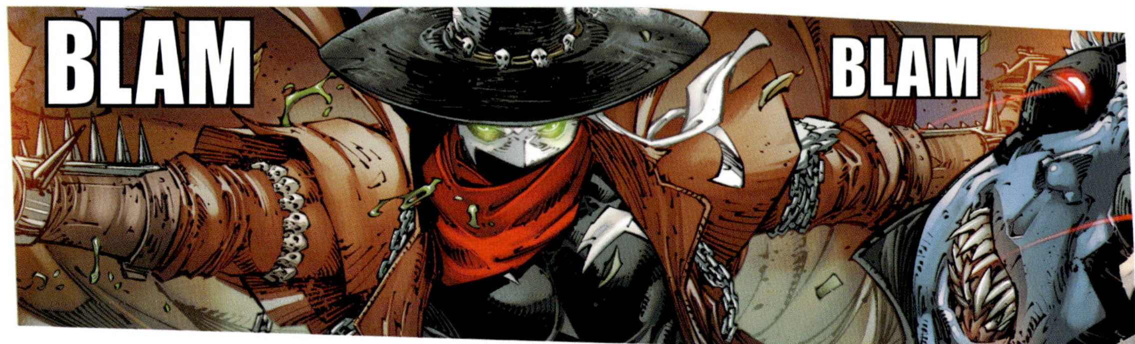
BLAM
BLAM
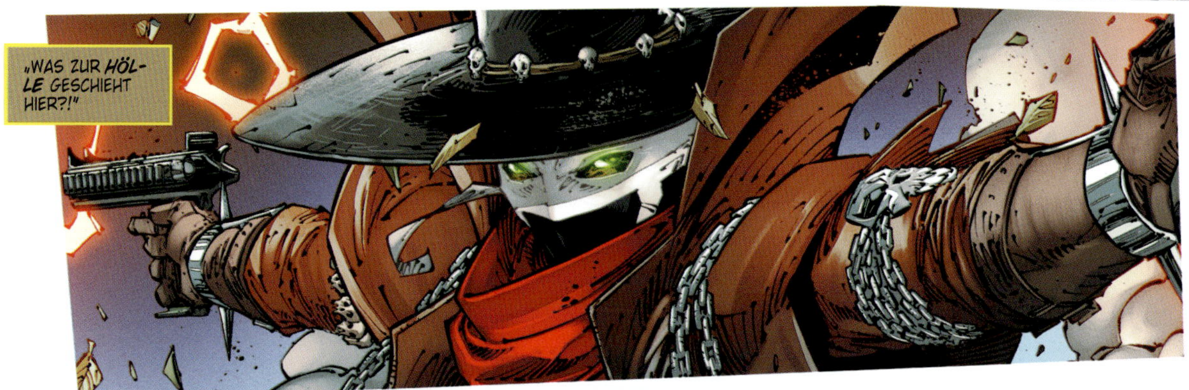
„WAS ZUR HÖLLE GESCHIEHT HIER?!"
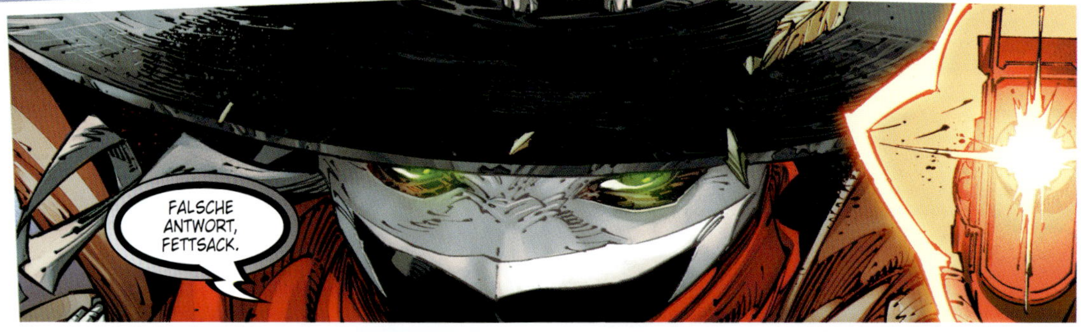
FALSCHE ANTWORT, FETTSACK.
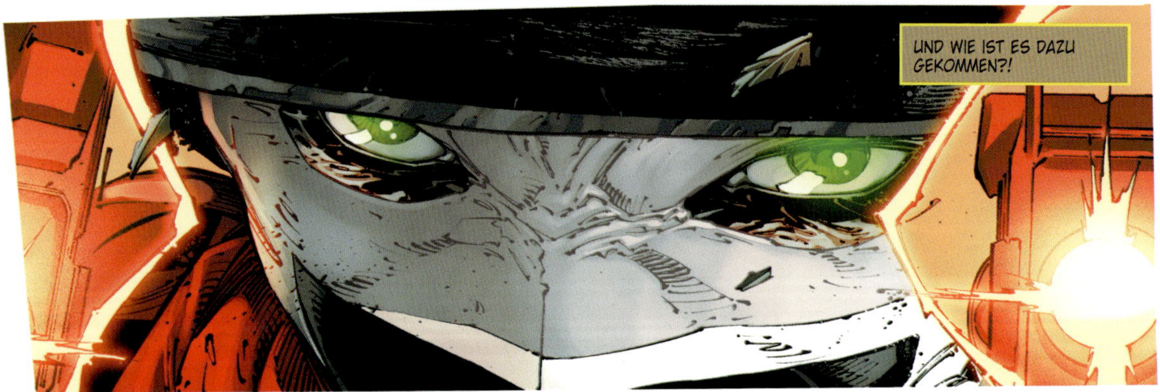
UND WIE IST ES DAZU GEKOMMEN?!

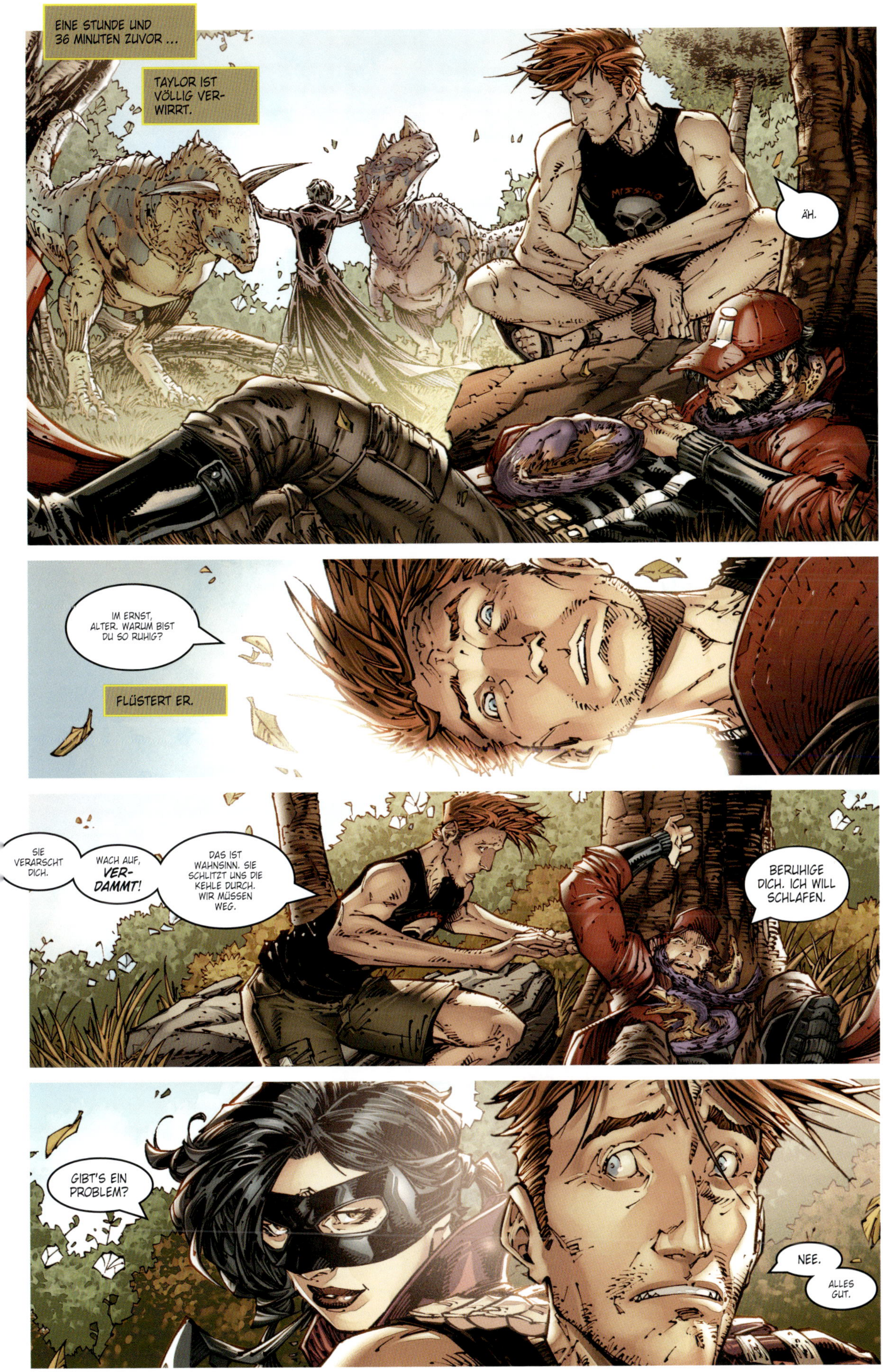

EINE STUNDE UND
36 MINUTEN ZUVOR ...

TAYLOR IST
VÖLLIG VER-
WIRRT.

ÄH.

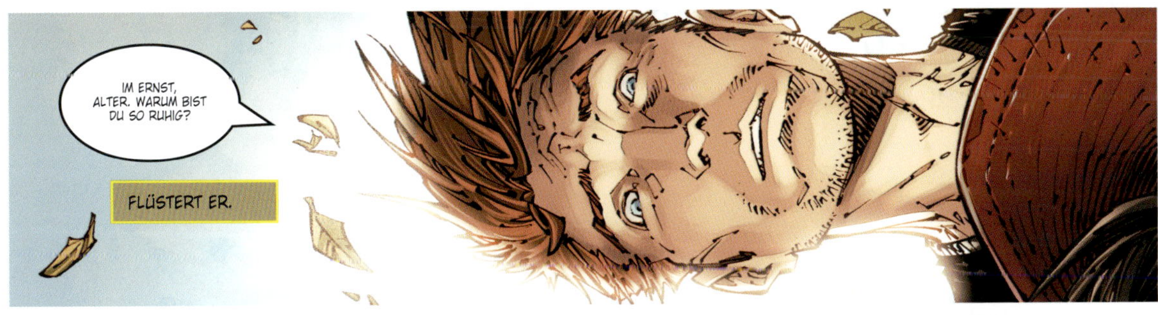

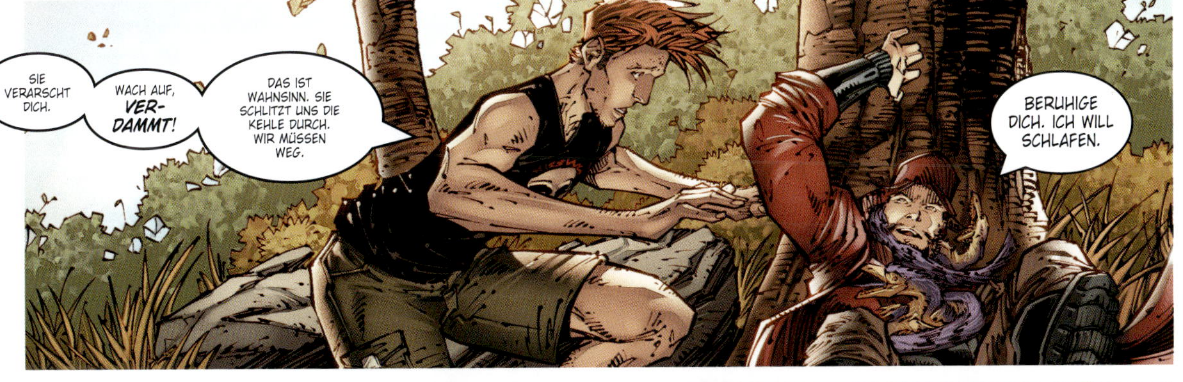

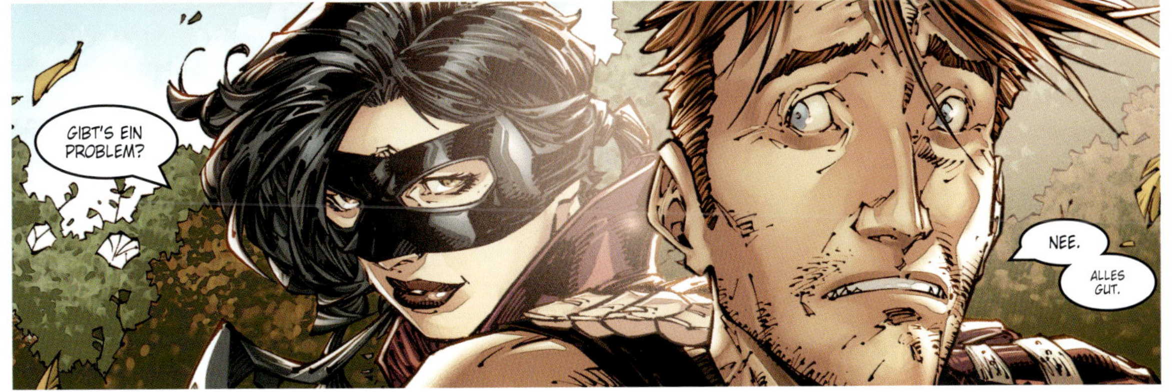

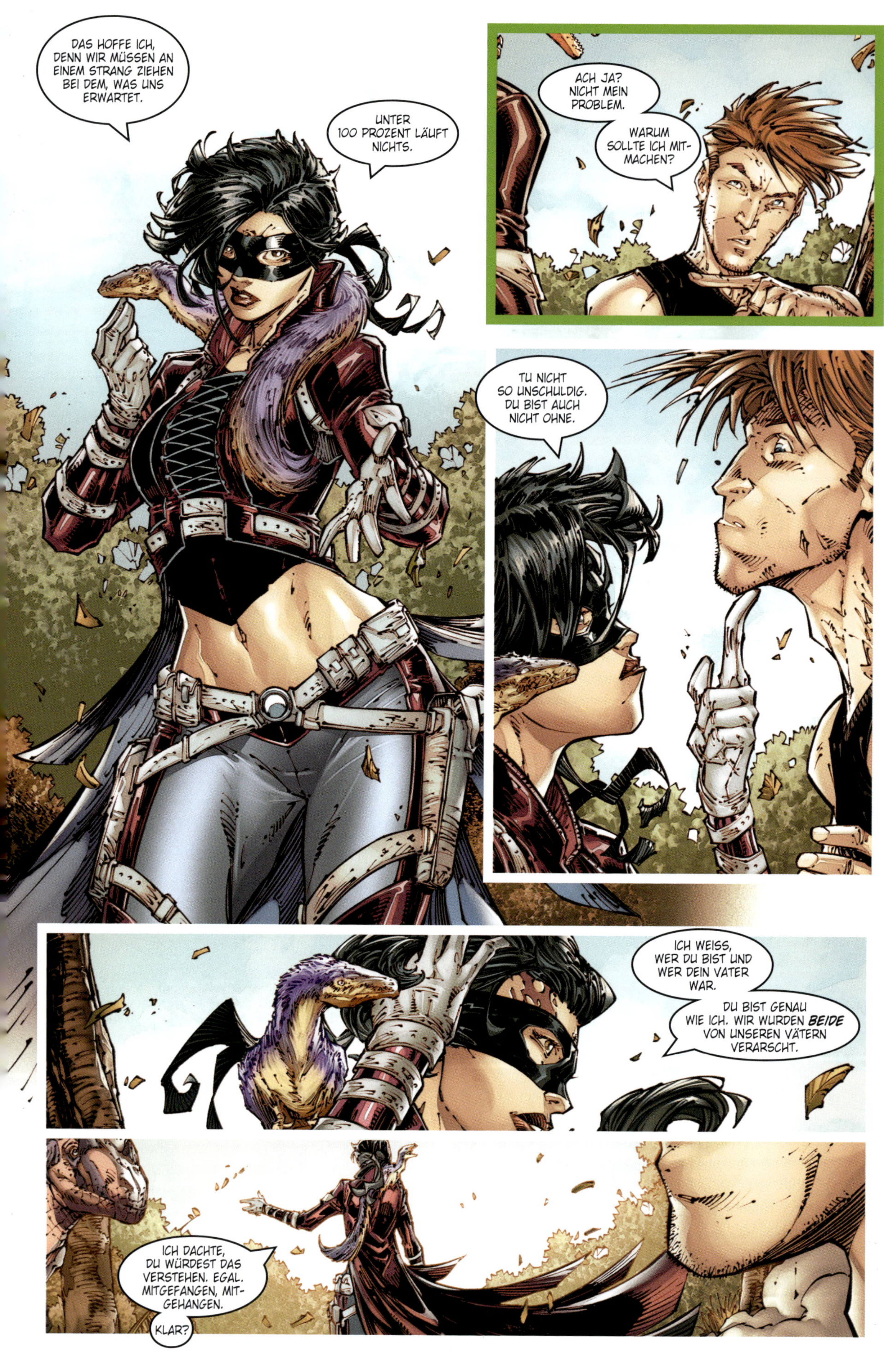
DAS HOFFE ICH, DENN WIR MÜSSEN AN EINEM STRANG ZIEHEN BEI DEM, WAS UNS ERWARTET.
UNTER 100 PROZENT LÄUFT NICHTS.
ACH JA? NICHT MEIN PROBLEM.
WARUM SOLLTE ICH MIT-MACHEN?
TU NICHT SO UNSCHULDIG. DU BIST AUCH NICHT OHNE.
ICH WEISS, WER DU BIST UND WER DEIN VATER WAR.
DU BIST GENAU WIE ICH. WIR WURDEN *BEIDE* VON UNSEREN VÄTERN VERARSCHT.
ICH DACHTE, DU WÜRDEST DAS VERSTEHEN. EGAL. MITGEFANGEN, MIT-GEHANGEN.
KLAR?

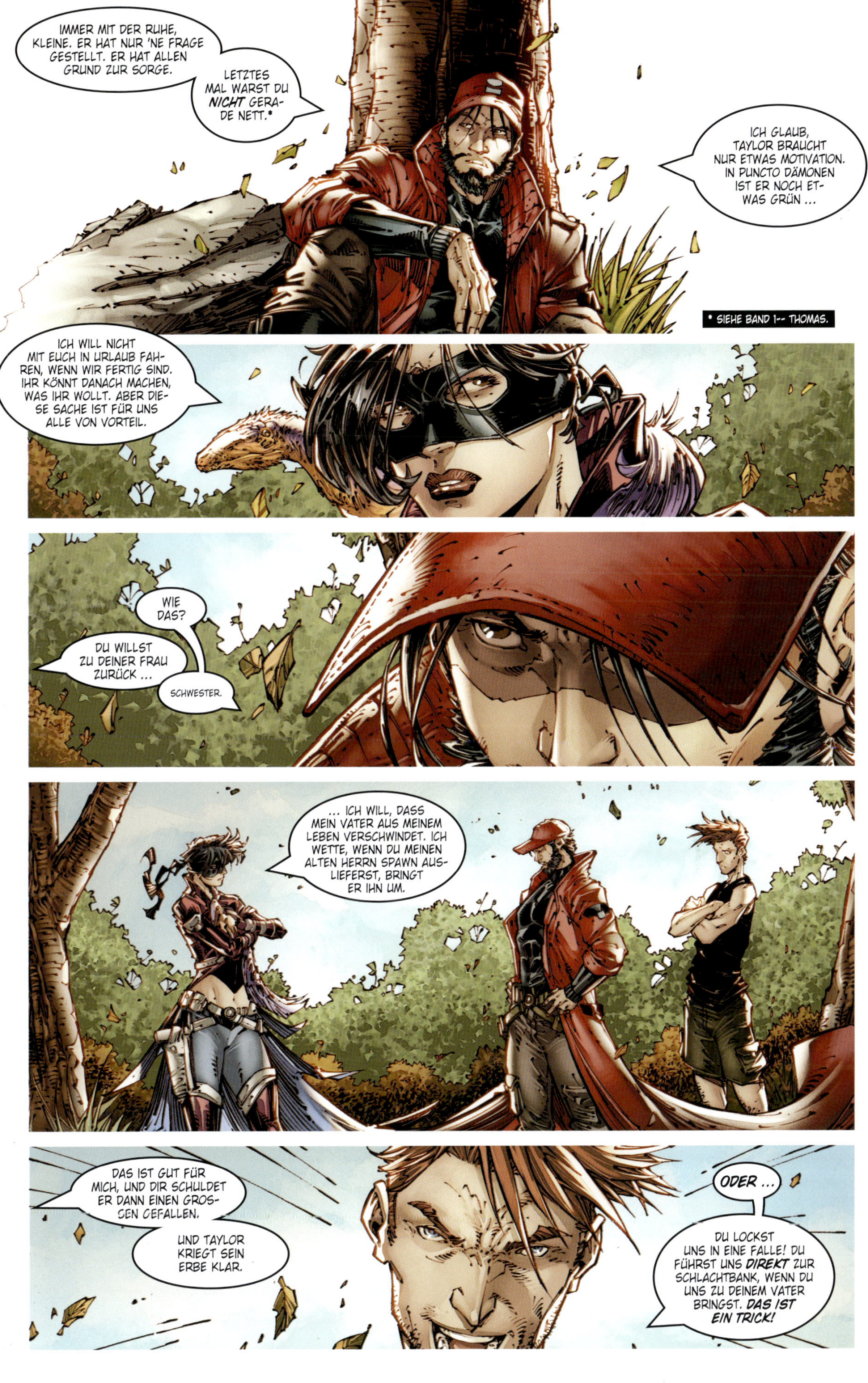
IMMER MIT DER RUHE, KLEINE. ER HAT NUR 'NE FRAGE GESTELLT. ER HAT ALLEN GRUND ZUR SORGE.
LETZTES MAL WARST DU NICHT GERADE NETT.*
ICH GLAUB, TAYLOR BRAUCHT NUR ETWAS MOTIVATION. IN PUNCTO DÄMONEN IST ER NOCH ETWAS GRÜN ...
* SIEHE BAND 1-- THOMAS.
ICH WILL NICHT MIT EUCH IN URLAUB FAHREN, WENN WIR FERTIG SIND. IHR KÖNNT DANACH MACHEN, WAS IHR WOLLT. ABER DIESE SACHE IST FÜR UNS ALLE VON VORTEIL.
WIE DAS?
DU WILLST ZU DEINER FRAU ZURÜCK ...
SCHWESTER.
... ICH WILL, DASS MEIN VATER AUS MEINEM LEBEN VERSCHWINDET. ICH WETTE, WENN DU MEINEN ALTEN HERRN SPAWN AUSLIEFERST, BRINGT ER IHN UM.
DAS IST GUT FÜR MICH, UND DIR SCHULDET ER DANN EINEN GROSSEN GEFALLEN.
UND TAYLOR KRIEGT SEIN ERBE KLAR.
ODER ...
DU LOCKST UNS IN EINE FALLE! DU FÜHRST UNS DIREKT ZUR SCHLACHTBANK, WENN DU UNS ZU DEINEM VATER BRINGST. DAS IST EIN TRICK!

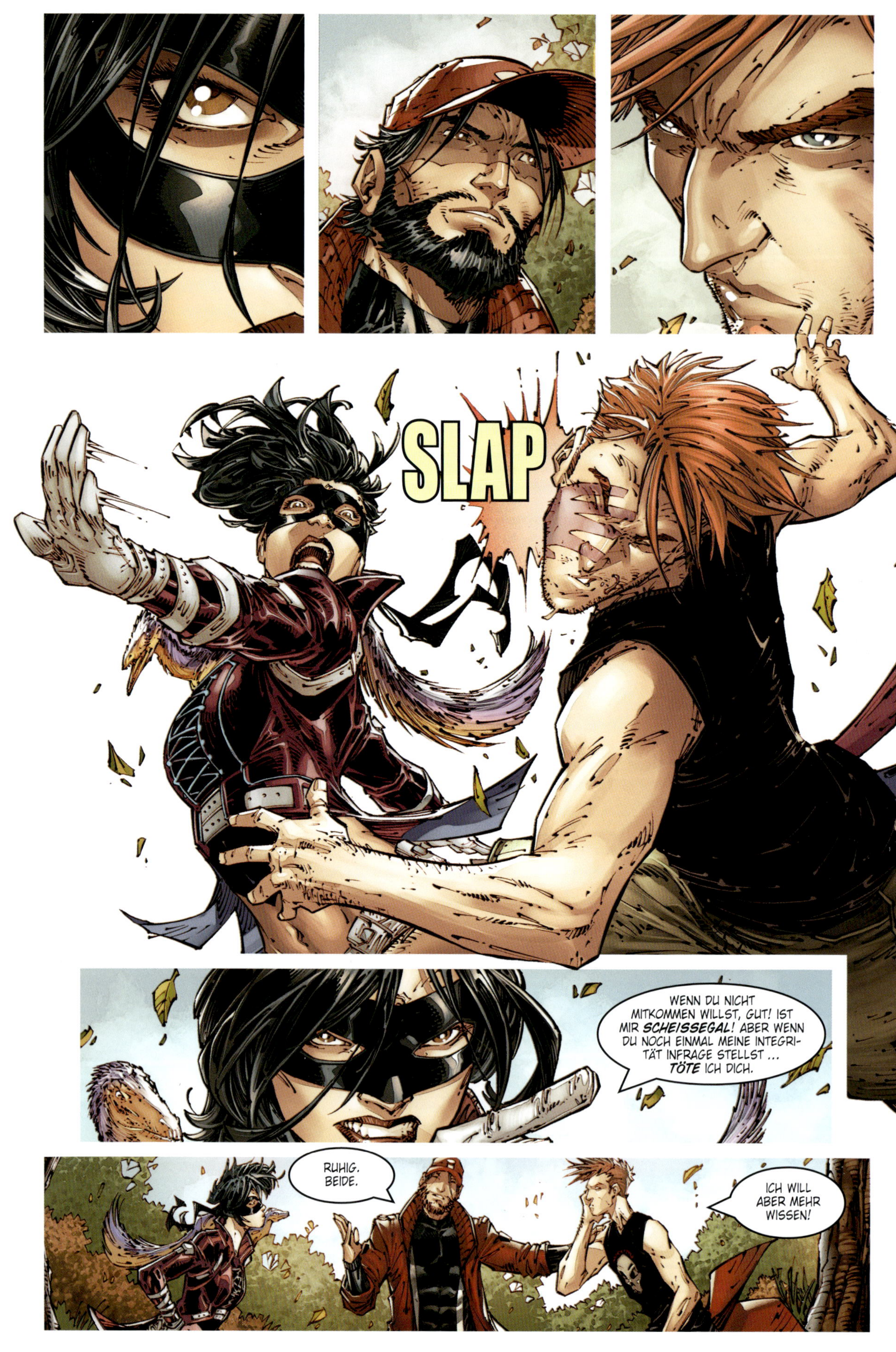
SLAP
WENN DU NICHT MITKOMMEN WILLST, GUT! IST MIR SCHEISSEGAL! ABER WENN DU NOCH EINMAL MEINE INTEGRITÄT INFRAGE STELLST … TÖTE ICH DICH.
RUHIG. BEIDE.
ICH WILL ABER MEHR WISSEN!

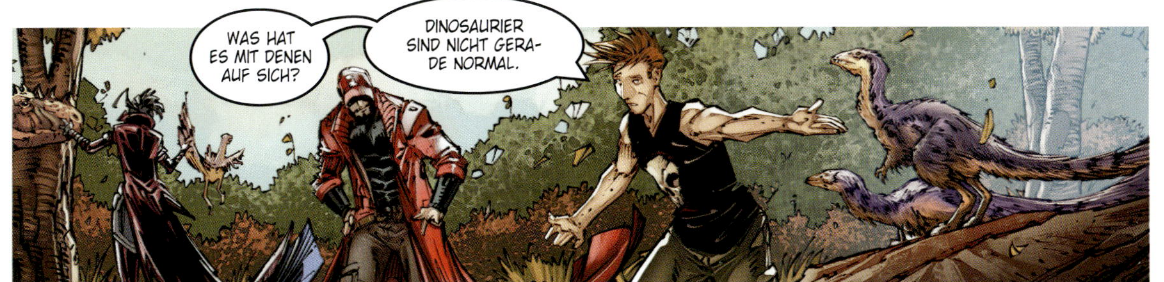
WAS HAT ES MIT DENEN AUF SICH?
DINOSAURIER SIND NICHT GERADE NORMAL.

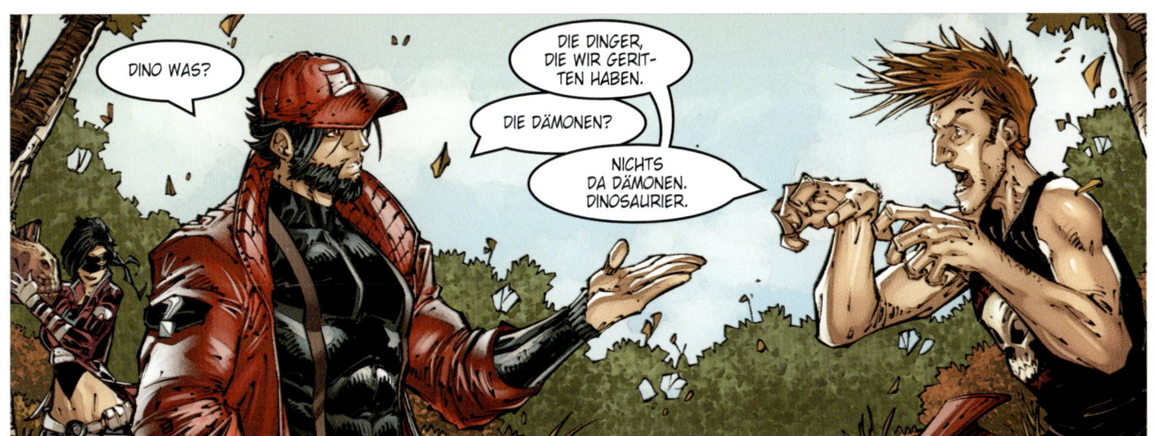
DINO WAS?
DIE DINGER, DIE WIR GERITTEN HABEN.
DIE DÄMONEN?
NICHTS DA DÄMONEN. DINOSAURIER.

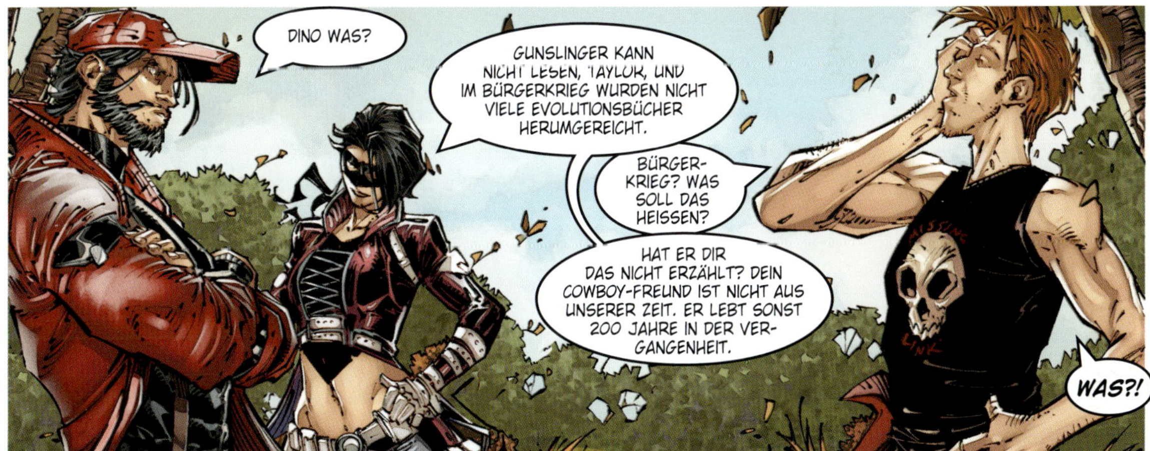
DINO WAS?
GUNSLINGER KANN NICHT LESEN, TAYLOR, UND IM BÜRGERKRIEG WURDEN NICHT VIELE EVOLUTIONSBÜCHER HERUMGEREICHT.
BÜRGERKRIEG? WAS SOLL DAS HEISSEN?
HAT ER DIR DAS NICHT ERZÄHLT? DEIN COWBOY-FREUND IST NICHT AUS UNSERER ZEIT. ER LEBT SONST 200 JAHRE IN DER VERGANGENHEIT.
WAS?!

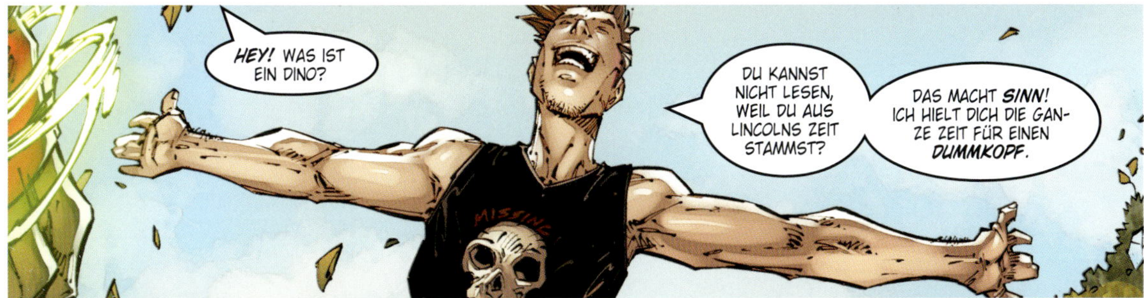
HEY! WAS IST EIN DINO?
DU KANNST NICHT LESEN, WEIL DU AUS LINCOLNS ZEIT STAMMST?
DAS MACHT SINN! ICH HIELT DICH DIE GANZE ZEIT FÜR EINEN DUMMKOPF.

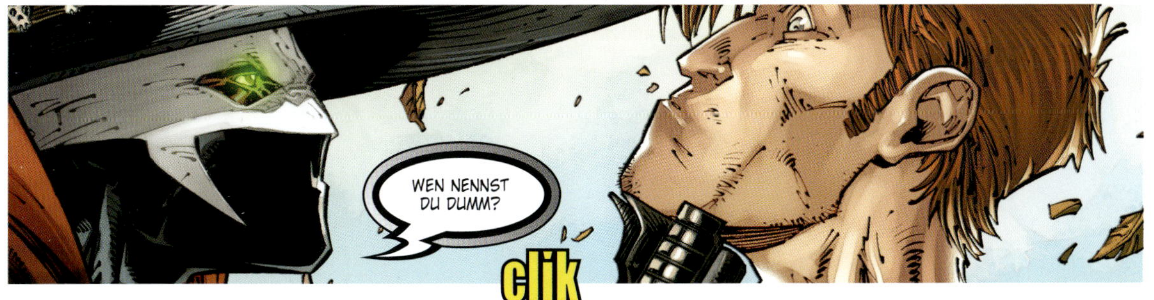
WEN NENNST DU DUMM?
clik

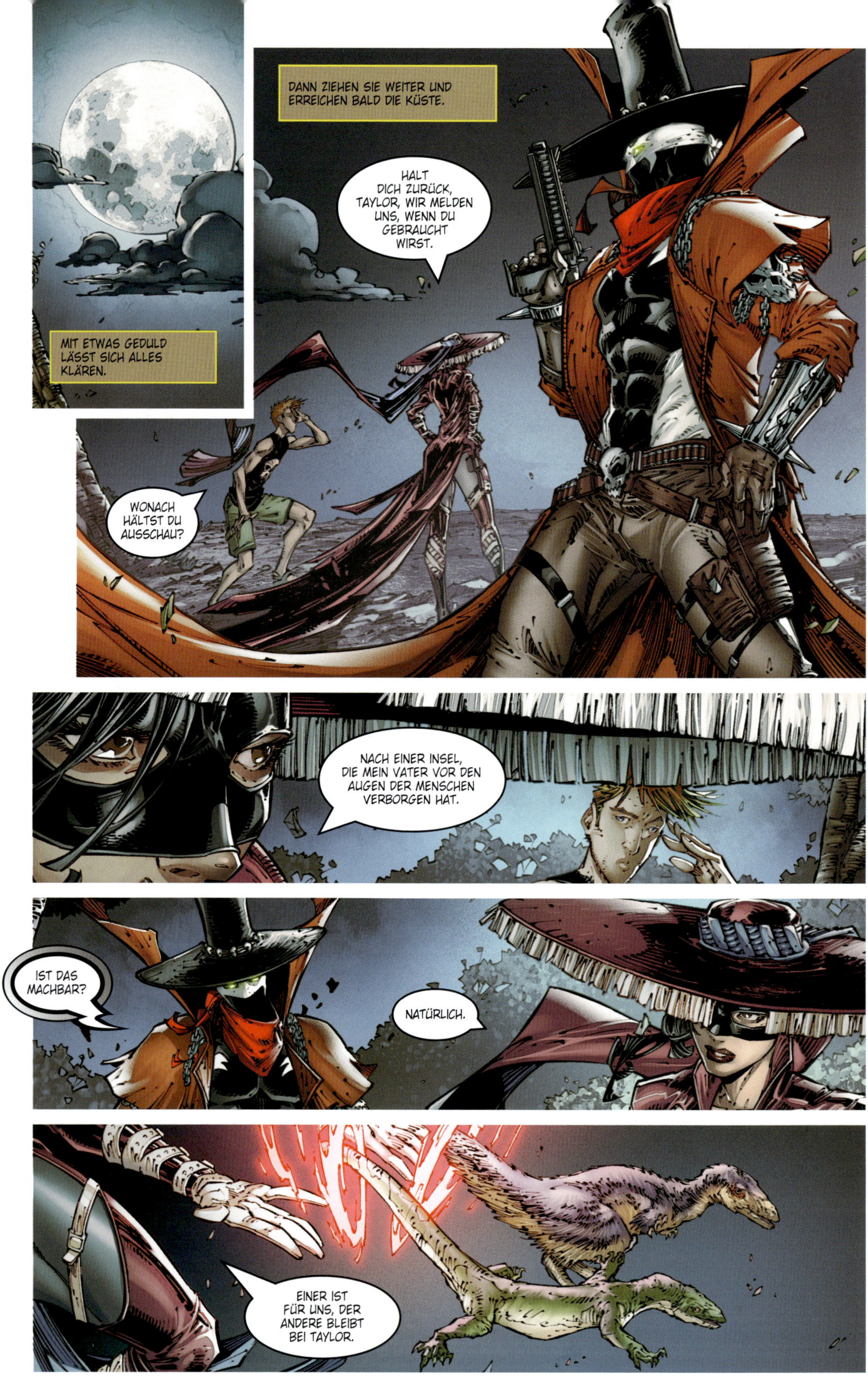

MIT ETWAS GEDULD LÄSST SICH ALLES KLÄREN.

DANN ZIEHEN SIE WEITER UND ERREICHEN BALD DIE KÜSTE.

HALT DICH ZURÜCK, TAYLOR, WIR MELDEN UNS, WENN DU GEBRAUCHT WIRST.

WONACH HÄLTST DU AUSSCHAU?

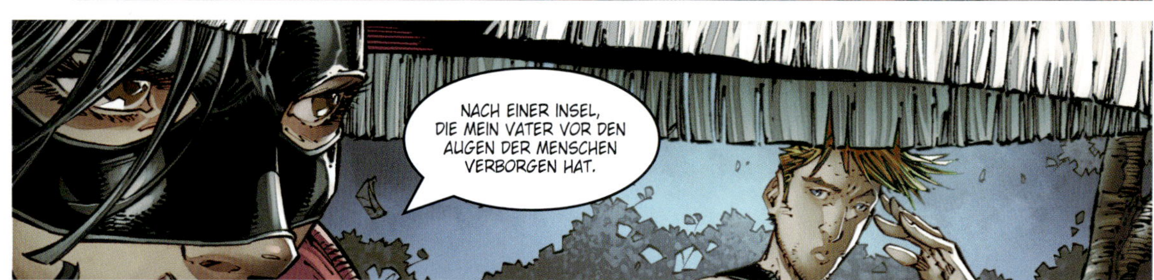

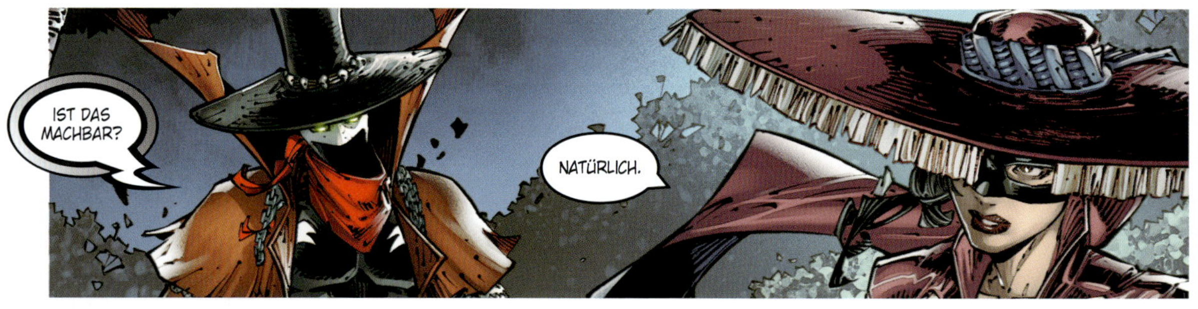

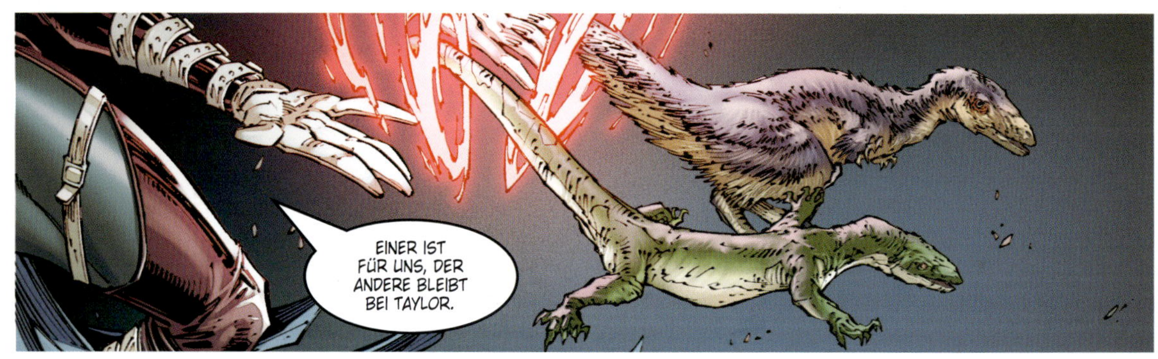

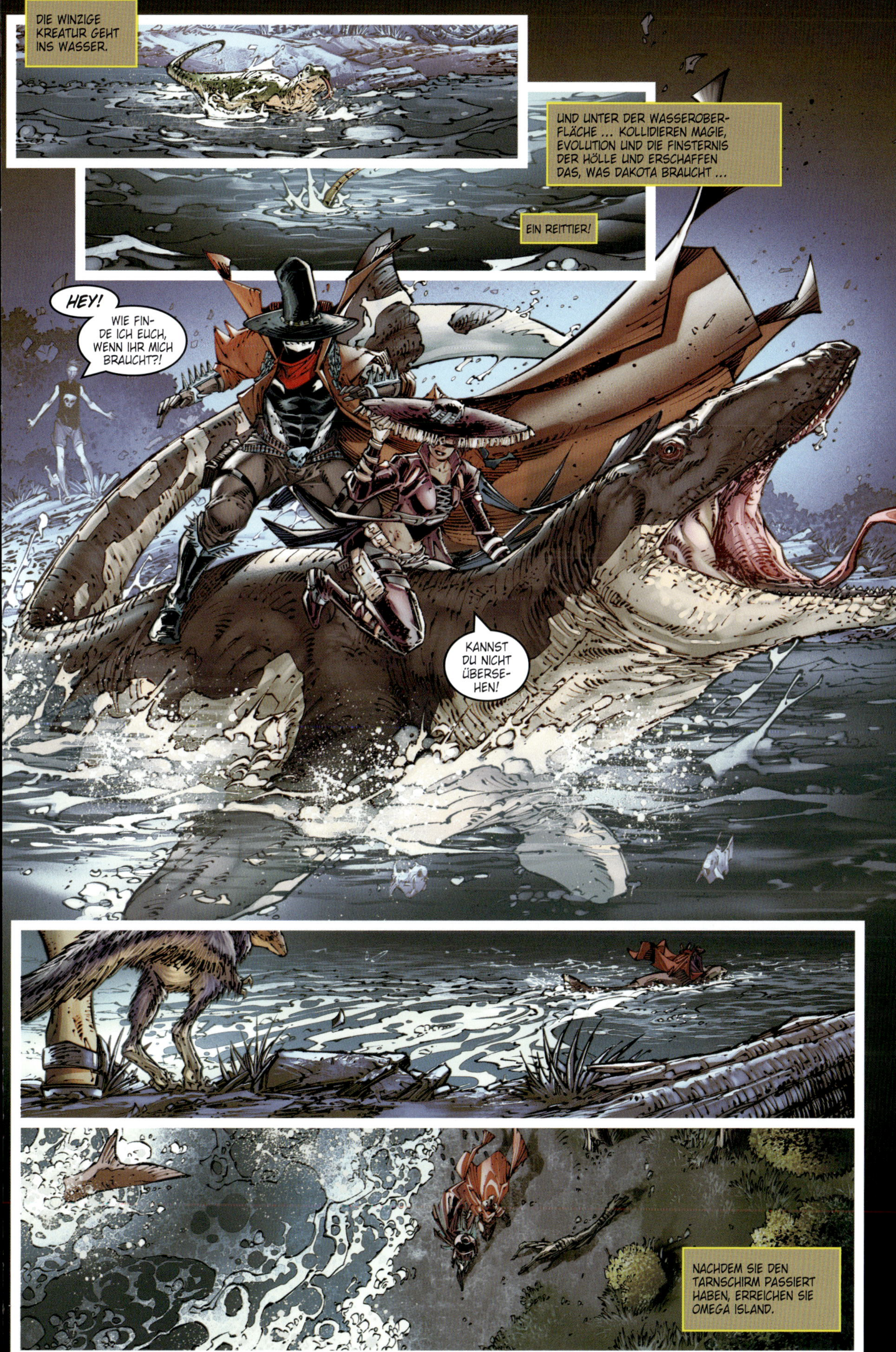
DIE WINZIGE KREATUR GEHT INS WASSER.
UND UNTER DER WASSEROBER-FLÄCHE ... KOLLIDIEREN MAGIE, EVOLUTION UND DIE FINSTERNIS DER HÖLLE UND ERSCHAFFEN DAS, WAS DAKOTA BRAUCHT ...
EIN REITTIER!
HEY!
WIE FIN-DE ICH EUCH, WENN IHR MICH BRAUCHT?!
KANNST DU NICHT ÜBERSE-HEN!
NACHDEM SIE DEN TARNSCHIRM PASSIERT HABEN, ERREICHEN SIE OMEGA ISLAND.

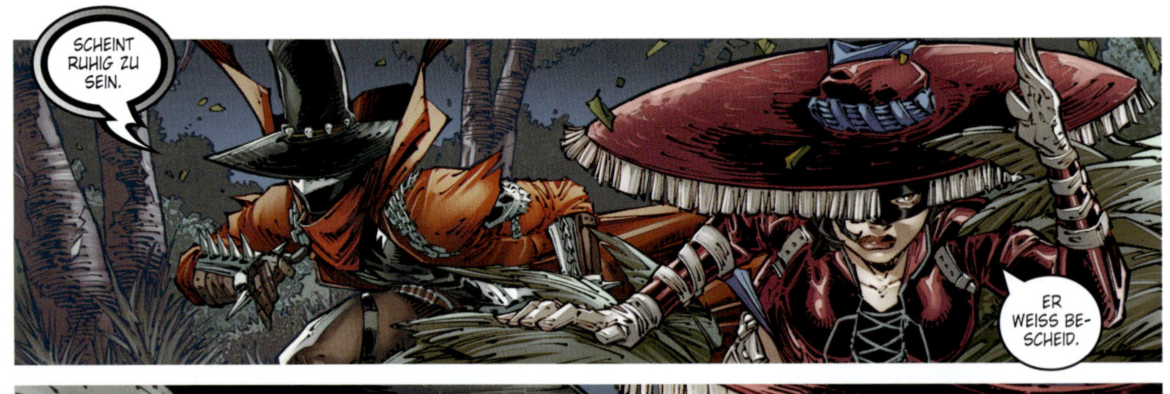
SCHEINT RUHIG ZU SEIN.
ER WEISS BESCHEID.

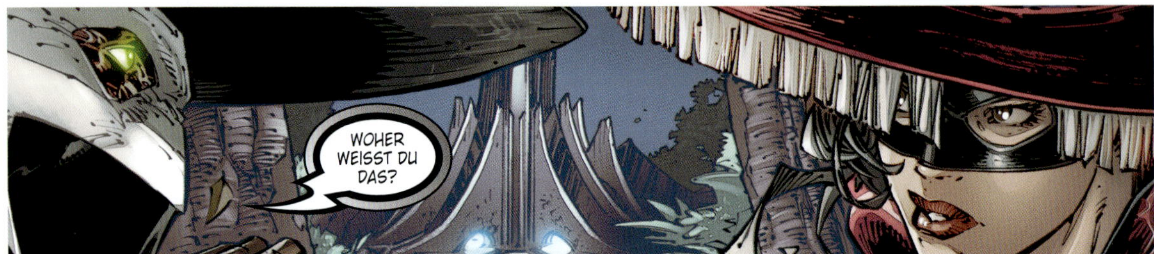
WOHER WEISST DU DAS?

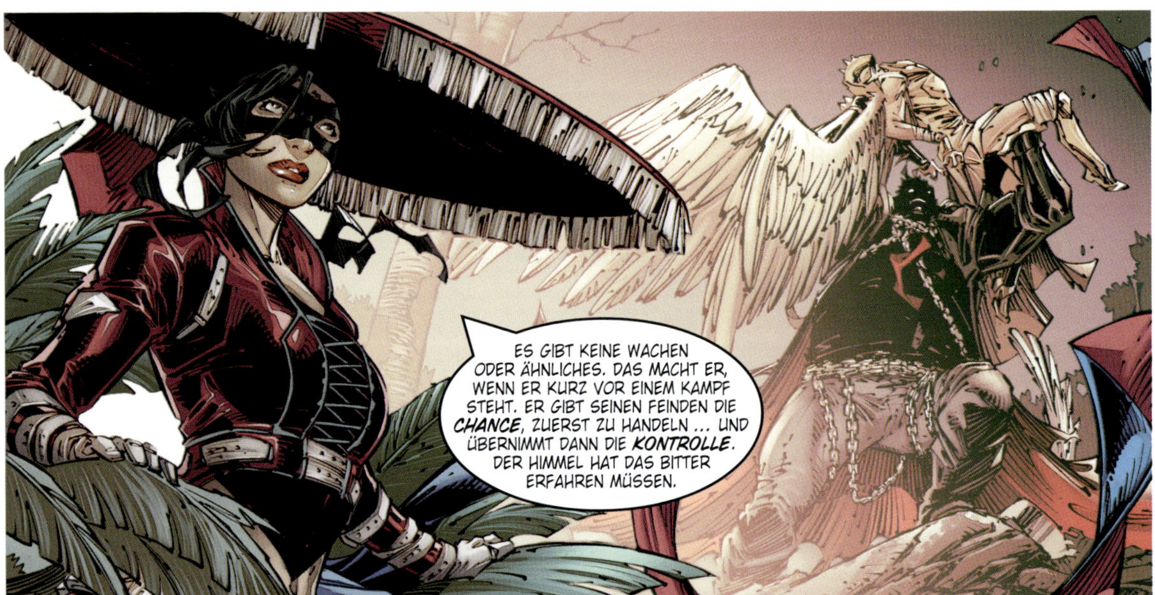
ES GIBT KEINE WACHEN ODER ÄHNLICHES. DAS MACHT ER, WENN ER KURZ VOR EINEM KAMPF STEHT. ER GIBT SEINEN FEINDEN DIE CHANCE, ZUERST ZU HANDELN ... UND ÜBERNIMMT DANN DIE KONTROLLE. DER HIMMEL HAT DAS BITTER ERFAHREN MÜSSEN.

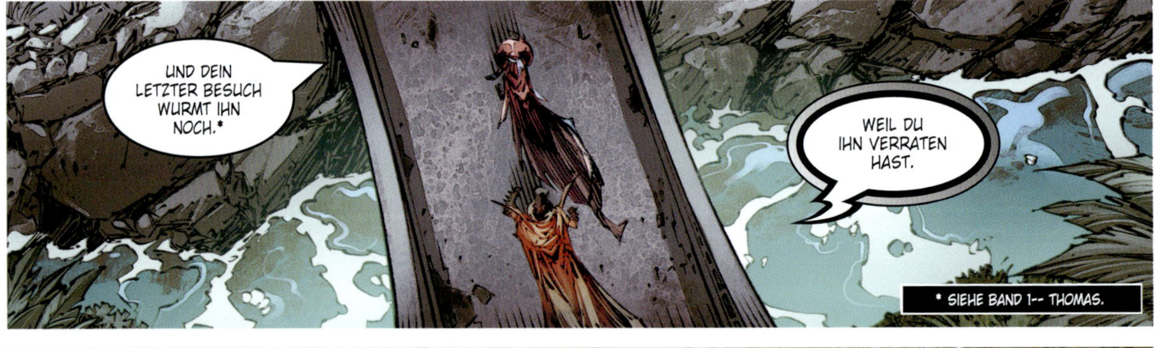
UND DEIN LETZTER BESUCH WURMT IHN NOCH.*
WEIL DU IHN VERRATEN HAST.
* SIEHE BAND 1-- THOMAS.

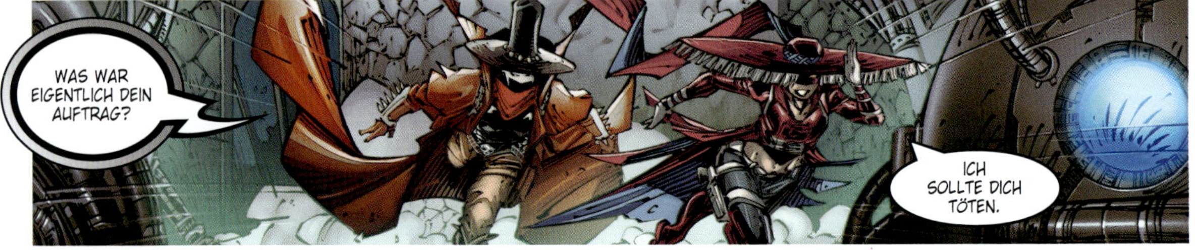
WAS WAR EIGENTLICH DEIN AUFTRAG?
ICH SOLLTE DICH TÖTEN.

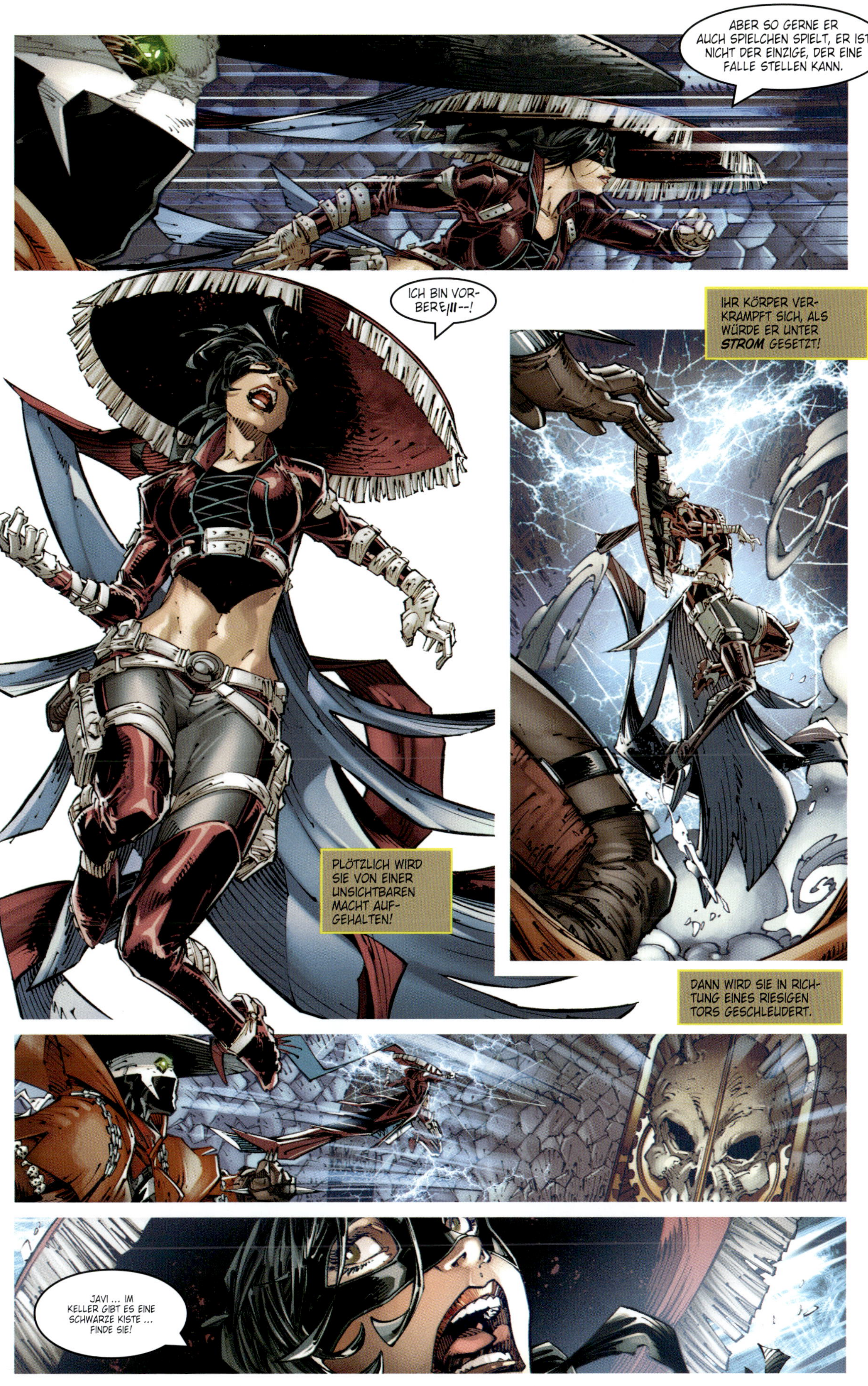

ABER SO GERNE ER AUCH SPIELCHEN SPIELT, ER IST NICHT DER EINZIGE, DER EINE FALLE STELLEN KANN.
ICH BIN VORBERE/II--!
IHR KÖRPER VERKRAMPFT SICH, ALS WÜRDE ER UNTER STROM GESETZT!
PLÖTZLICH WIRD SIE VON EINER UNSICHTBAREN MACHT AUFGEHALTEN!
DANN WIRD SIE IN RICHTUNG EINES RIESIGEN TORS GESCHLEUDERT.
JAVI ... IM KELLER GIBT ES EINE SCHWARZE KISTE ... FINDE SIE!

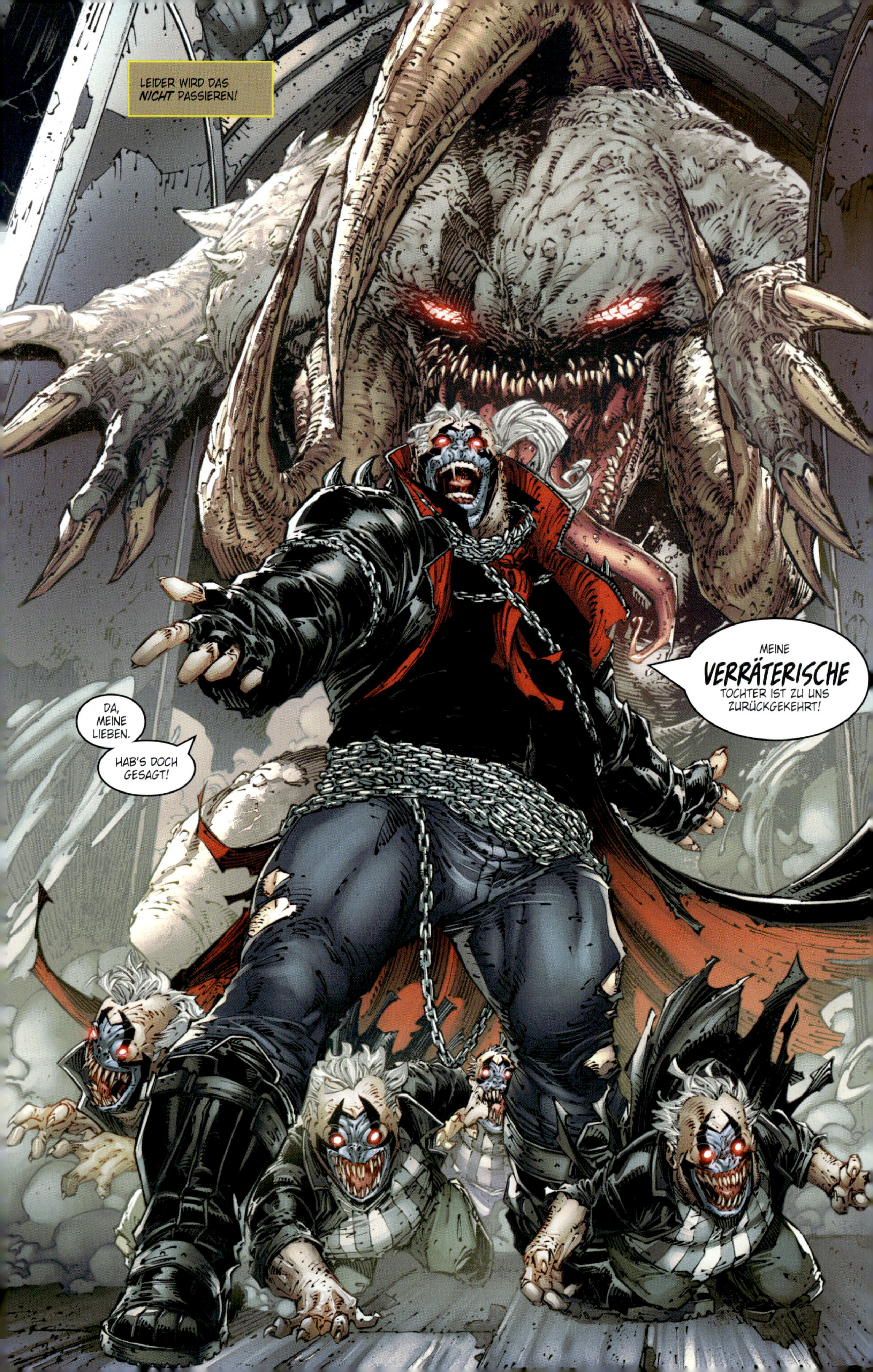
LEIDER WIRD DAS NICHT PASSIEREN!
MEINE VERRÄTERISCHE TOCHTER IST ZU UNS ZURÜCKGEKEHRT!
DA, MEINE LIEBEN.
HAB'S DOCH GESAGT!

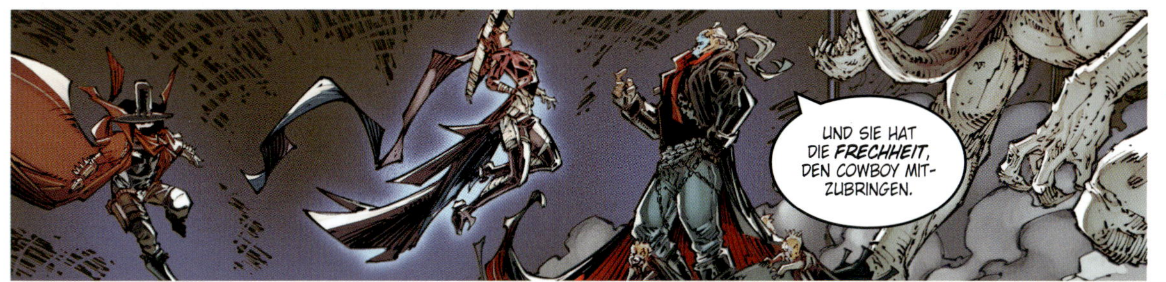
UND SIE HAT DIE FRECHHEIT, DEN COWBOY MIT-ZUBRINGEN.

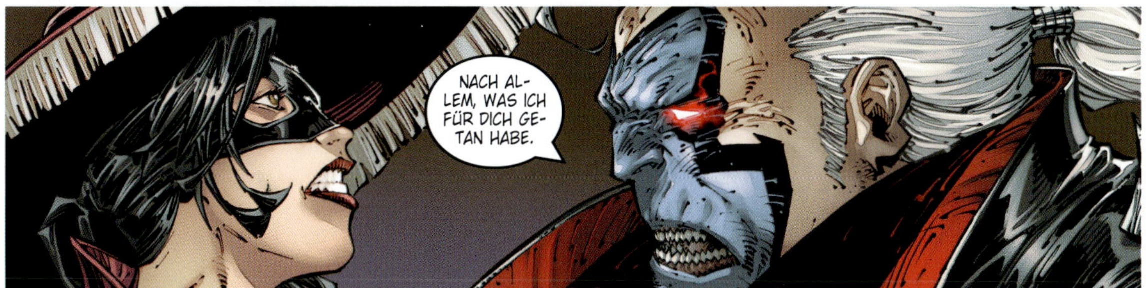
NACH AL-LEM, WAS ICH FÜR DICH GE-TAN HABE.

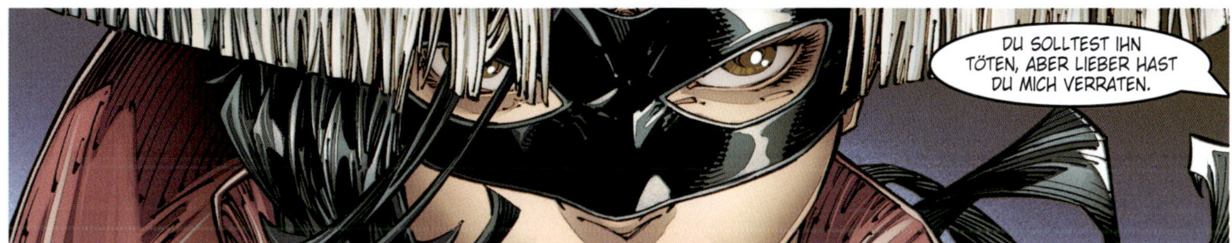
DU SOLLTEST IHN TÖTEN, ABER LIEBER HAST DU MICH VERRATEN.

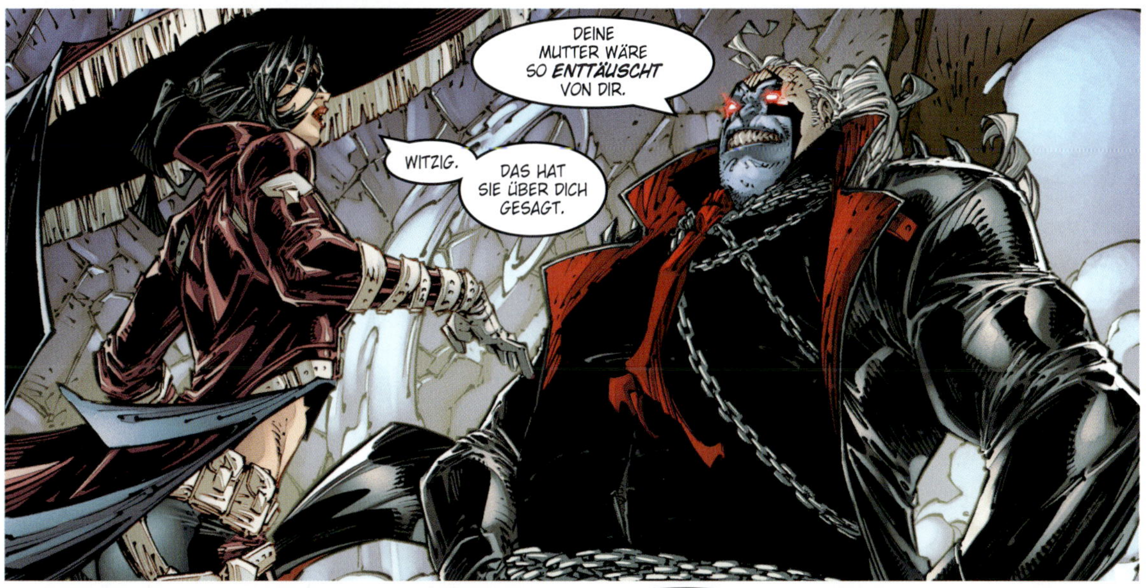
DEINE MUTTER WÄRE SO ENTTÄUSCHT VON DIR.
WITZIG.
DAS HAT SIE ÜBER DICH GESAGT.

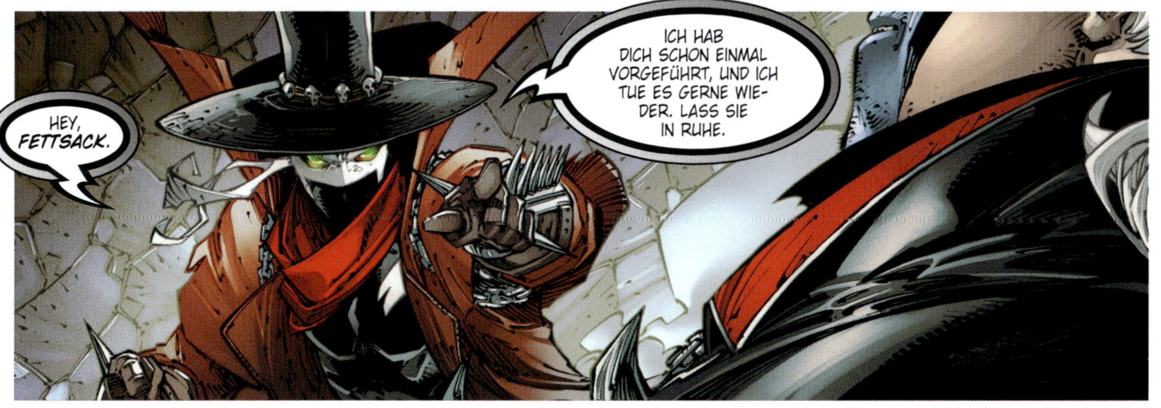
HEY, FETTSACK.
ICH HAB DICH SCHON EINMAL VORGEFÜHRT, UND ICH TUE ES GERNE WIE-DER. LASS SIE IN RUHE.

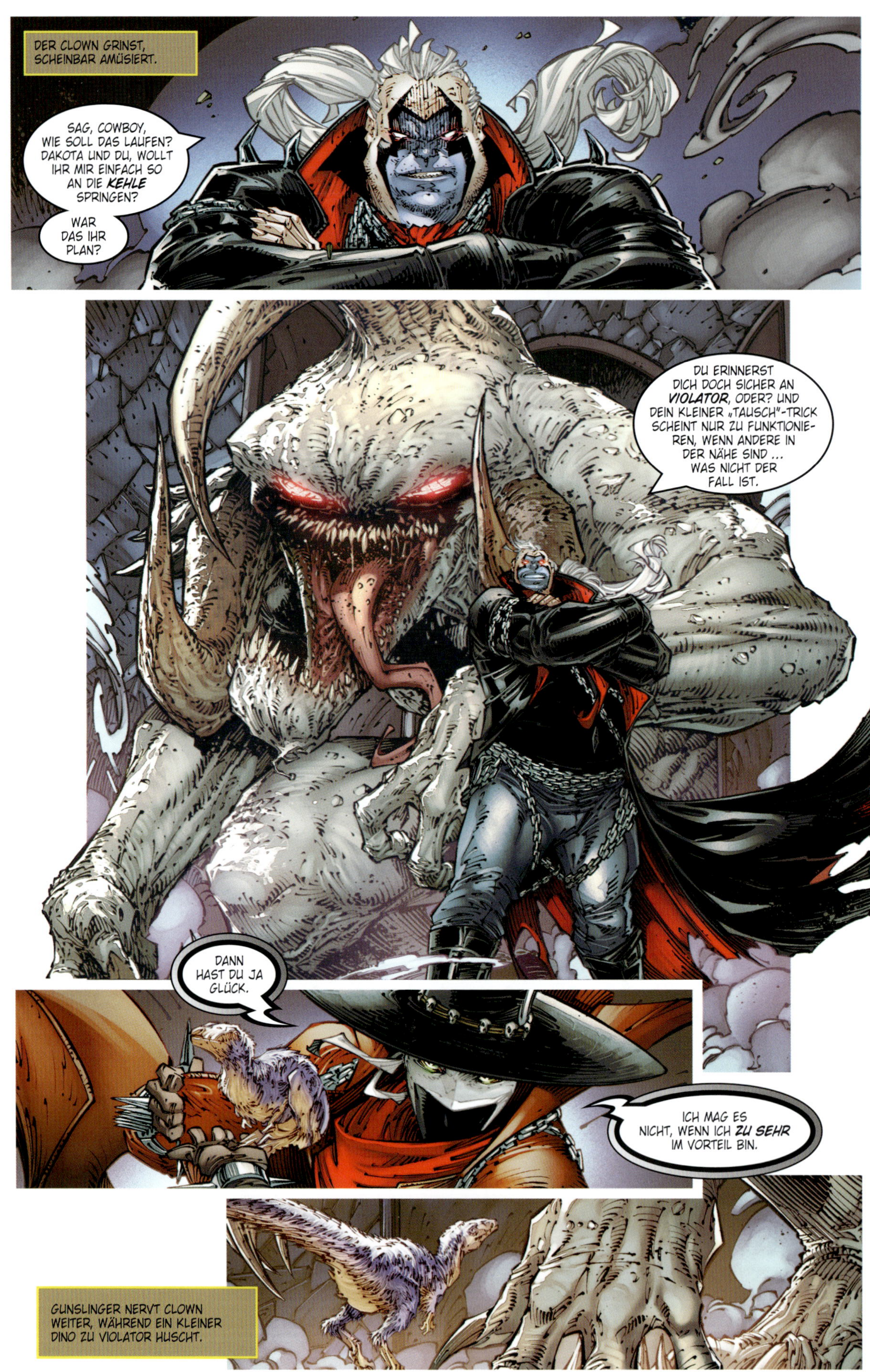
DER CLOWN GRINST, SCHEINBAR AMÜSIERT.
SAG, COWBOY, WIE SOLL DAS LAUFEN? DAKOTA UND DU, WOLLT IHR MIR EINFACH SO AN DIE **KEHLE** SPRINGEN?
WAR DAS IHR PLAN?
DU ERINNERST DICH DOCH SICHER AN **VIOLATOR**, ODER? UND DEIN KLEINER „TAUSCH"-TRICK SCHEINT NUR ZU FUNKTIONIEREN, WENN ANDERE IN DER NÄHE SIND ... WAS NICHT DER FALL IST.
DANN HAST DU JA GLÜCK.
ICH MAG ES NICHT, WENN ICH **ZU SEHR** IM VORTEIL BIN.
GUNSLINGER NERVT CLOWN WEITER, WÄHREND EIN KLEINER DINO ZU VIOLATOR HUSCHT.

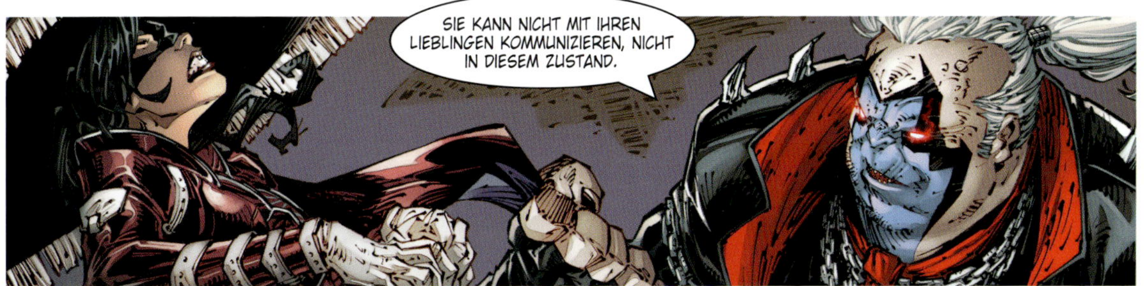
SIE KANN NICHT MIT IHREN LIEBLINGEN KOMMUNIZIEREN, NICHT IN DIESEM ZUSTAND.

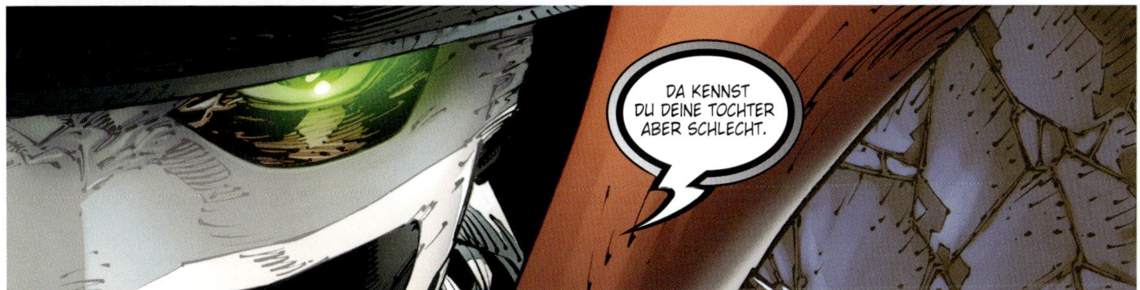
DA KENNST DU DEINE TOCHTER ABER SCHLECHT.

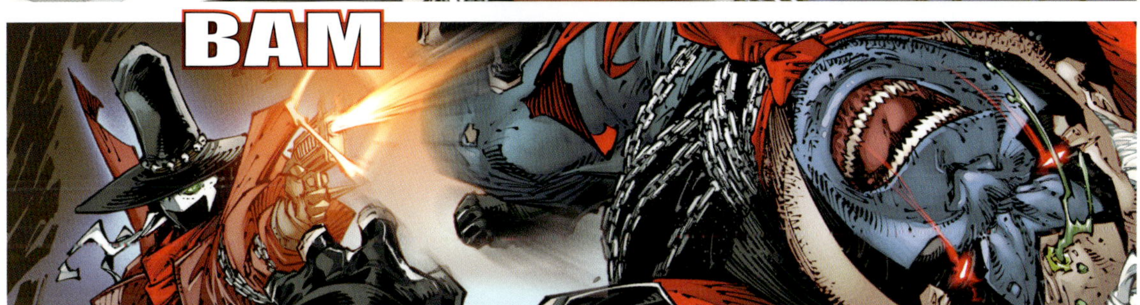
BAM

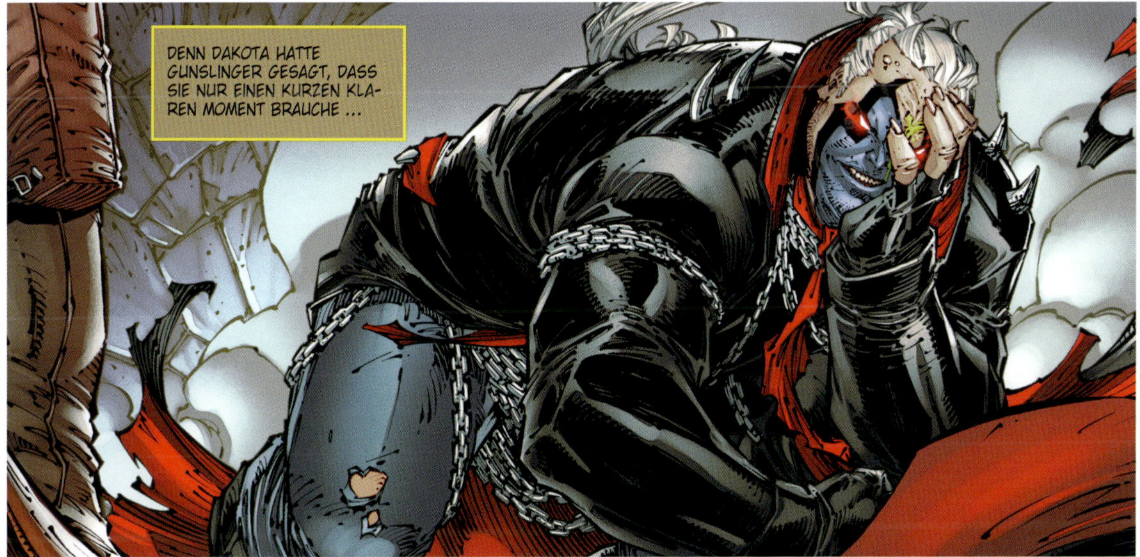
DENN DAKOTA HATTE GUNSLINGER GESAGT, DASS SIE NUR EINEN KURZEN KLA-REN MOMENT BRAUCHE ...

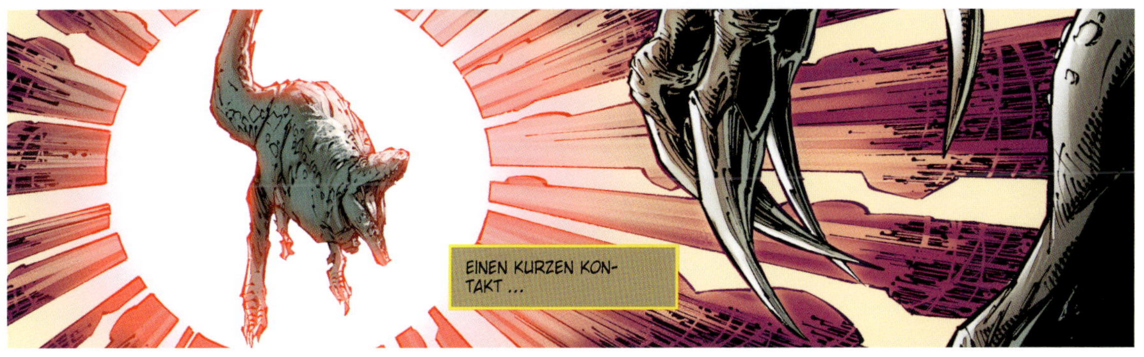
EINEN KURZEN KON-TAKT ...

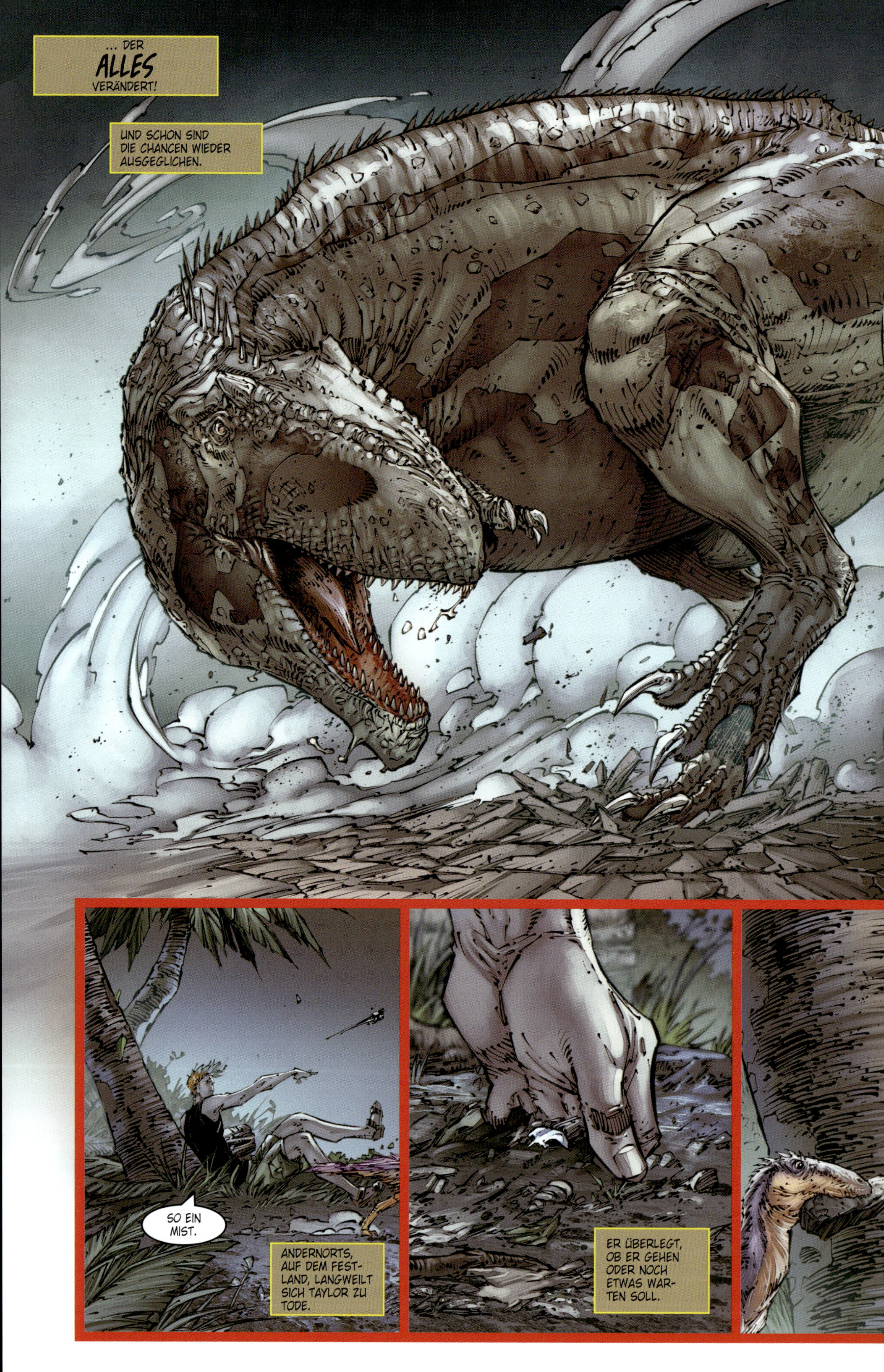
... DER
ALLES
VERÄNDERT!
UND SCHON SIND
DIE CHANCEN WIEDER
AUSGEGLICHEN.
SO EIN
MIST.
ANDERNORTS,
AUF DEM FEST-
LAND, LANGWEILT
SICH TAYLOR ZU
TODE.
ER ÜBERLEGT,
OB ER GEHEN
ODER NOCH
ETWAS WAR-
TEN SOLL.

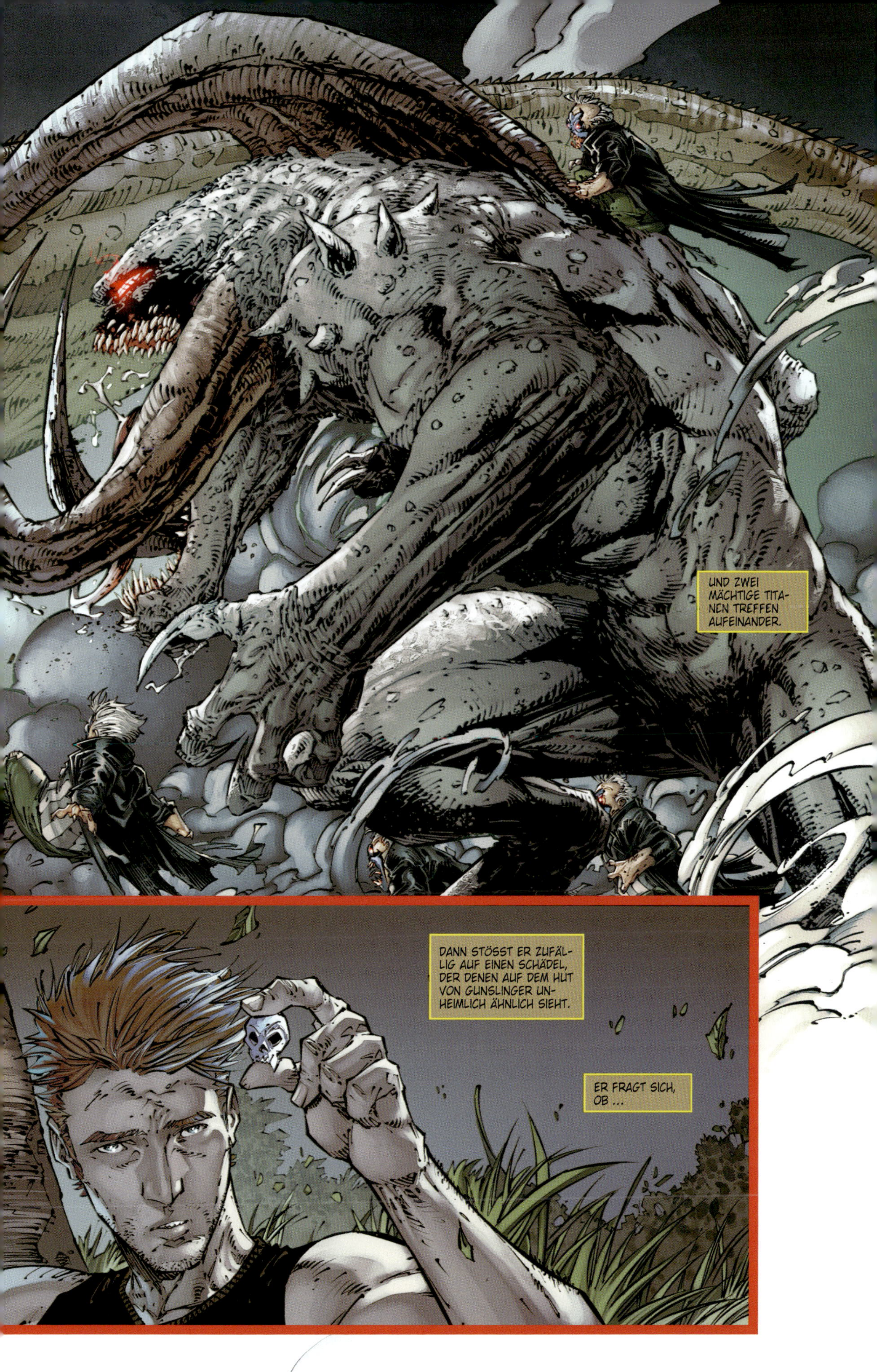
UND ZWEI MÄCHTIGE TITA-NEN TREFFEN AUFEINANDER.
DANN STÖSST ER ZUFÄL-LIG AUF EINEN SCHÄDEL, DER DENEN AUF DEM HUT VON GUNSLINGER UN-HEIMLICH ÄHNLICH SIEHT.
ER FRAGT SICH, OB ...

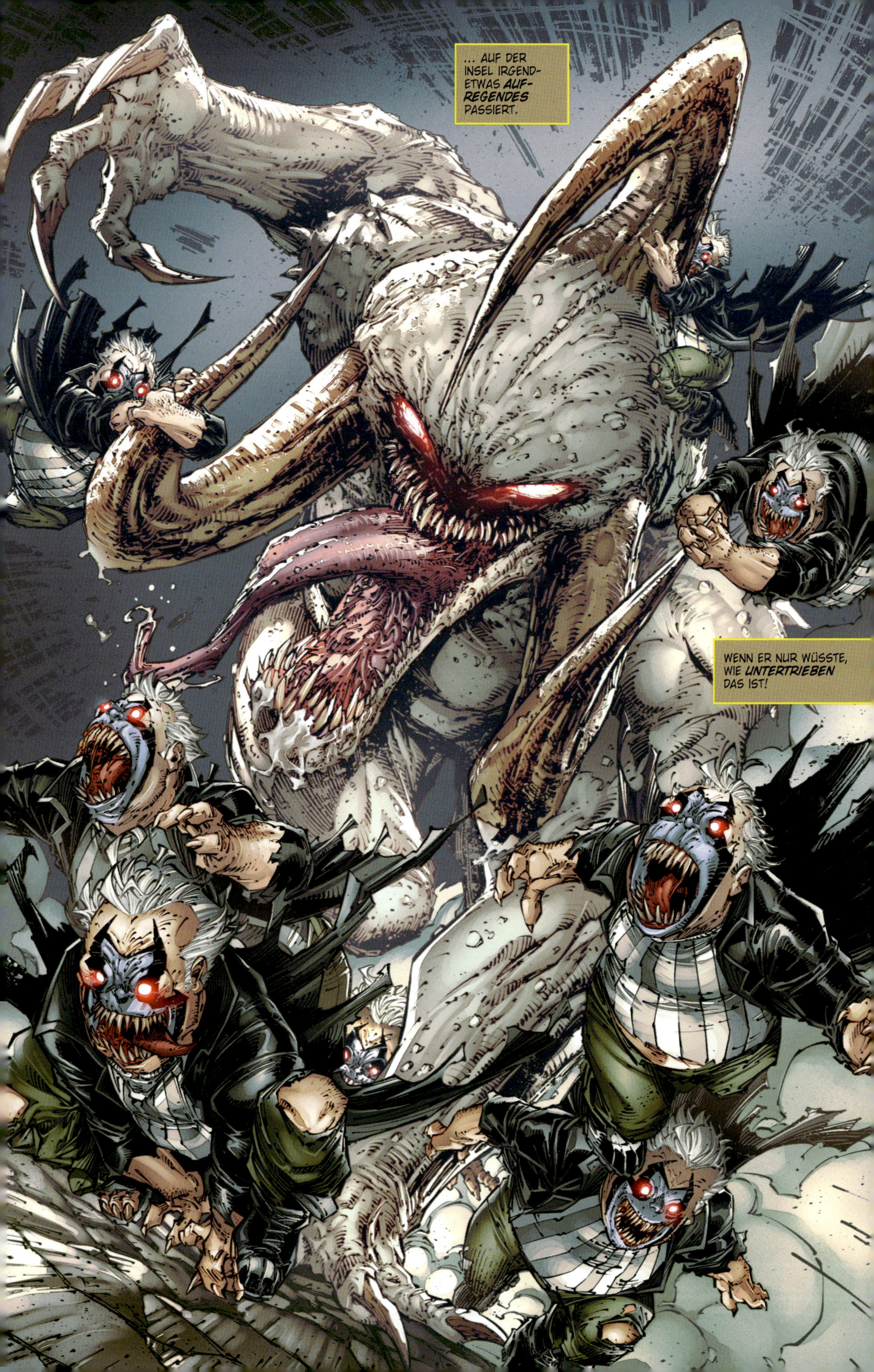

... AUF DER INSEL IRGEND-ETWAS AUF-REGENDES PASSIERT.
WENN ER NUR WÜSSTE, WIE UNTERTRIEBEN DAS IST!

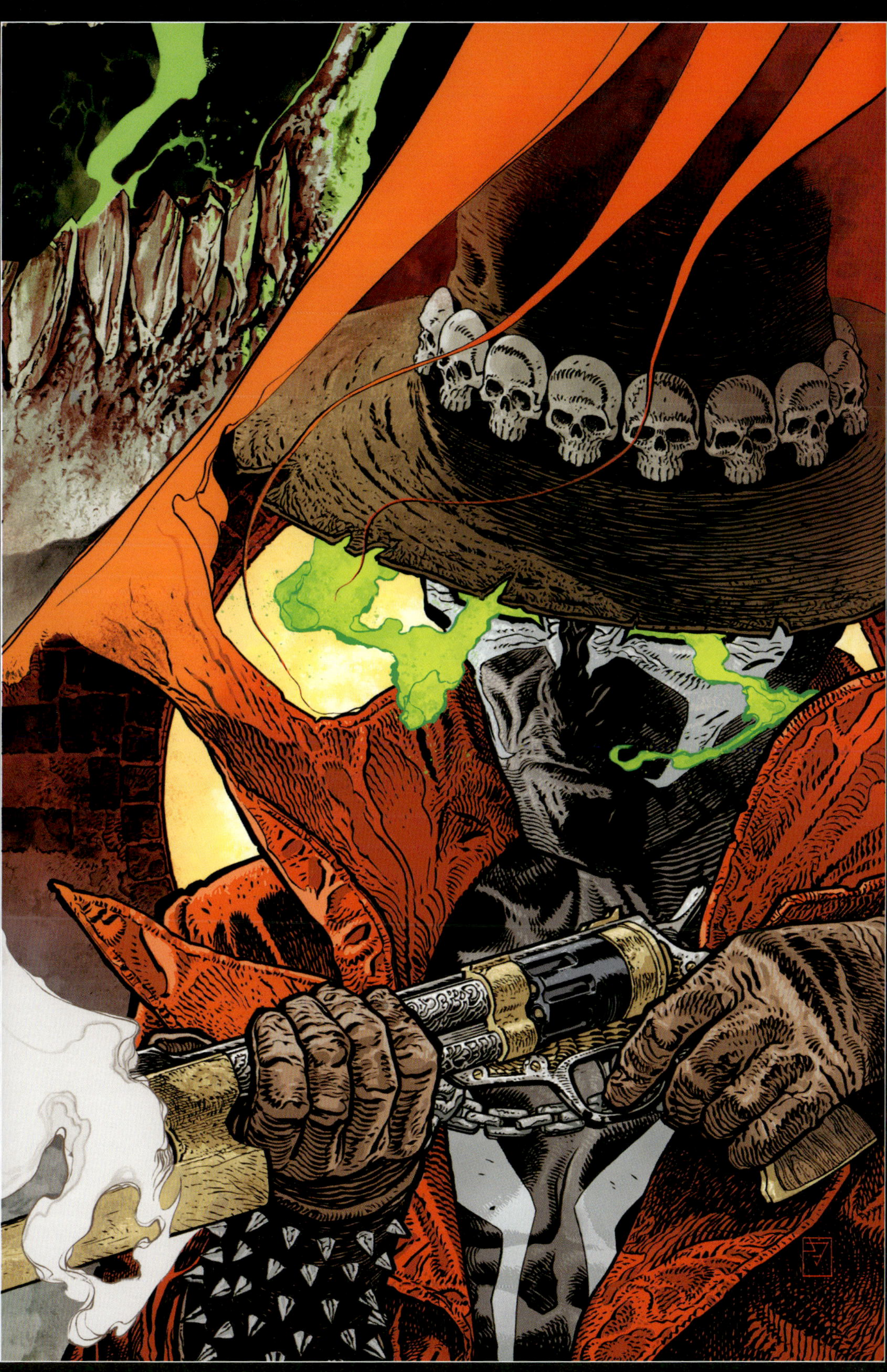

Gunslinger Spawn (2021) 22

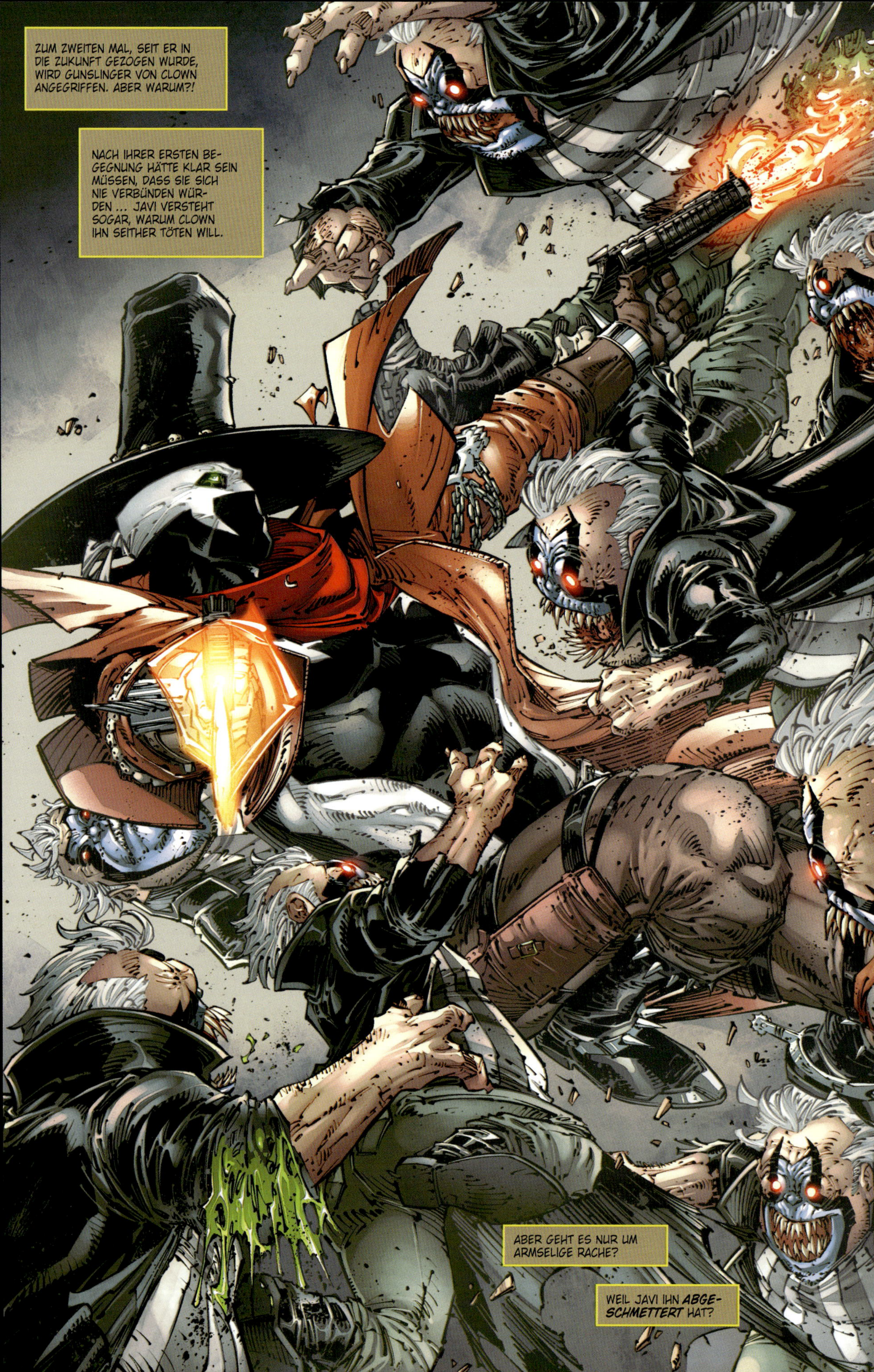
ZUM ZWEITEN MAL, SEIT ER IN DIE ZUKUNFT GEZOGEN WURDE, WIRD GUNSLINGER VON CLOWN ANGEGRIFFEN. ABER WARUM?!
NACH IHRER ERSTEN BEGEGNUNG HÄTTE KLAR SEIN MÜSSEN, DASS SIE SICH NIE VERBÜNDEN WÜRDEN ... JAVI VERSTEHT SOGAR, WARUM CLOWN IHN SEITHER TÖTEN WILL.
ABER GEHT ES NUR UM ARMSELIGE RACHE?
WEIL JAVI IHN *ABGESCHMETTERT* HAT?

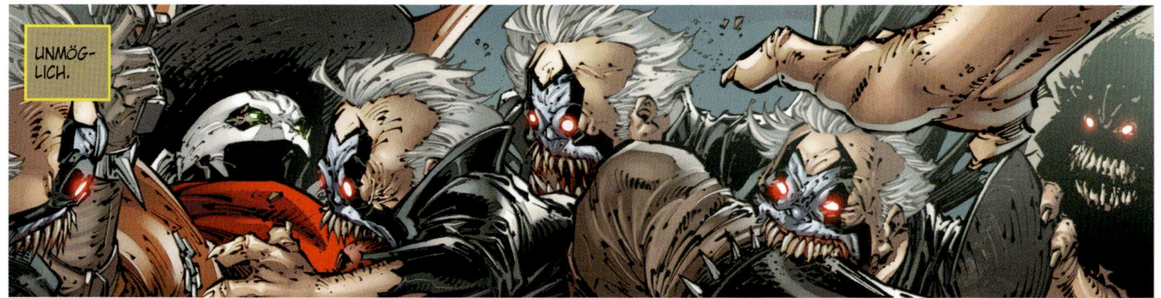
UNMÖG-
LICH.

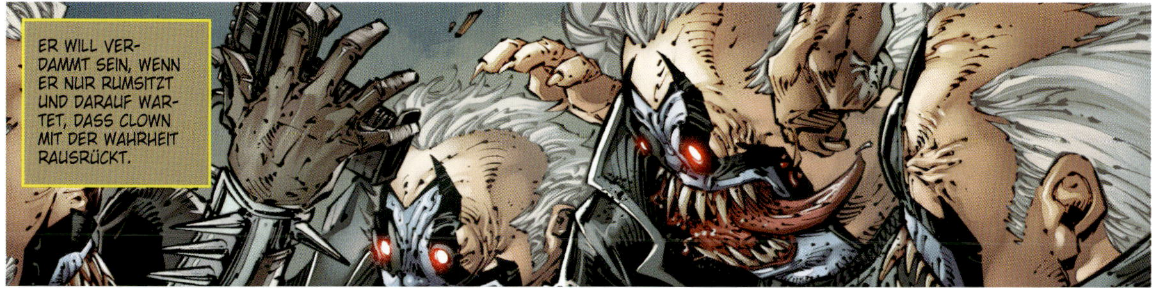
ER WILL VER-
DAMMT SEIN, WENN
ER NUR RUMSITZT
UND DARAUF WAR-
TET, DASS CLOWN
MIT DER WAHRHEIT
RAUSRÜCKT.

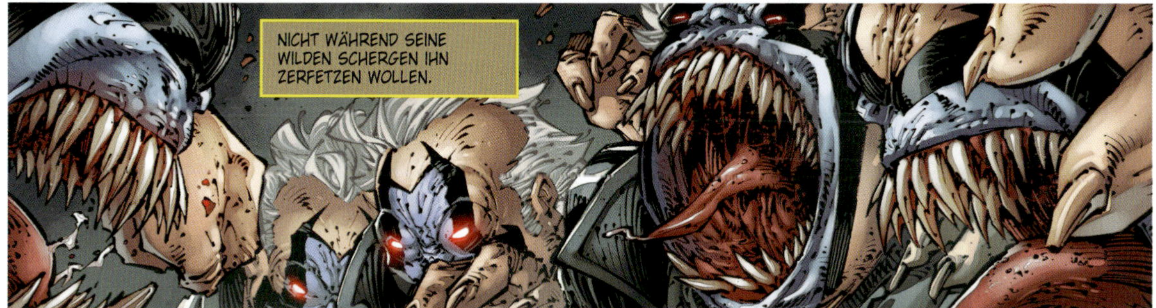
NICHT WÄHREND SEINE
WILDEN SCHERGEN IHN
ZERFETZEN WOLLEN.

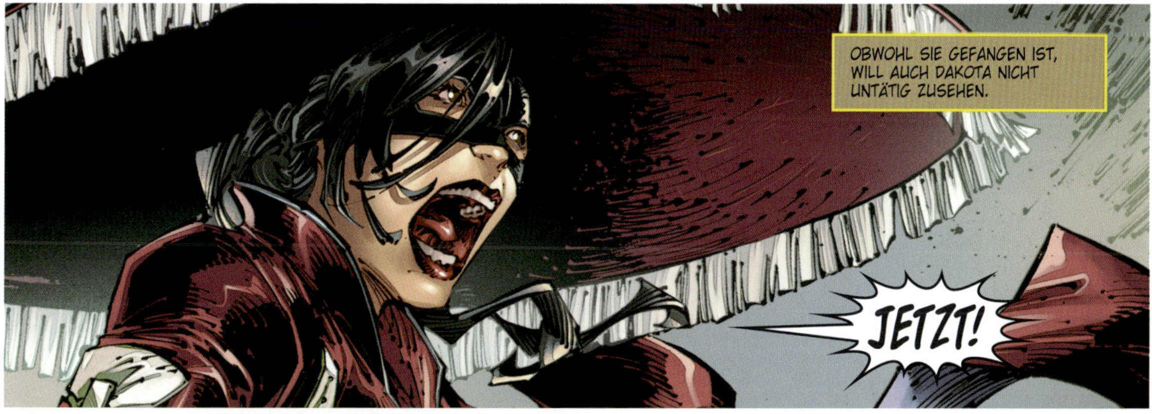
OBWOHL SIE GEFANGEN IST,
WILL AUCH DAKOTA NICHT
UNTÄTIG ZUSEHEN.
JETZT!

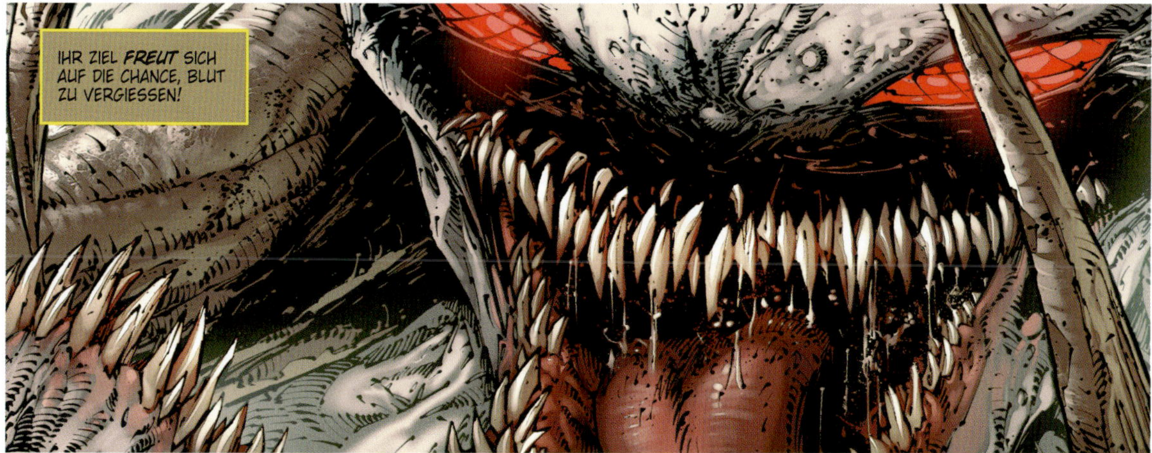
IHR ZIEL FREUT SICH
AUF DIE CHANCE, BLUT
ZU VERGIESSEN!

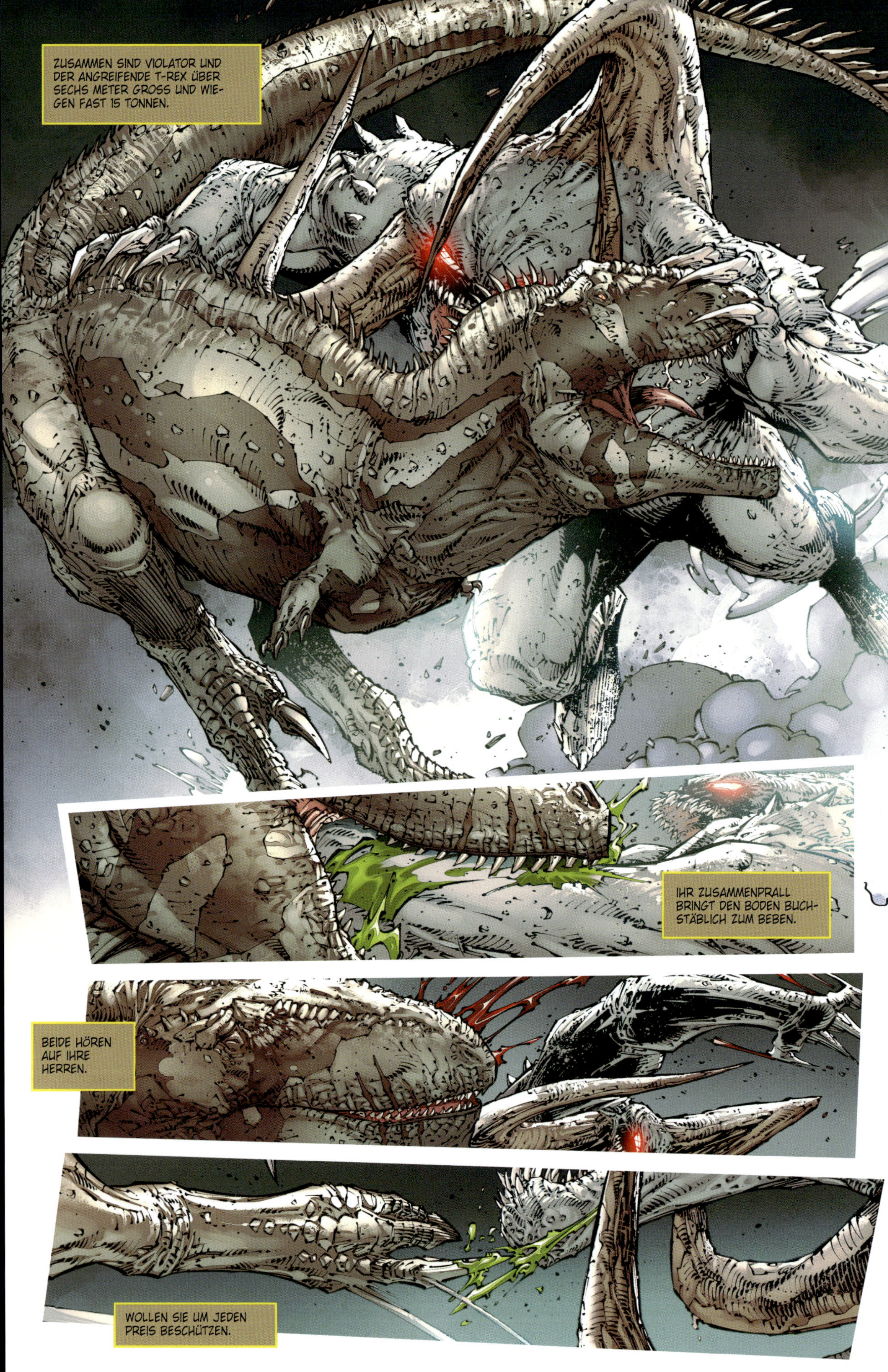
ZUSAMMEN SIND VIOLATOR UND DER ANGREIFENDE T-REX ÜBER SECHS METER GROSS UND WIEGEN FAST 15 TONNEN.
IHR ZUSAMMENPRALL BRINGT DEN BODEN BUCHSTÄBLICH ZUM BEBEN.
BEIDE HÖREN AUF IHRE HERREN.
WOLLEN SIE UM JEDEN PREIS BESCHÜTZEN.

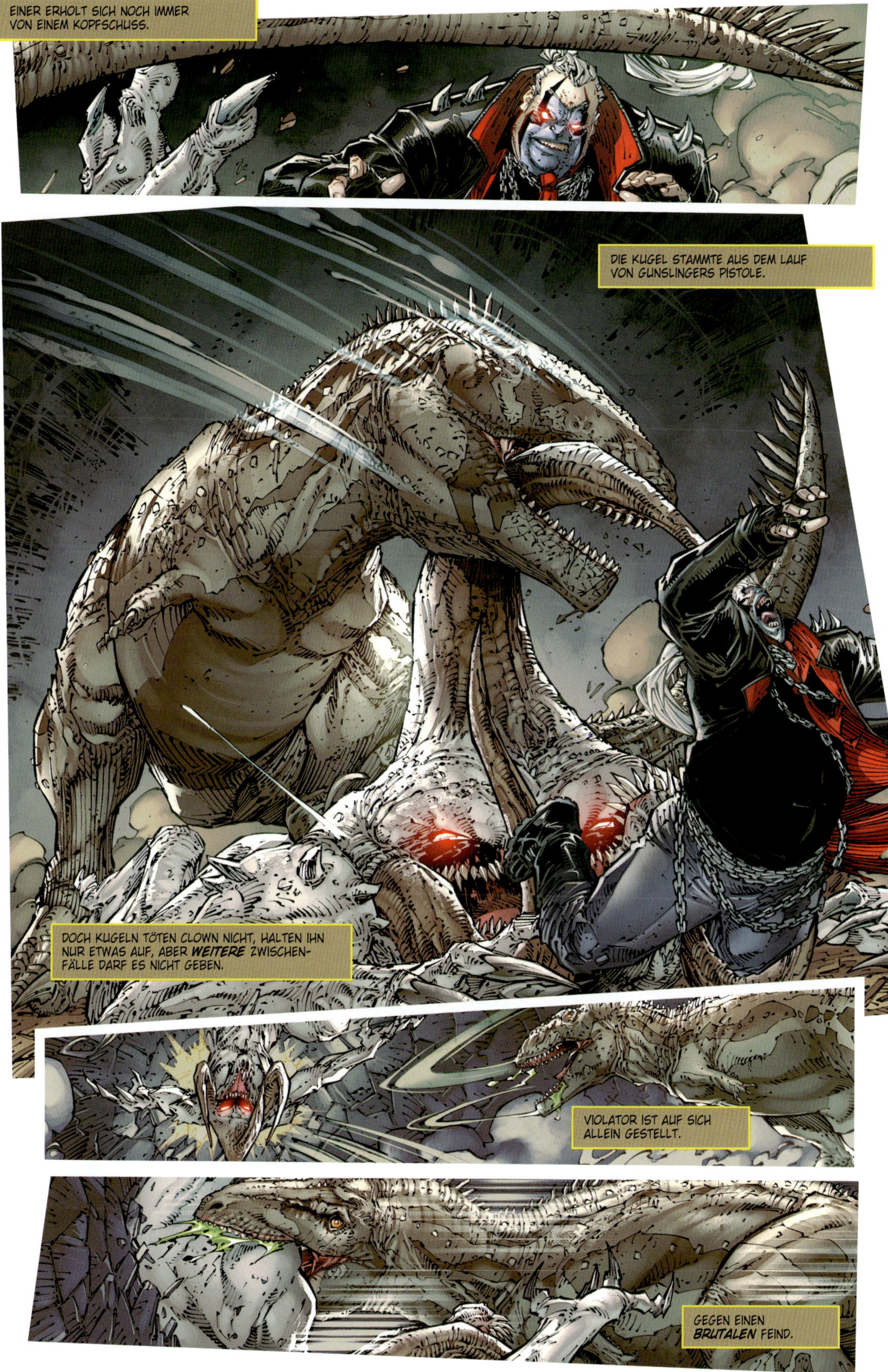
EINER ERHOLT SICH NOCH IMMER VON EINEM KOPFSCHUSS.
DIE KUGEL STAMMTE AUS DEM LAUF VON GUNSLINGERS PISTOLE.
DOCH KUGELN TÖTEN CLOWN NICHT, HALTEN IHN NUR ETWAS AUF, ABER WEITERE ZWISCHENFÄLLE DARF ES NICHT GEBEN.
VIOLATOR IST AUF SICH ALLEIN GESTELLT.
GEGEN EINEN BRUTALEN FEIND.

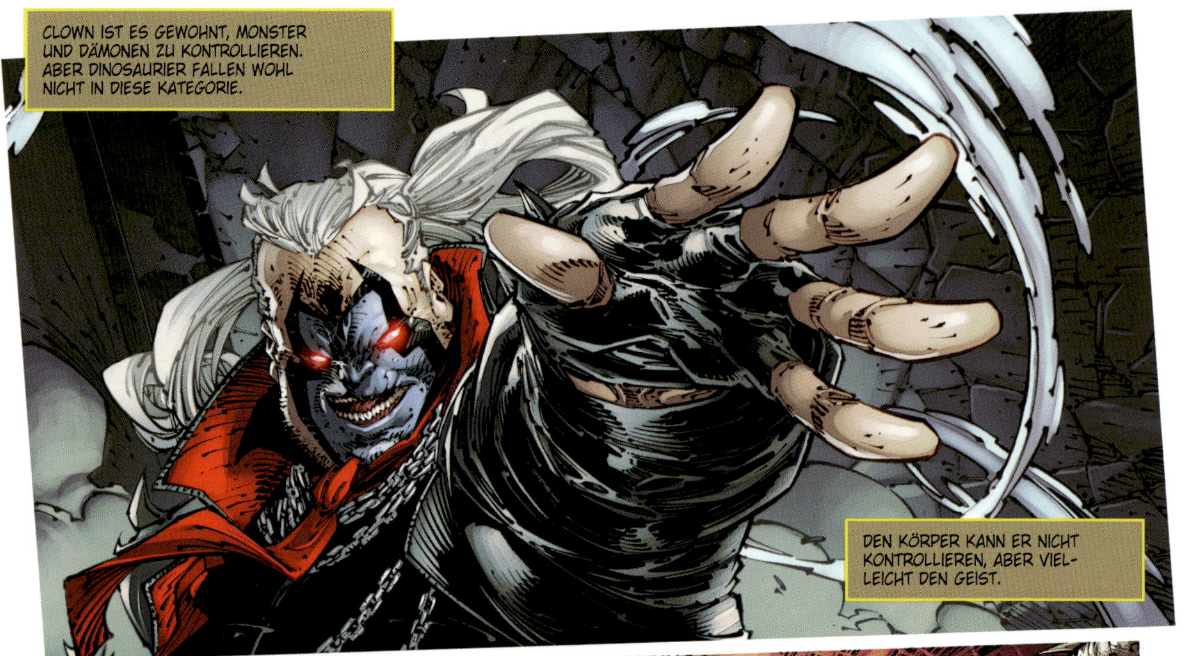
CLOWN IST ES GEWOHNT, MONSTER UND DÄMONEN ZU KONTROLLIEREN. ABER DINOSAURIER FALLEN WOHL NICHT IN DIESE KATEGORIE.
DEN KÖRPER KANN ER NICHT KONTROLLIEREN, ABER VIEL-LEICHT DEN GEIST.

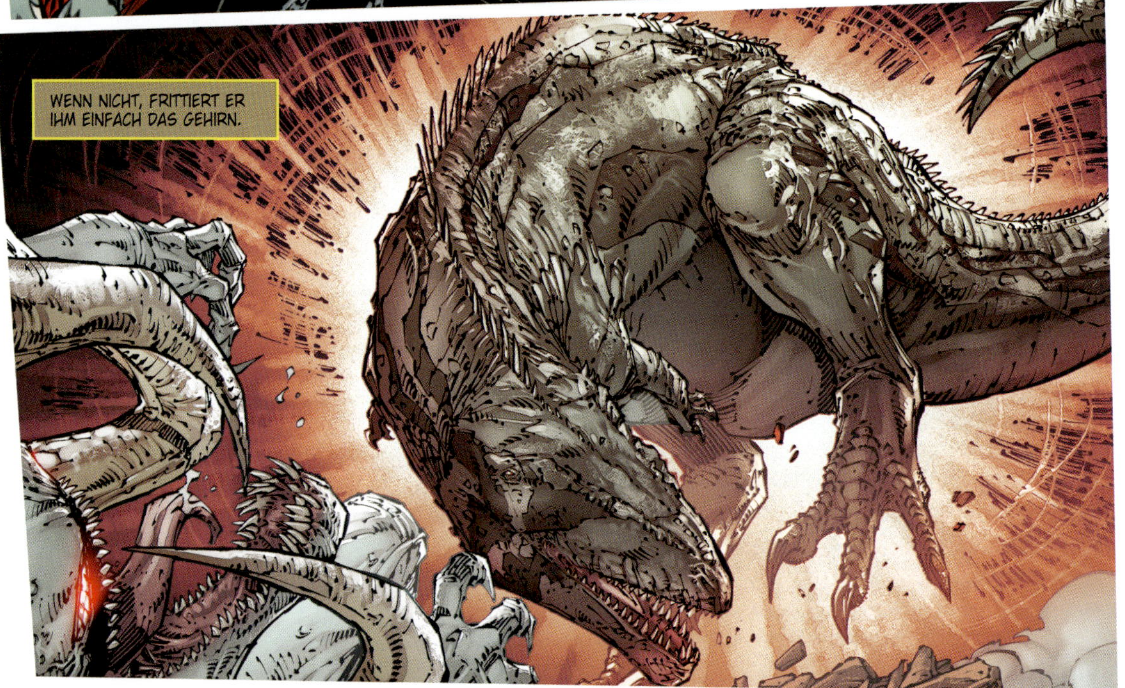
WENN NICHT, FRITTIERT ER IHM EINFACH DAS GEHIRN.

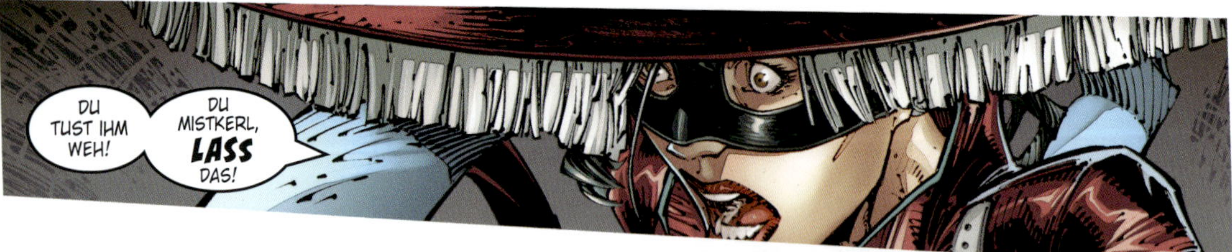
DU TUST IHM WEH!
DU MISTKERL, LASS DAS!

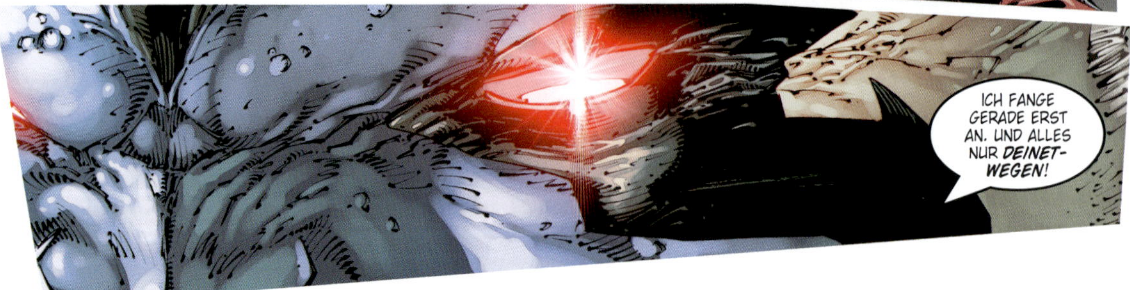
ICH FANGE GERADE ERST AN. UND ALLES NUR DEINET-WEGEN!

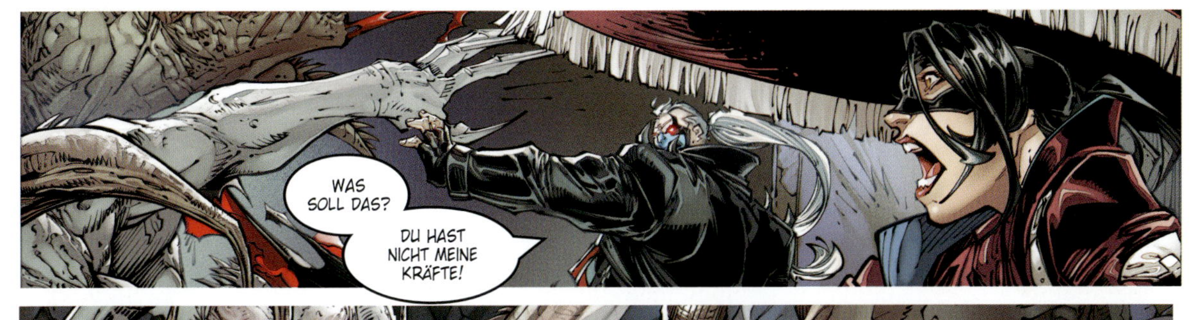
WAS SOLL DAS?
DU HAST NICHT MEINE KRÄFTE!

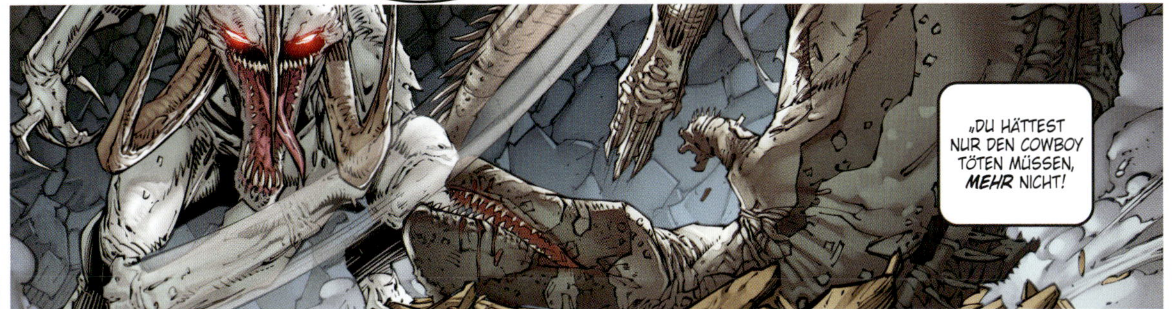
„DU HÄTTEST NUR DEN COWBOY TÖTEN MÜSSEN, *MEHR* NICHT!

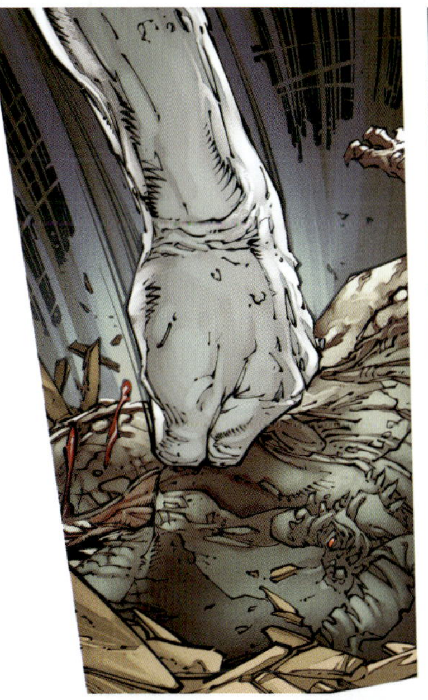

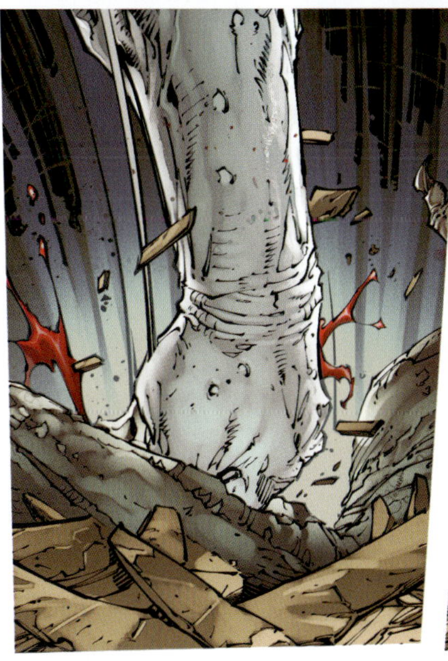

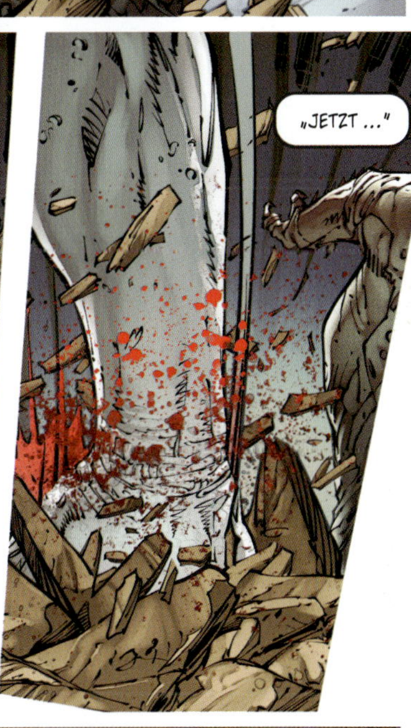
„JETZT ..."

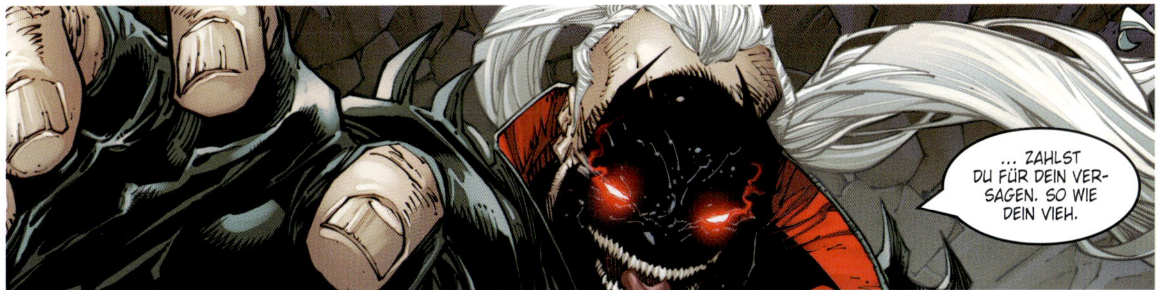
... ZAHLST DU FÜR DEIN VERSAGEN. SO WIE DEIN VIEH.

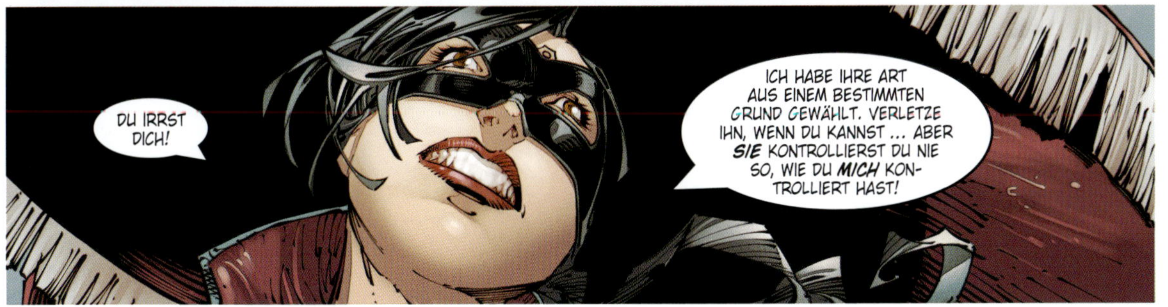
DU IRRST DICH!
ICH HABE IHRE ART AUS EINEM BESTIMMTEN GRUND GEWÄHLT. VERLETZE IHN, WENN DU KANNST ... ABER *SIE* KONTROLLIERST DU NIE SO, WIE DU *MICH* KONTROLLIERT HAST!

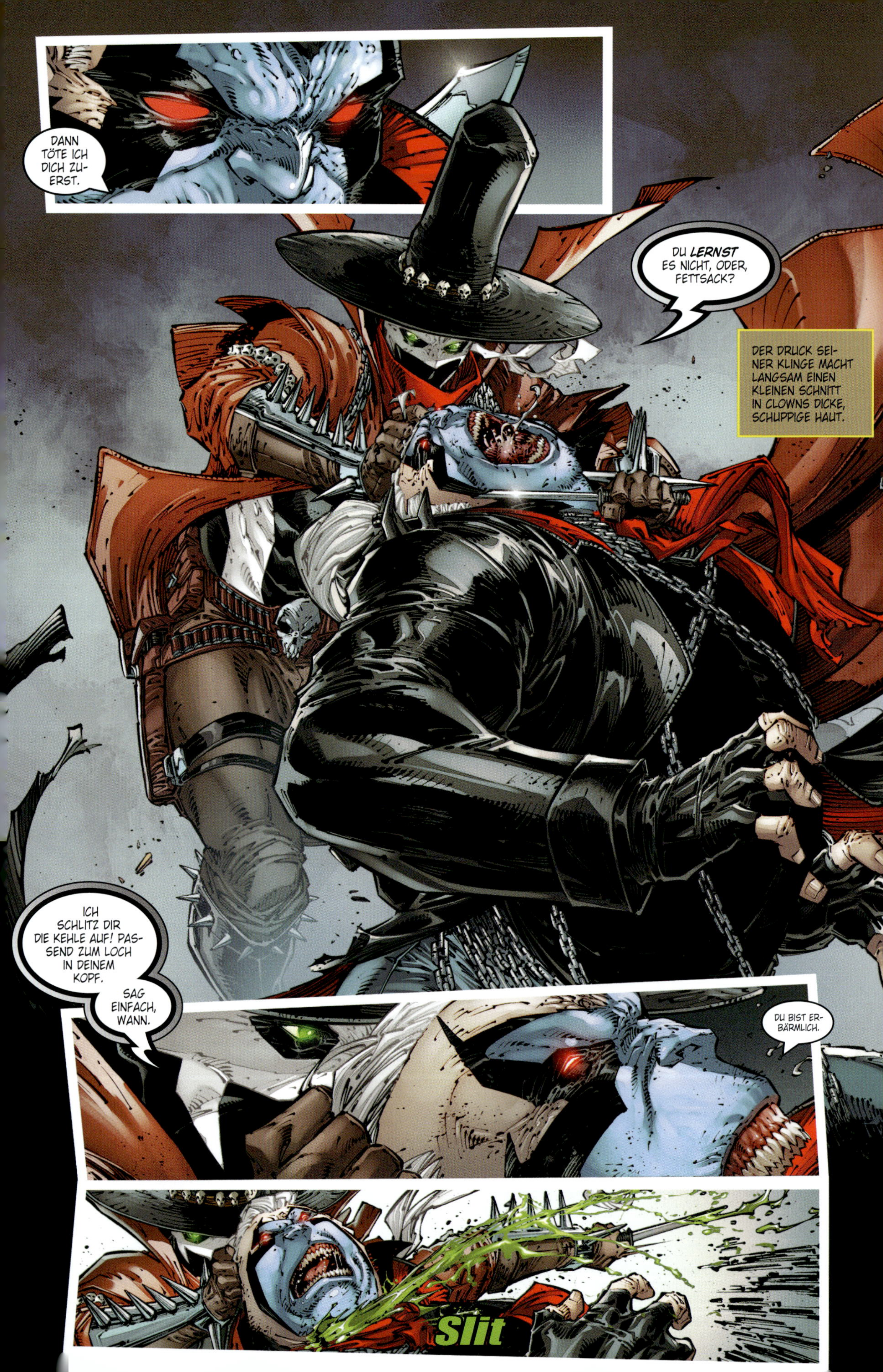
DANN TÖTE ICH DICH ZUERST.
DU *LERNST* ES NICHT, ODER, FETTSACK?
DER DRUCK SEINER KLINGE MACHT LANGSAM EINEN KLEINEN SCHNITT IN CLOWNS DICKE, SCHUPPIGE HAUT.
ICH SCHLITZ DIR DIE KEHLE AUF! PASSEND ZUM LOCH IN DEINEM KOPF.
SAG EINFACH, WANN.
DU BIST ERBÄRMLICH.
Slit

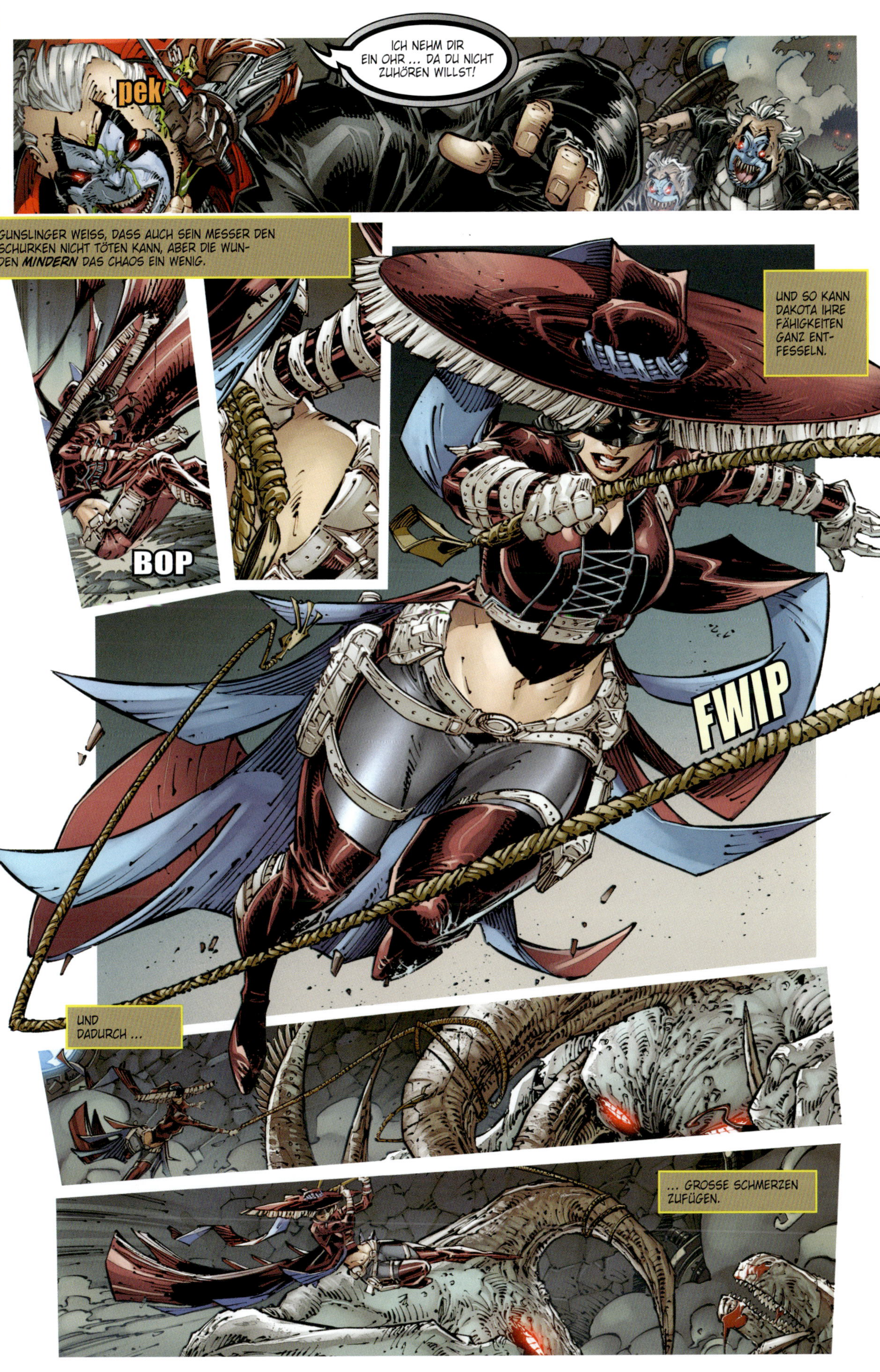
pek
ICH NEHM DIR EIN OHR ... DA DU NICHT ZUHÖREN WILLST!
GUNSLINGER WEISS, DASS AUCH SEIN MESSER DEN SCHURKEN NICHT TÖTEN KANN, ABER DIE WUNDEN *MINDERN* DAS CHAOS EIN WENIG.
BOP
UND SO KANN DAKOTA IHRE FÄHIGKEITEN GANZ ENTFESSELN.
FWIP
UND DADURCH ...
... GROSSE SCHMERZEN ZUFÜGEN.

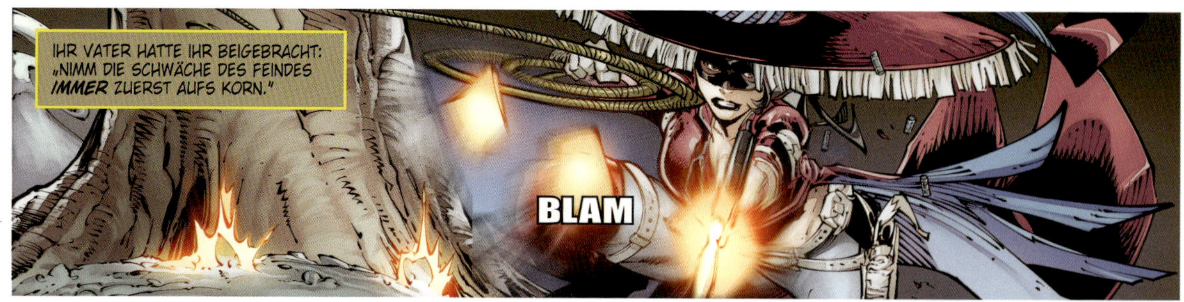
IHR VATER HATTE IHR BEIGEBRACHT: „NIMM DIE SCHWÄCHE DES FEINDES IMMER ZUERST AUFS KORN."
BLAM

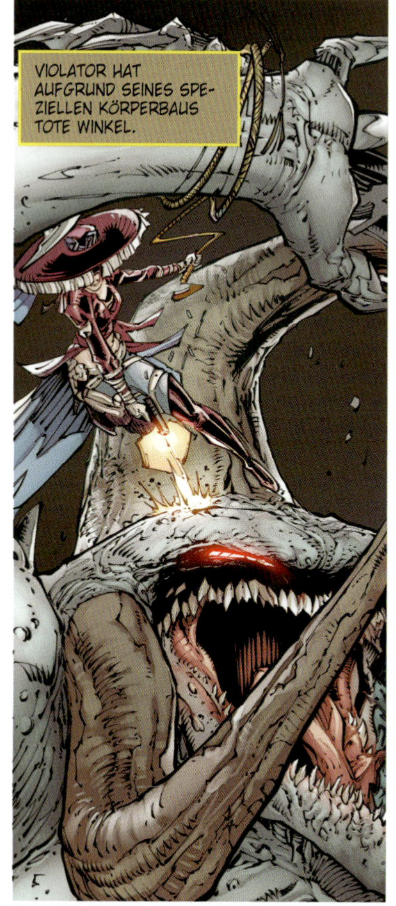
VIOLATOR HAT AUFGRUND SEINES SPE-ZIELLEN KÖRPERBAUS TOTE WINKEL.

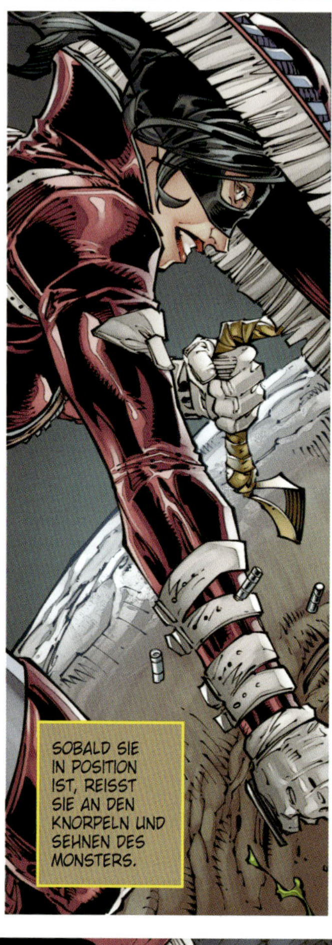
SOBALD SIE IN POSITION IST, REISST SIE AN DEN KNORPELN UND SEHNEN DES MONSTERS.

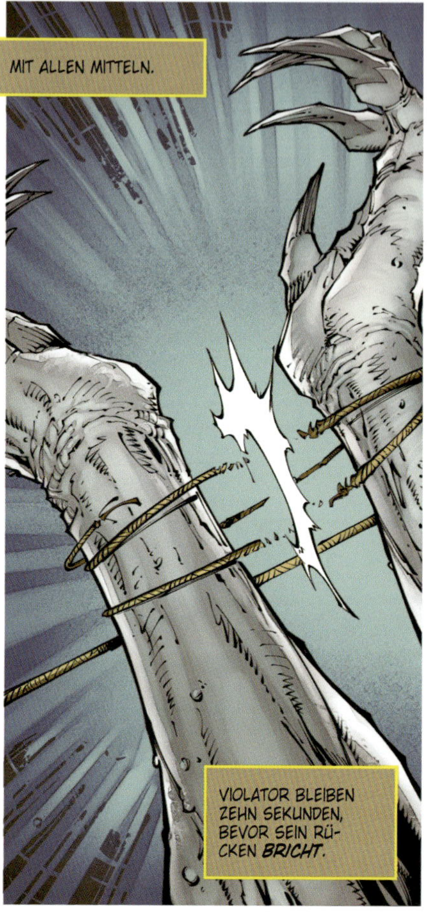
MIT ALLEN MITTELN.
VIOLATOR BLEIBEN ZEHN SEKUNDEN, BEVOR SEIN RÜ-CKEN BRICHT.

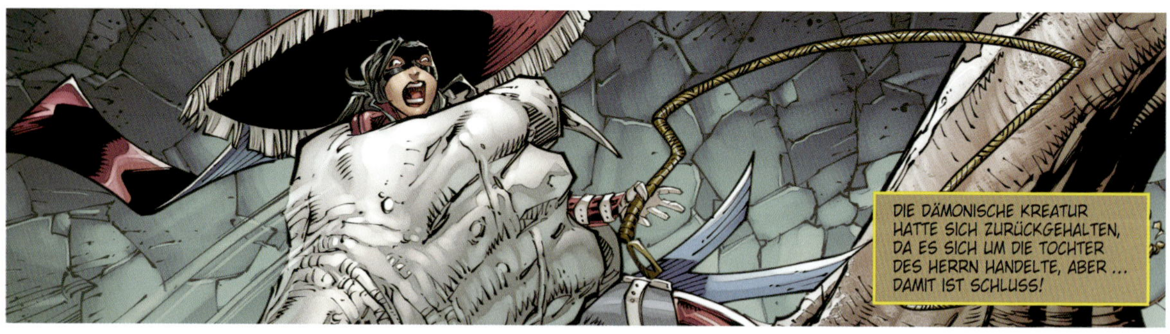
DIE DÄMONISCHE KREATUR HATTE SICH ZURÜCKGEHALTEN, DA ES SICH UM DIE TOCHTER DES HERRN HANDELTE, ABER ... DAMIT IST SCHLUSS!

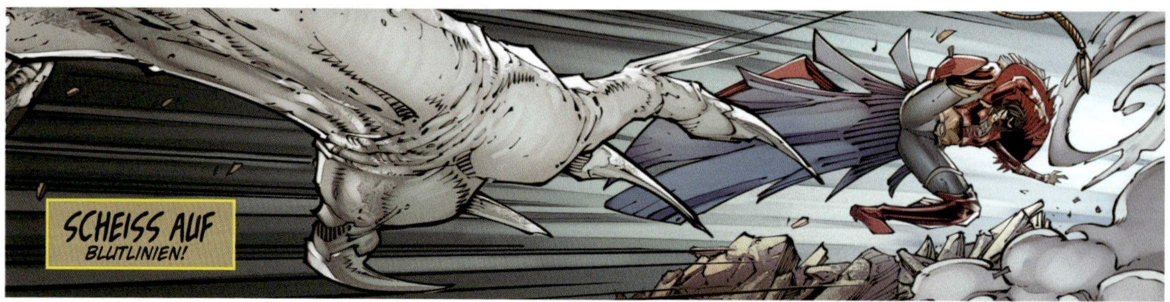
SCHEISS AUF BLUTLINIEN!

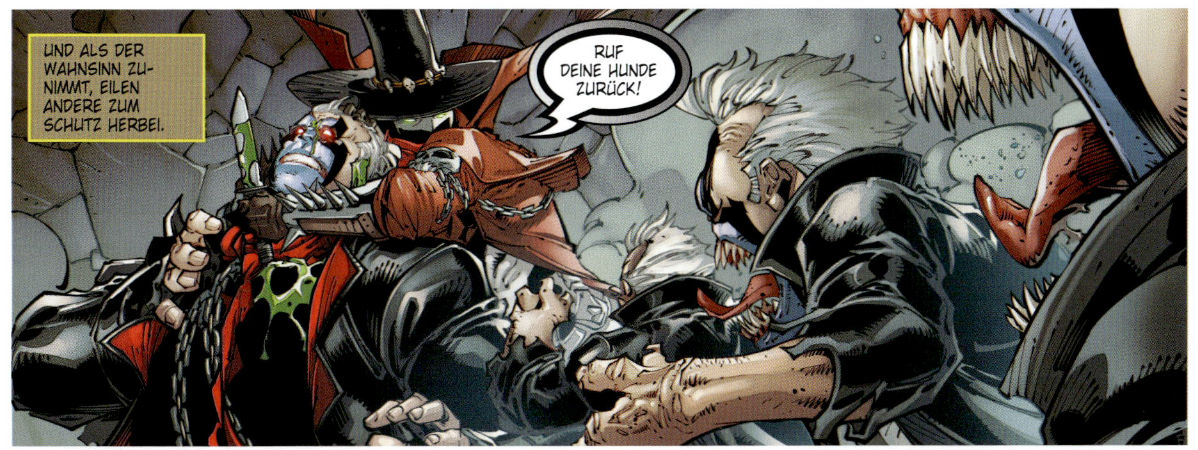
UND ALS DER WAHNSINN ZU-NIMMT, EILEN ANDERE ZUM SCHUTZ HERBEI.
RUF DEINE HUNDE ZURÜCK!

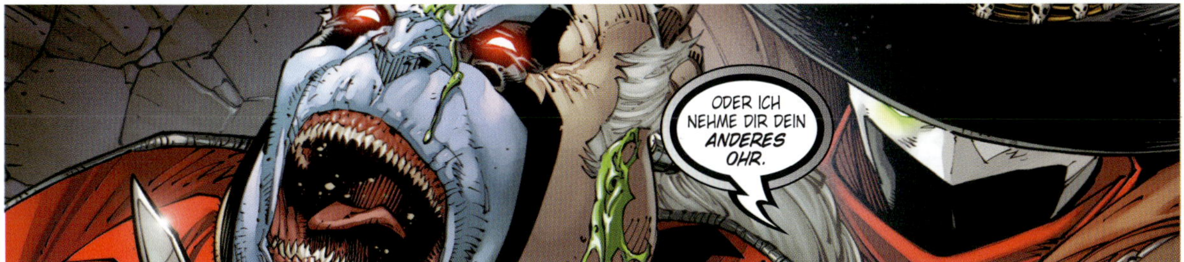
ODER ICH NEHME DIR DEIN ANDERES OHR.

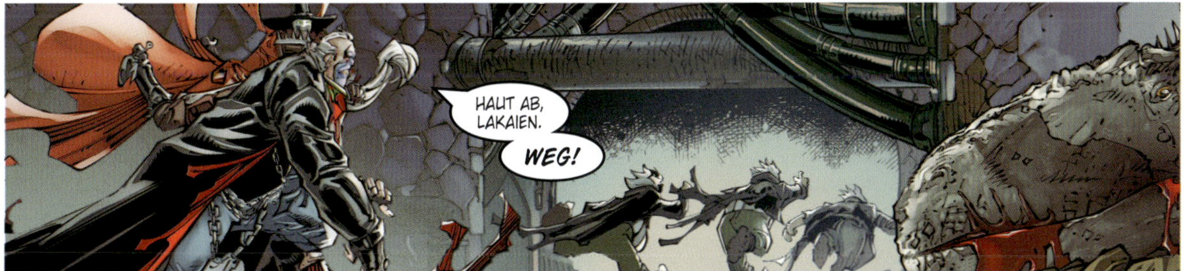
HAUT AB, LAKAIEN.
WEG!

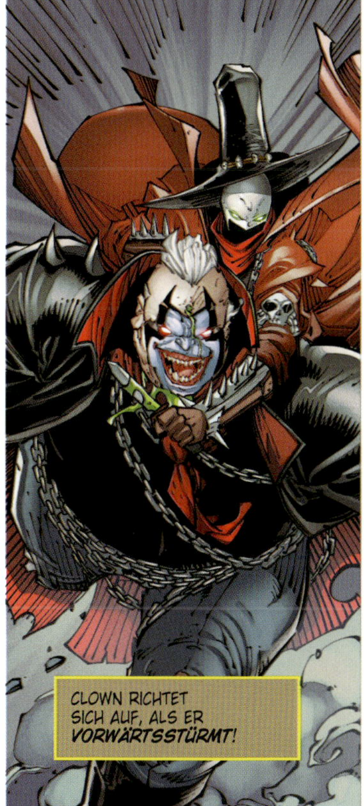
CLOWN RICHTET SICH AUF, ALS ER VORWÄRTSSTÜRMT!

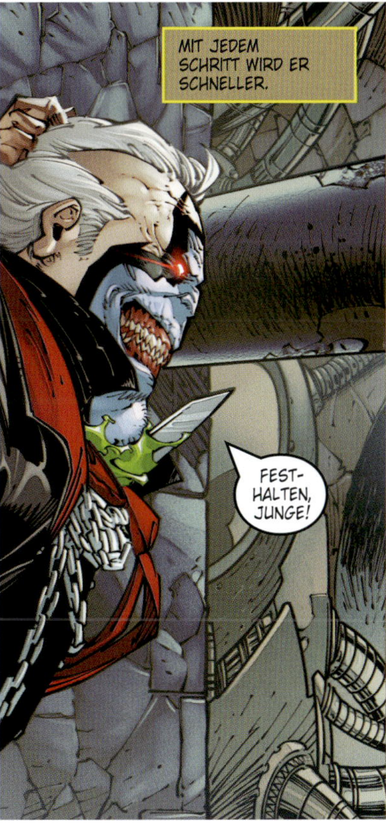
MIT JEDEM SCHRITT WIRD ER SCHNELLER.
FEST-HALTEN, JUNGE!

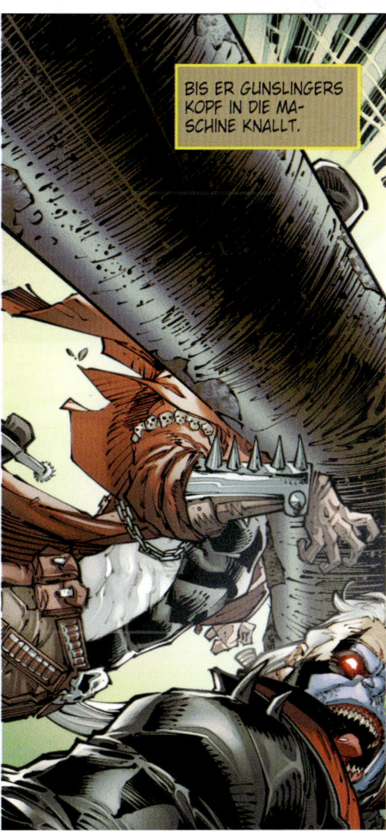
BIS ER GUNSLINGERS KOPF IN DIE MA-SCHINE KNALLT.

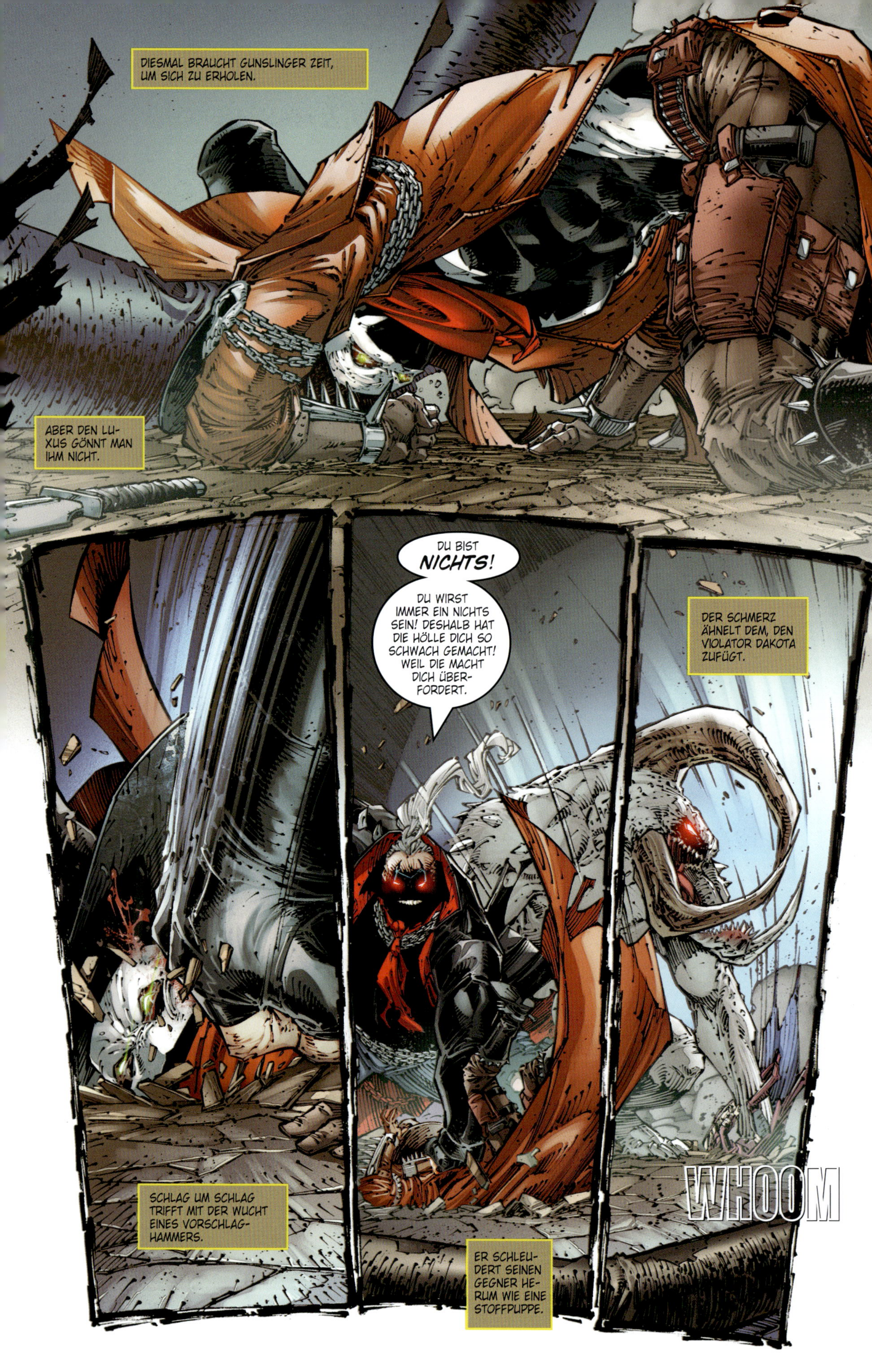
DIESMAL BRAUCHT GUNSLINGER ZEIT, UM SICH ZU ERHOLEN.
ABER DEN LU-XUS GÖNNT MAN IHM NICHT.
SCHLAG UM SCHLAG TRIFFT MIT DER WUCHT EINES VORSCHLAG-HAMMERS.
DU BIST NICHTS!
DU WIRST IMMER EIN NICHTS SEIN! DESHALB HAT DIE HÖLLE DICH SO SCHWACH GEMACHT! WEIL DIE MACHT DICH ÜBER-FORDERT.
ER SCHLEU-DERT SEINEN GEGNER HE-RUM WIE EINE STOFFPUPPE.
DER SCHMERZ ÄHNELT DEM, DEN VIOLATOR DAKOTA ZUFÜGT.
WHOOM

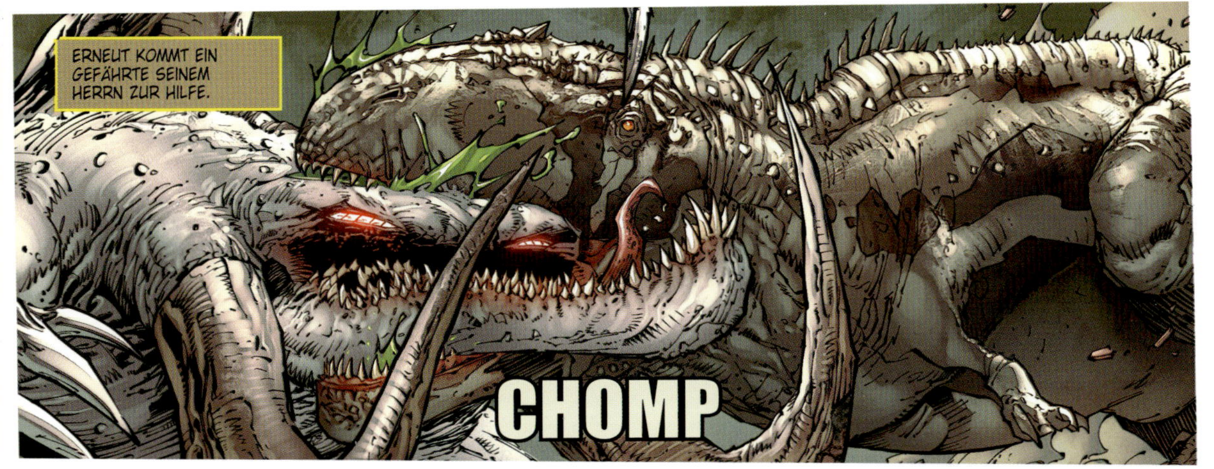
ERNEUT KOMMT EIN GEFÄHRTE SEINEM HERRN ZUR HILFE.
CHOMP

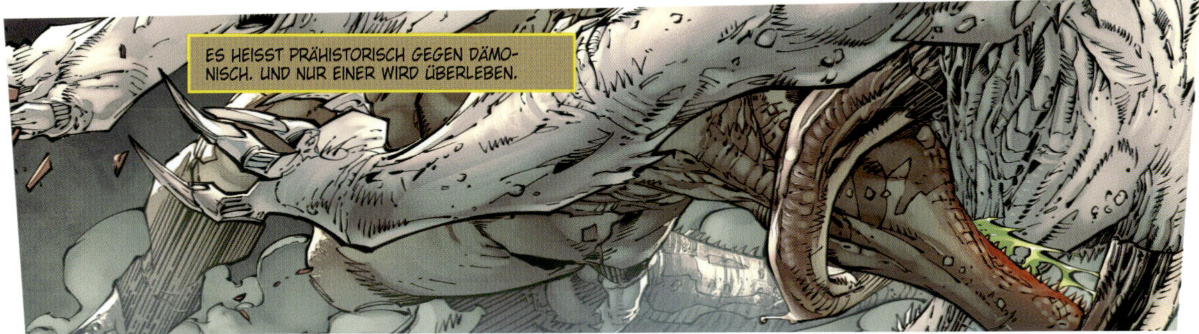
ES HEISST PRÄHISTORISCH GEGEN DÄMONISCH. UND NUR EINER WIRD ÜBERLEBEN.

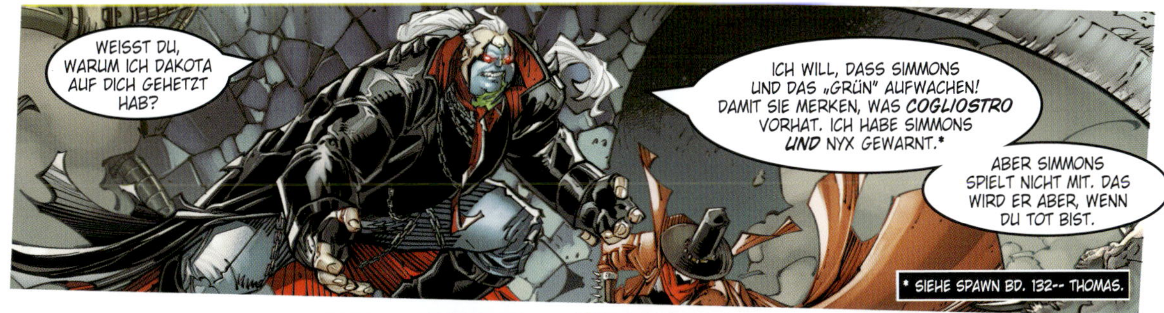
WEISST DU, WARUM ICH DAKOTA AUF DICH GEHETZT HAB?
ICH WILL, DASS SIMMONS UND DAS „GRÜN" AUFWACHEN! DAMIT SIE MERKEN, WAS COGLIOSTRO VORHAT. ICH HABE SIMMONS UND NYX GEWARNT.*
ABER SIMMONS SPIELT NICHT MIT. DAS WIRD ER ABER, WENN DU TOT BIST.
* SIEHE SPAWN BD. 132-- THOMAS.

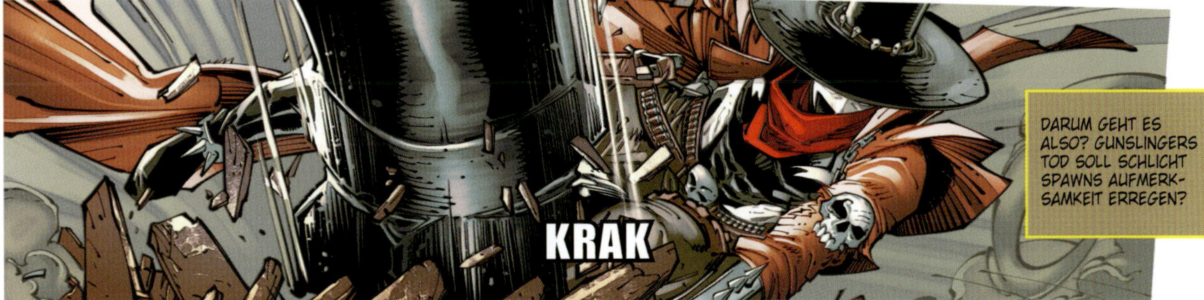
DARUM GEHT ES ALSO? GUNSLINGERS TOD SOLL SCHLICHT SPAWNS AUFMERKSAMKEIT ERREGEN?
KRAK

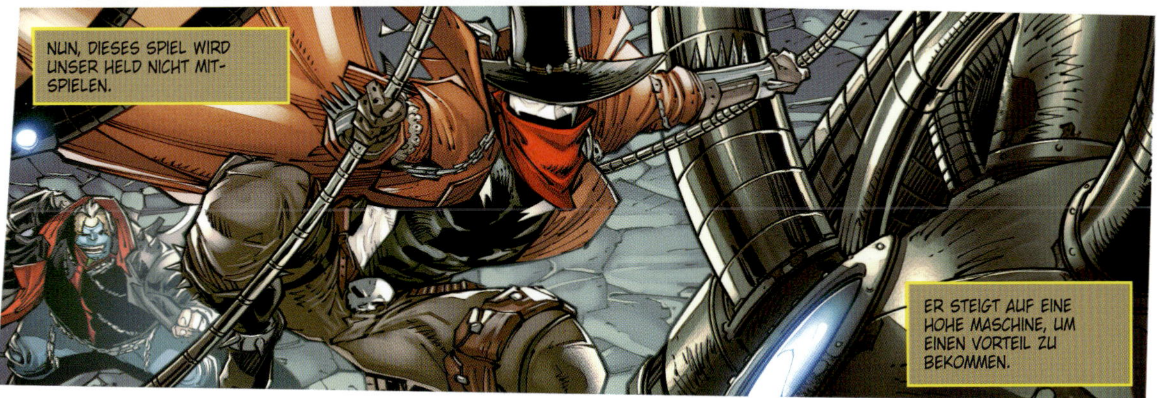
NUN, DIESES SPIEL WIRD UNSER HELD NICHT MITSPIELEN.
ER STEIGT AUF EINE HOHE MASCHINE, UM EINEN VORTEIL ZU BEKOMMEN.

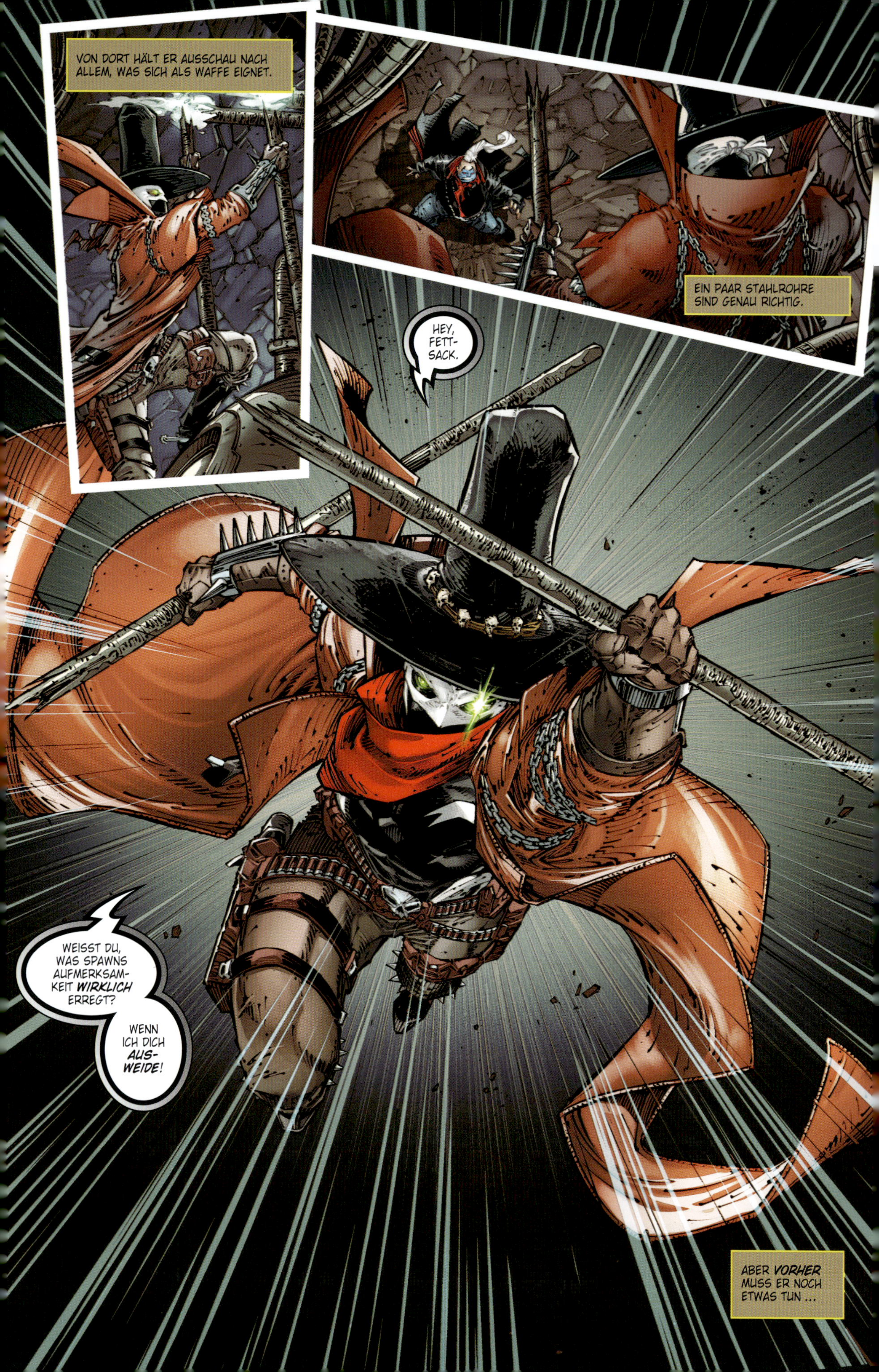
VON DORT HÄLT ER AUSSCHAU NACH ALLEM, WAS SICH ALS WAFFE EIGNET.
EIN PAAR STAHLROHRE SIND GENAU RICHTIG.
HEY, FETT-SACK.
WEISST DU, WAS SPAWNS AUFMERKSAM-KEIT *WIRKLICH* ERREGT?
WENN ICH DICH *AUS-WEIDE*!
ABER *VORHER* MUSS ER NOCH ETWAS TUN ...

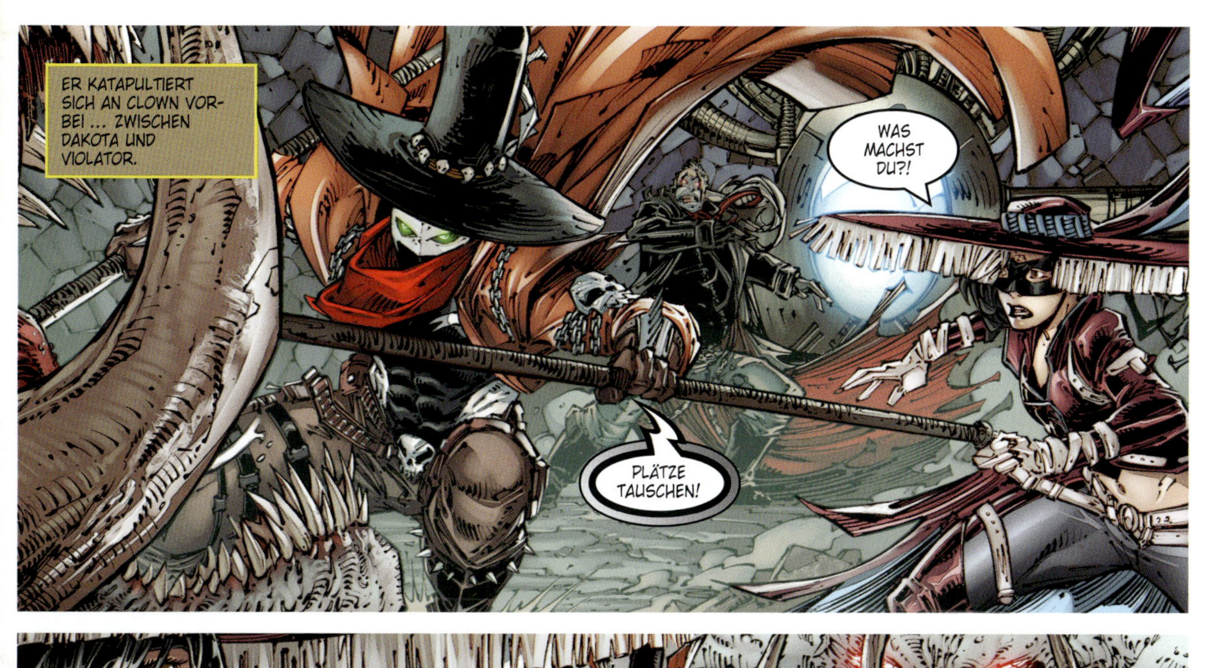

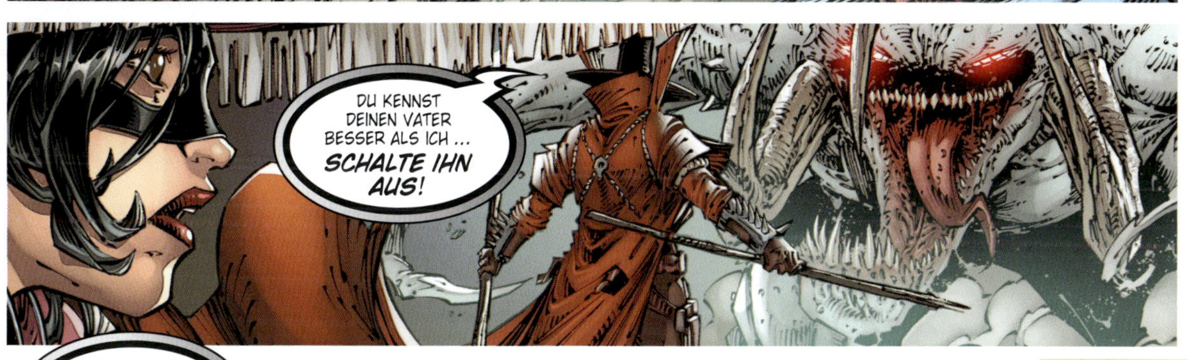

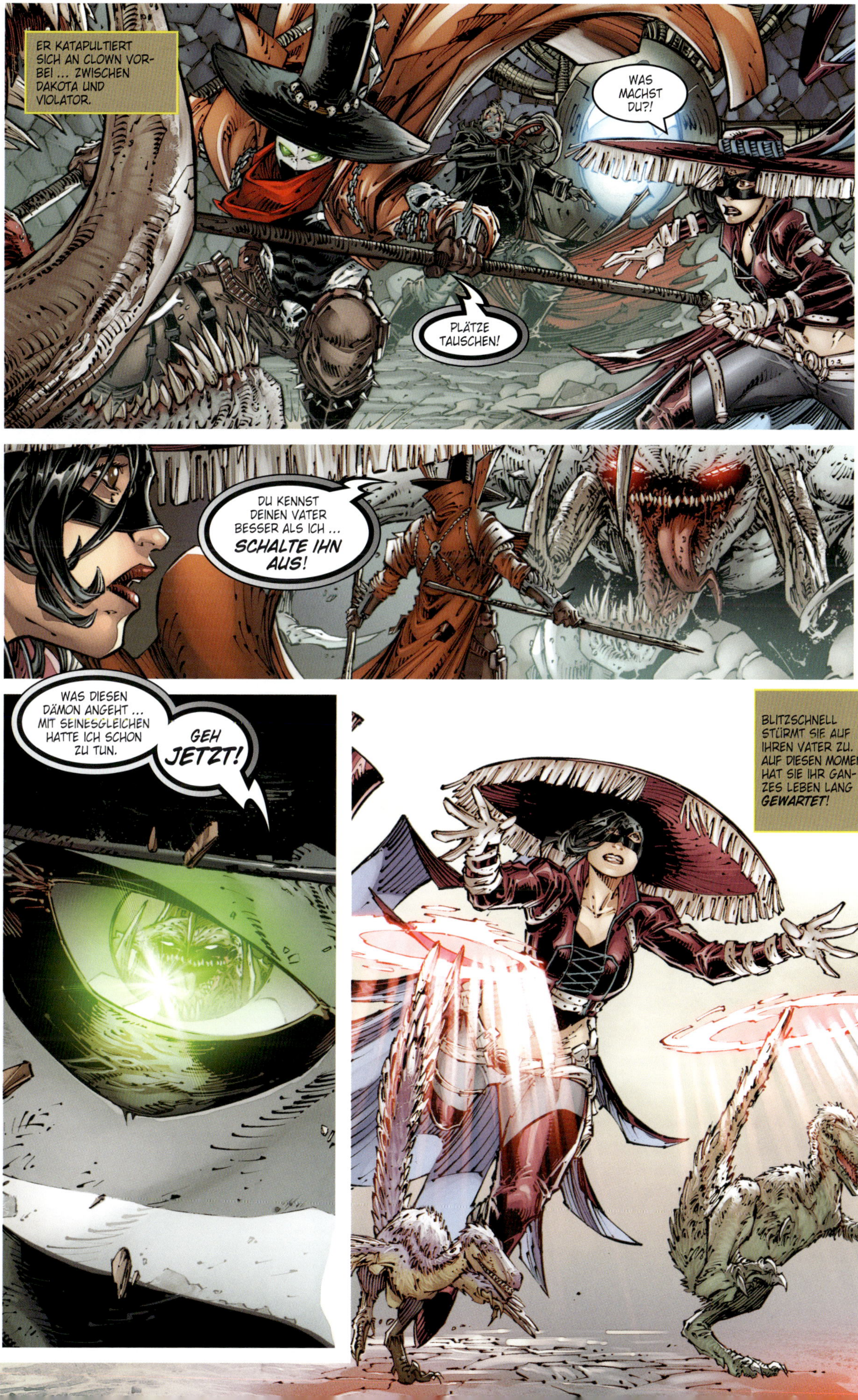

WAS DIESEN DÄMON ANGEHT ... MIT SEINESGLEICHEN HATTE ICH SCHON ZU TUN.

GEH JETZT!

BLITZSCHNELL STÜRMT SIE AUF IHREN VATER ZU. AUF DIESEN MOMENT HAT SIE IHR GANZES LEBEN LANG ***GEWARTET!***

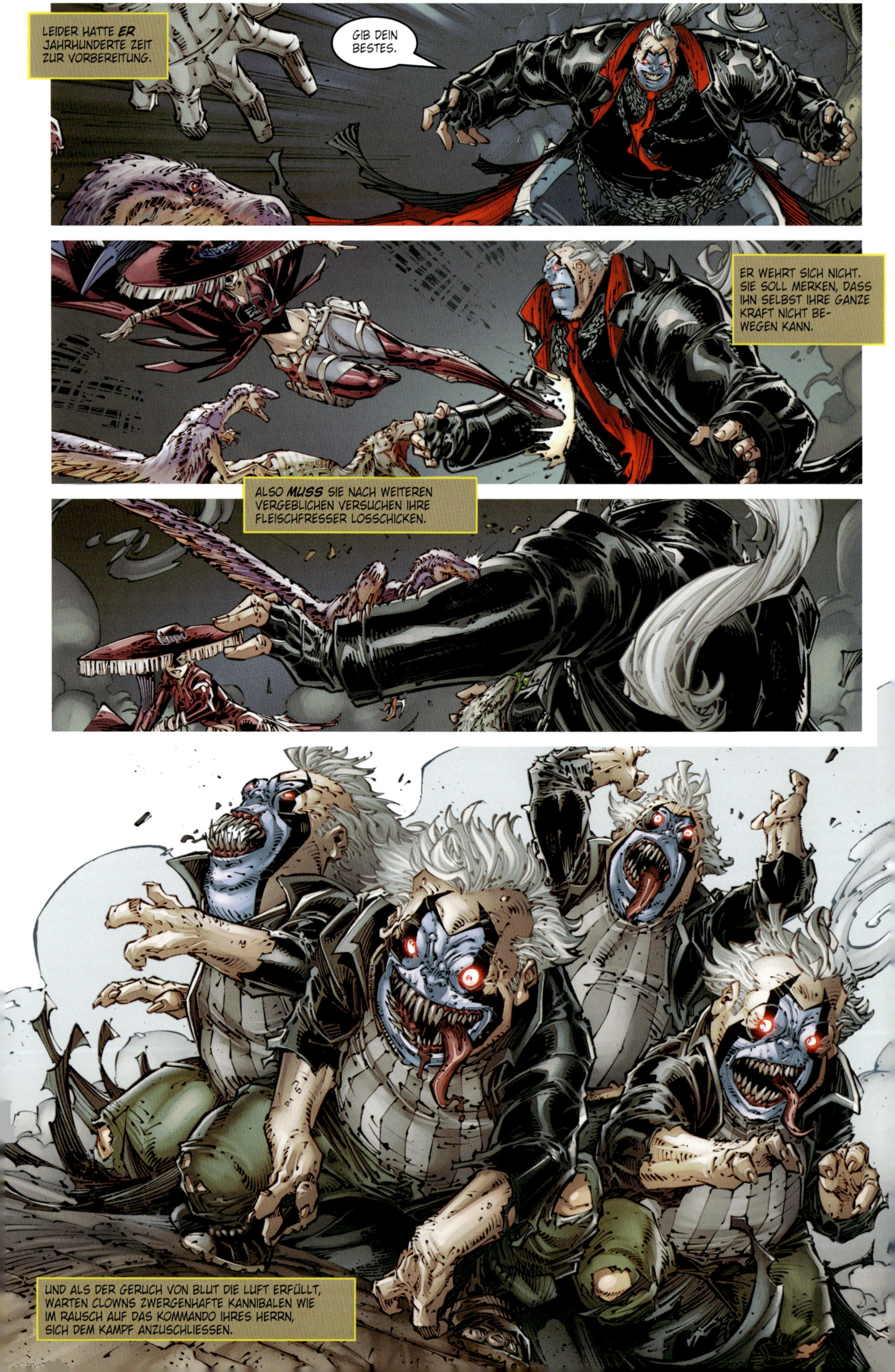

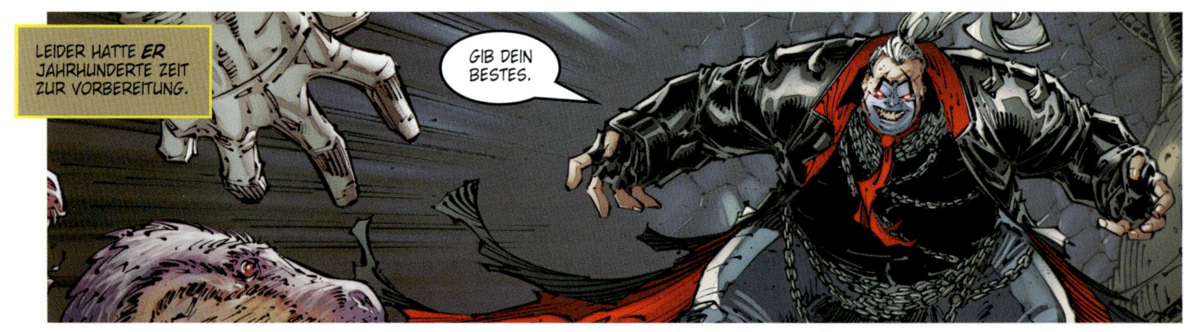

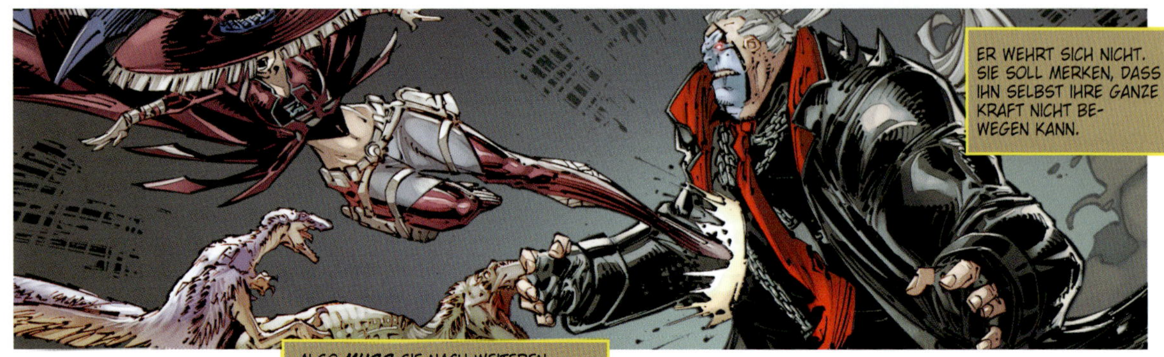

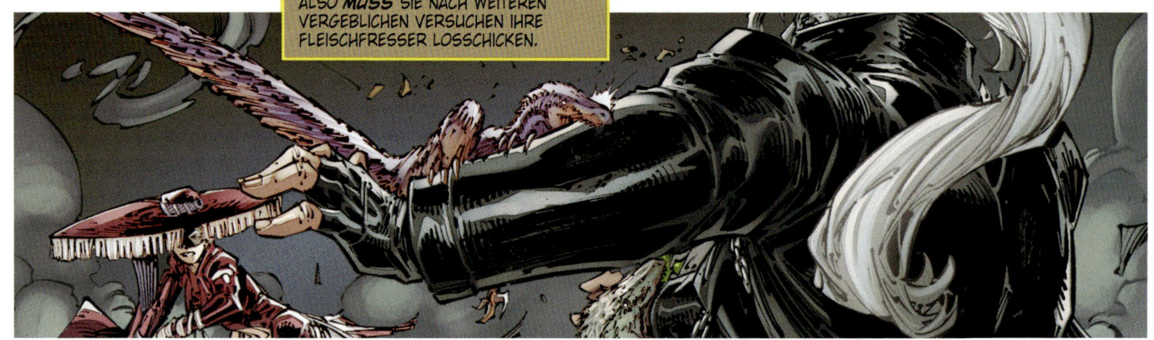

UND ALS DER GERUCH VON BLUT DIE LUFT ERFÜLLT, WARTEN CLOWNS ZWERGENHAFTE KANNIBALEN WIE IM RAUSCH AUF DAS KOMMANDO IHRES HERRN, SICH DEM KAMPF ANZUSCHLIESSEN.

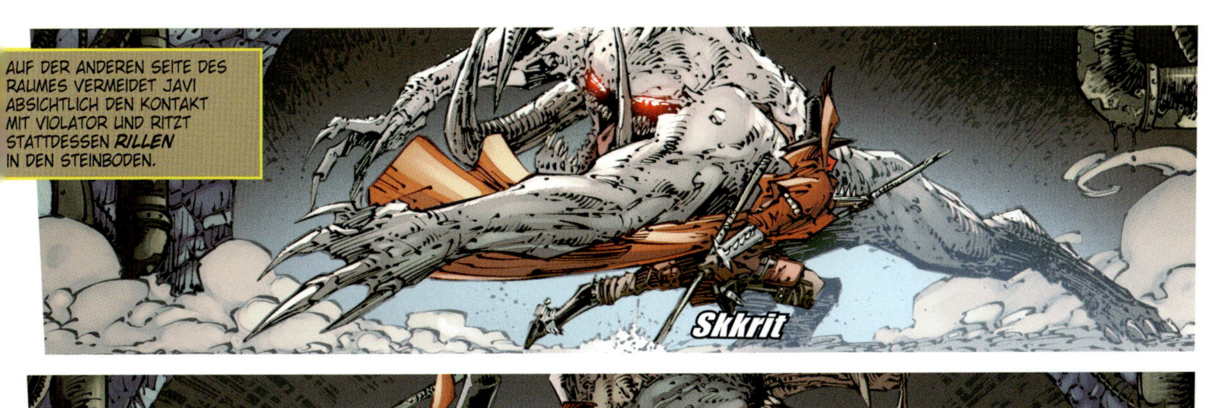

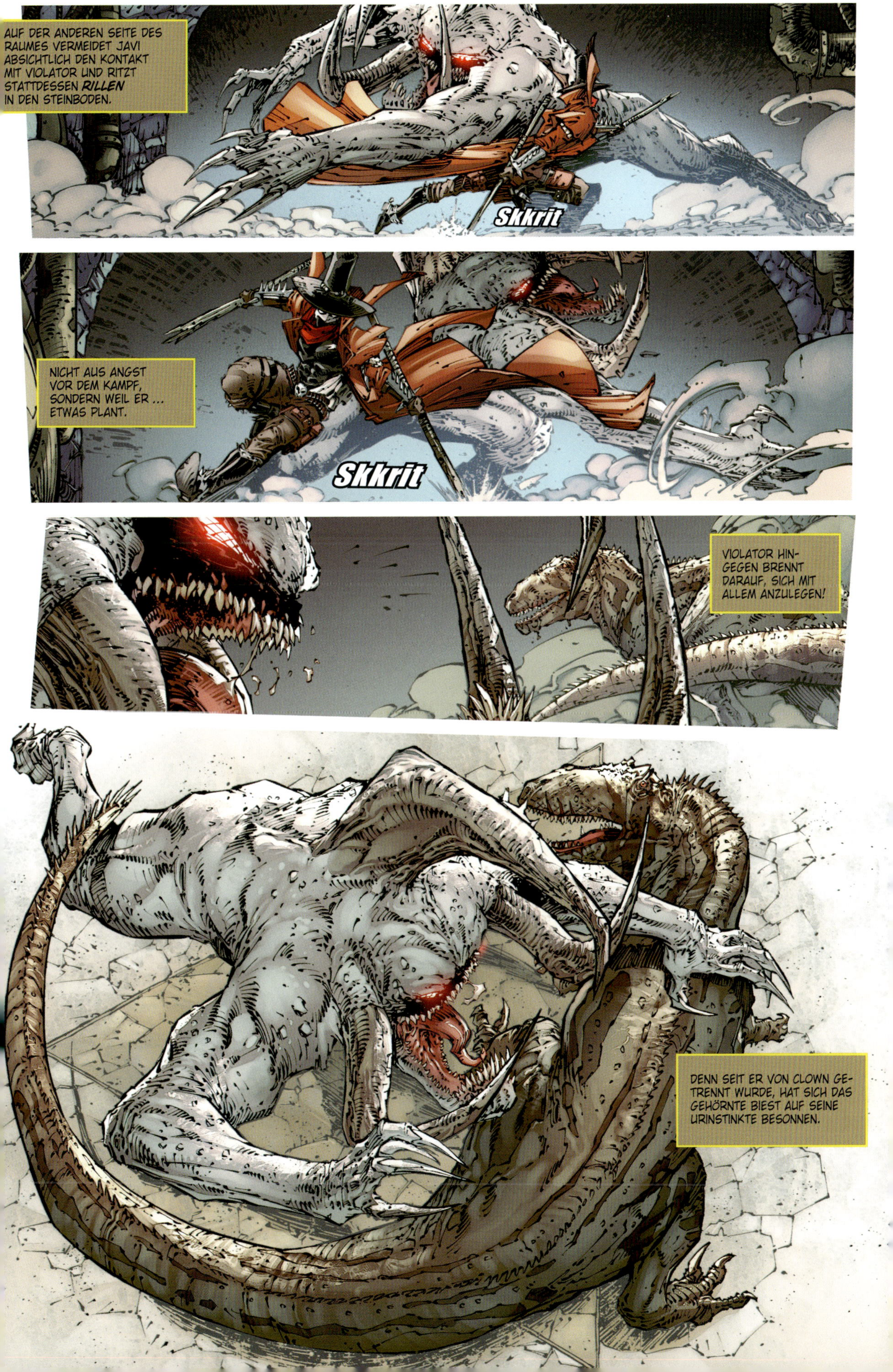

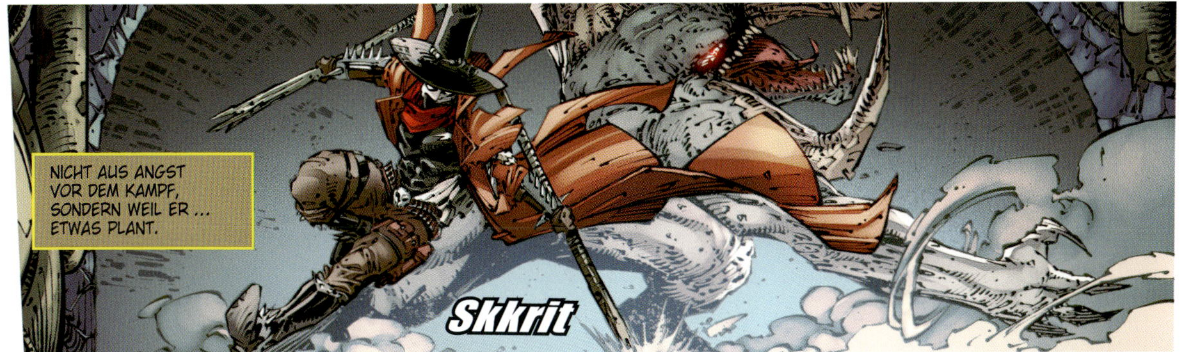

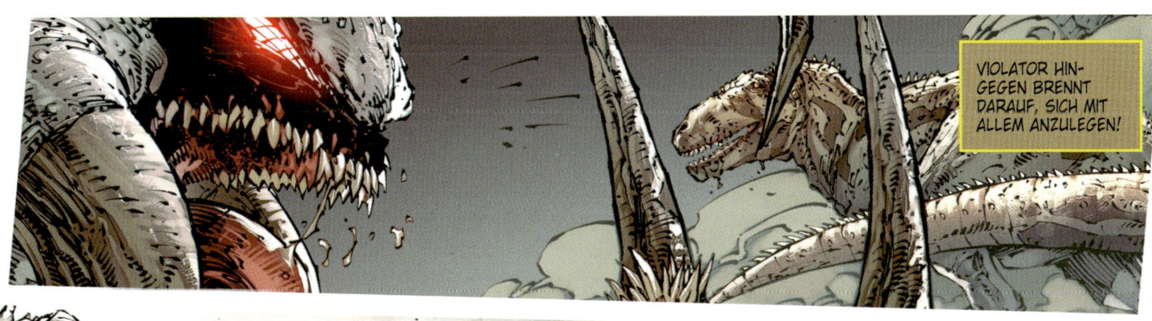

DENN SEIT ER VON CLOWN GE-TRENNT WURDE, HAT SICH DAS GEHÖRNTE BIEST AUF SEINE URINSTINKTE BESONNEN.

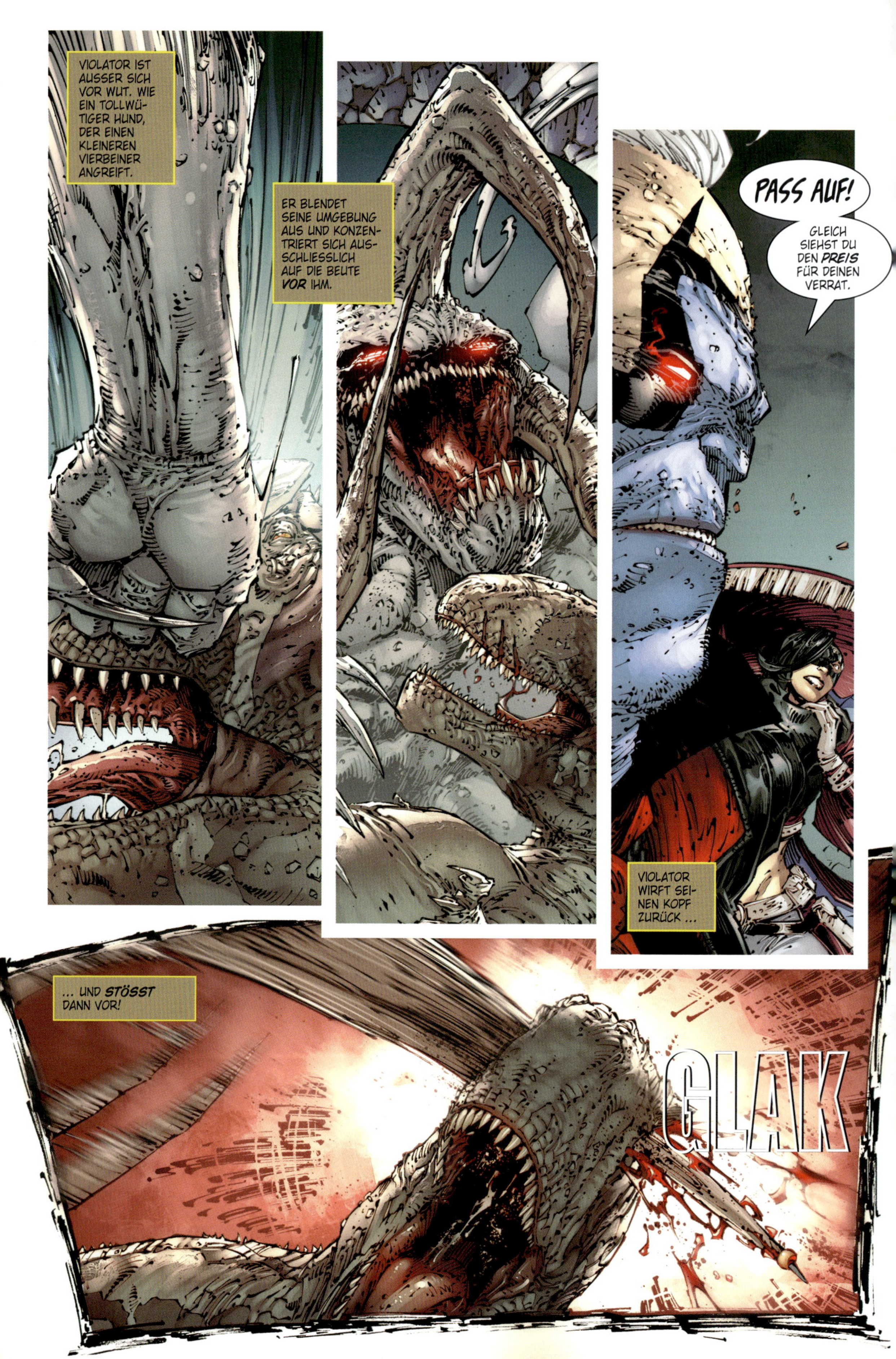
VIOLATOR IST AUSSER SICH VOR WUT. WIE EIN TOLLWÜTIGER HUND, DER EINEN KLEINEREN VIERBEINER ANGREIFT.
ER BLENDET SEINE UMGEBUNG AUS UND KONZENTRIERT SICH AUSSCHLIESSLICH AUF DIE BEUTE VOR IHM.
PASS AUF!
GLEICH SIEHST DU DEN PREIS FÜR DEINEN VERRAT.
VIOLATOR WIRFT SEINEN KOPF ZURÜCK ...
... UND STÖSST DANN VOR!
GLAK

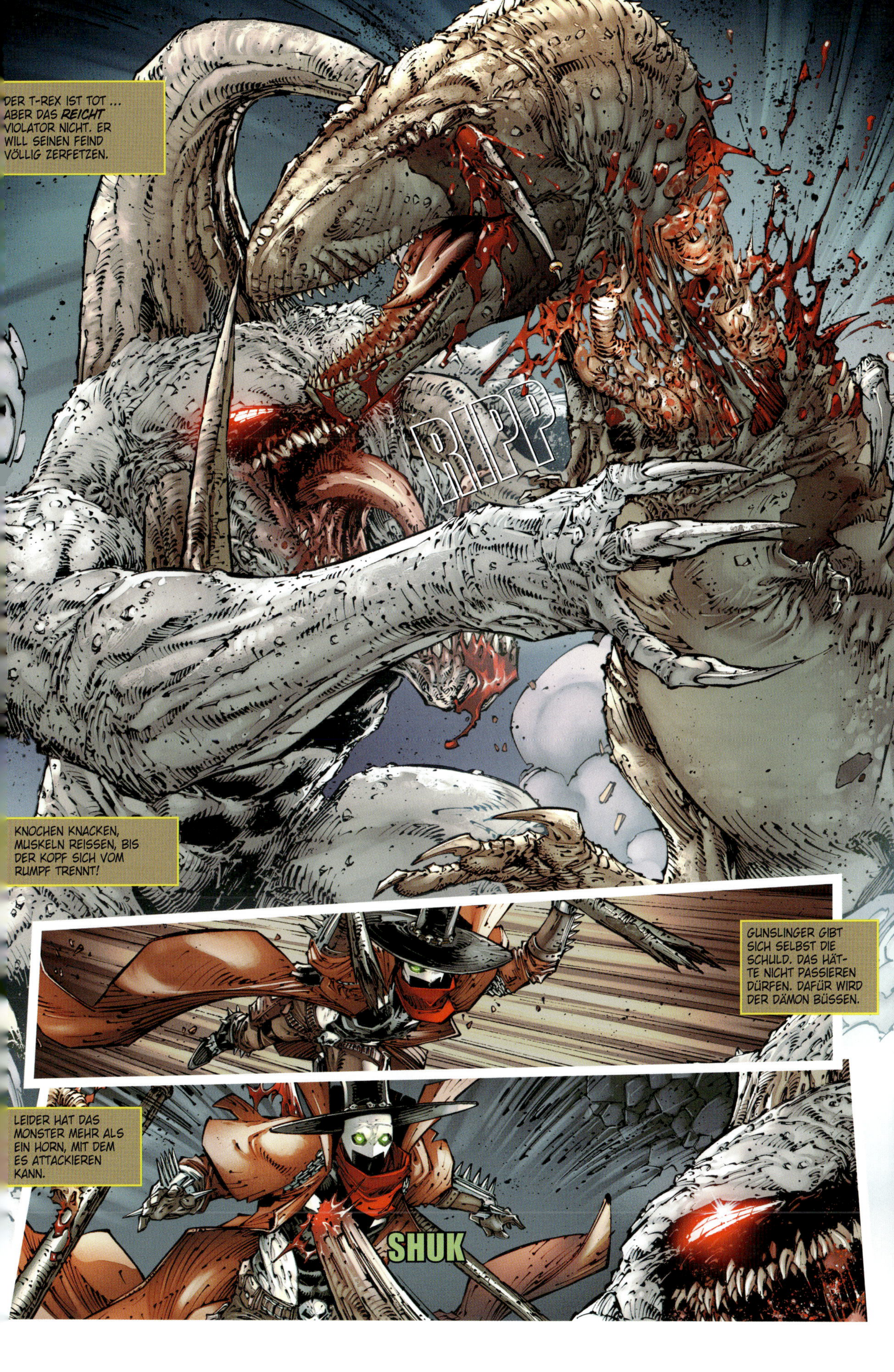
DER T-REX IST TOT ... ABER DAS *REICHT* VIOLATOR NICHT. ER WILL SEINEN FEIND VÖLLIG ZERFETZEN.
RIPP
KNOCHEN KNACKEN, MUSKELN REISSEN, BIS DER KOPF SICH VOM RUMPF TRENNT!
GUNSLINGER GIBT SICH SELBST DIE SCHULD. DAS HÄTTE NICHT PASSIEREN DÜRFEN. DAFÜR WIRD DER DÄMON BÜSSEN.
LEIDER HAT DAS MONSTER MEHR ALS EIN HORN, MIT DEM ES ATTACKIEREN KANN.
SHUK

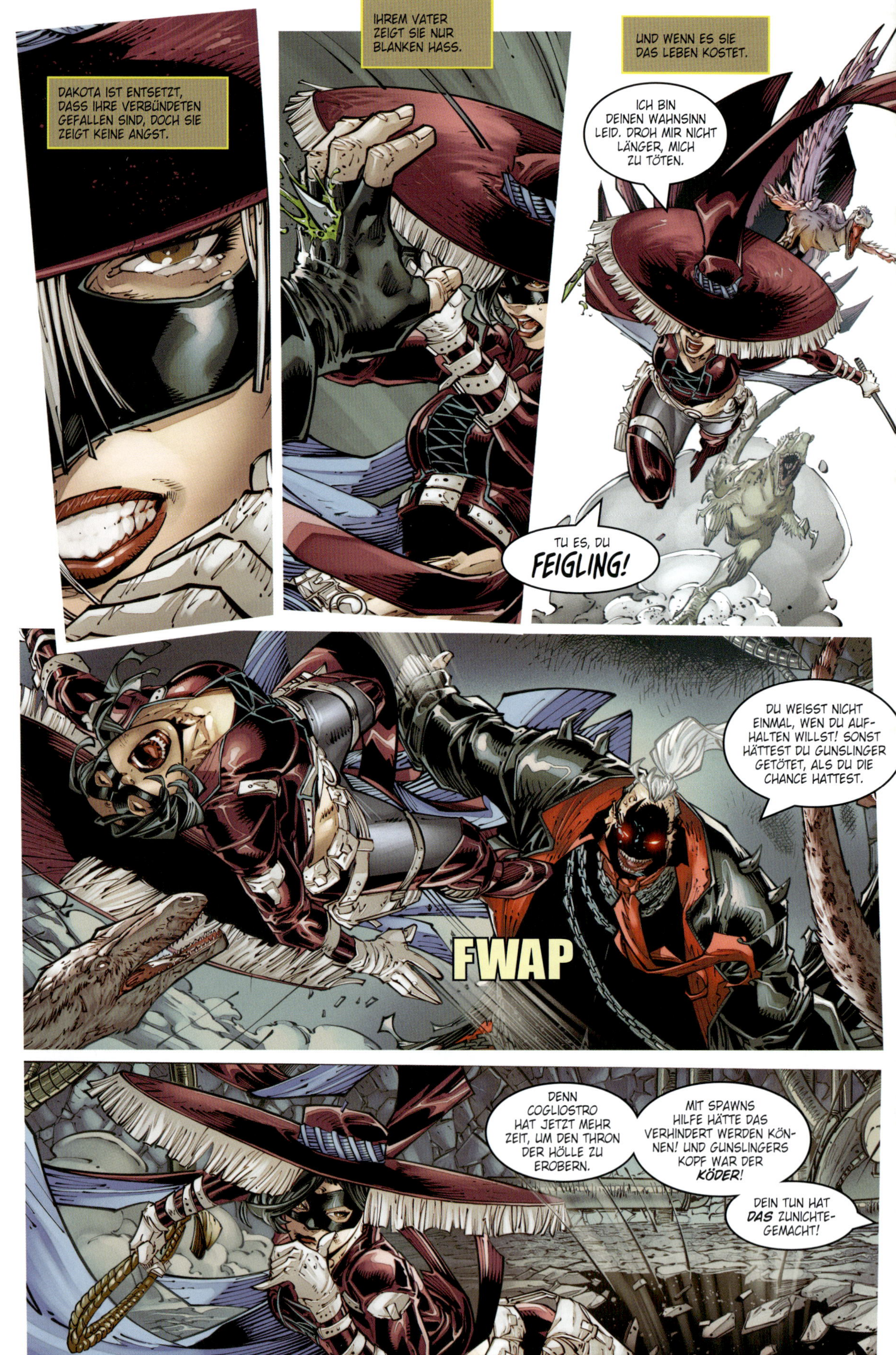
DAKOTA IST ENTSETZT, DASS IHRE VERBÜNDETEN GEFALLEN SIND, DOCH SIE ZEIGT KEINE ANGST.
IHREM VATER ZEIGT SIE NUR BLANKEN HASS.
UND WENN ES SIE DAS LEBEN KOSTET.
ICH BIN DEINEN WAHNSINN LEID. DROH MIR NICHT LÄNGER, MICH ZU TÖTEN.
TU ES, DU FEIGLING!
DU WEISST NICHT EINMAL, WEN DU AUFHALTEN WILLST! SONST HÄTTEST DU GUNSLINGER GETÖTET, ALS DU DIE CHANCE HATTEST.
FWAP
DENN COGLIOSTRO HAT JETZT MEHR ZEIT, UM DEN THRON DER HÖLLE ZU EROBERN.
MIT SPAWNS HILFE HÄTTE DAS VERHINDERT WERDEN KÖNNEN! UND GUNSLINGERS KOPF WAR DER KÖDER!
DEIN TUN HAT DAS ZUNICHTEGEMACHT!

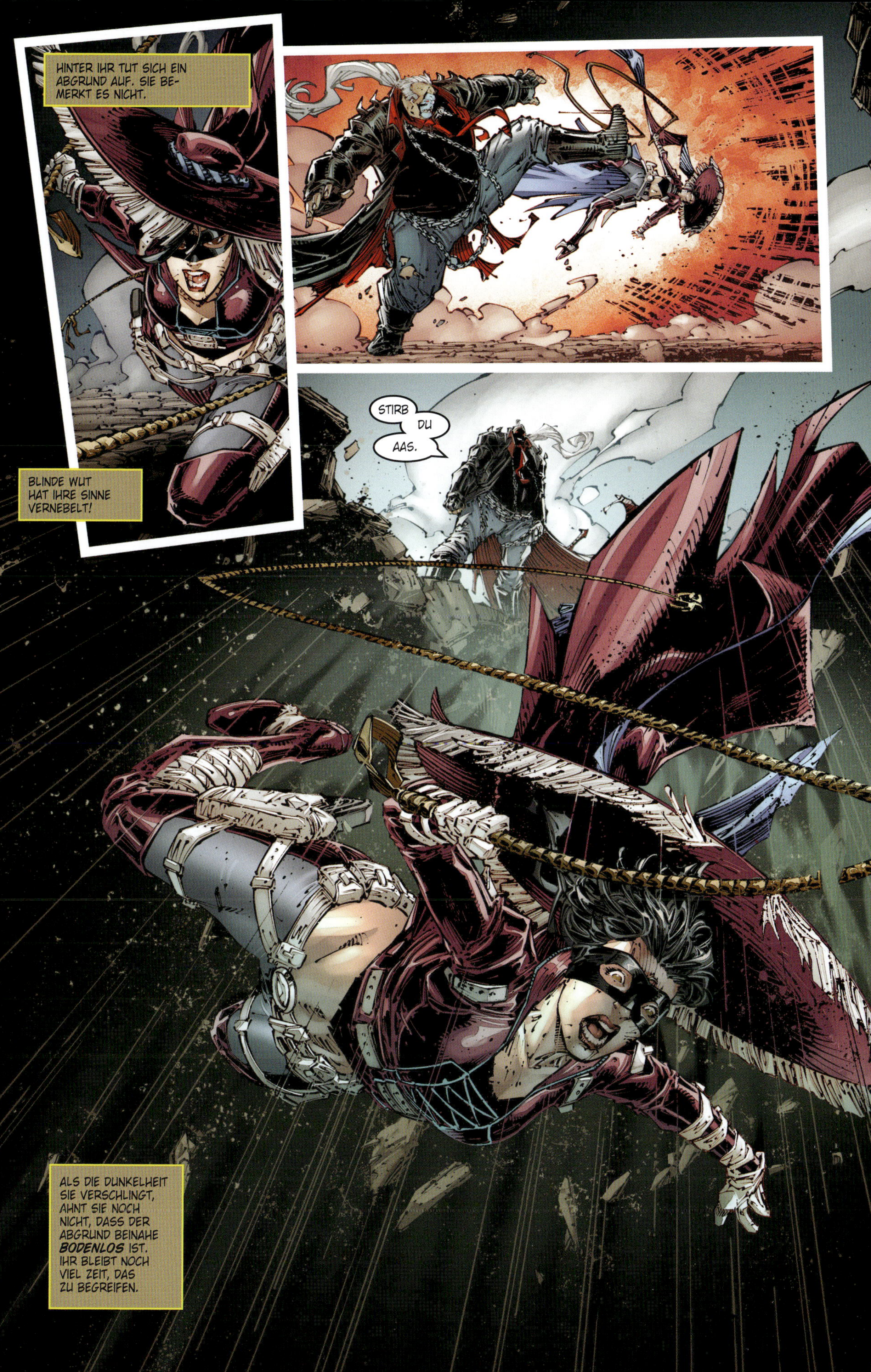
HINTER IHR TUT SICH EIN ABGRUND AUF. SIE BEMERKT ES NICHT.
BLINDE WUT HAT IHRE SINNE VERNEBELT!
STIRB DU AAS.
ALS DIE DUNKELHEIT SIE VERSCHLINGT, AHNT SIE NOCH NICHT, DASS DER ABGRUND BEINAHE BODENLOS IST. IHR BLEIBT NOCH VIEL ZEIT, DAS ZU BEGREIFEN.

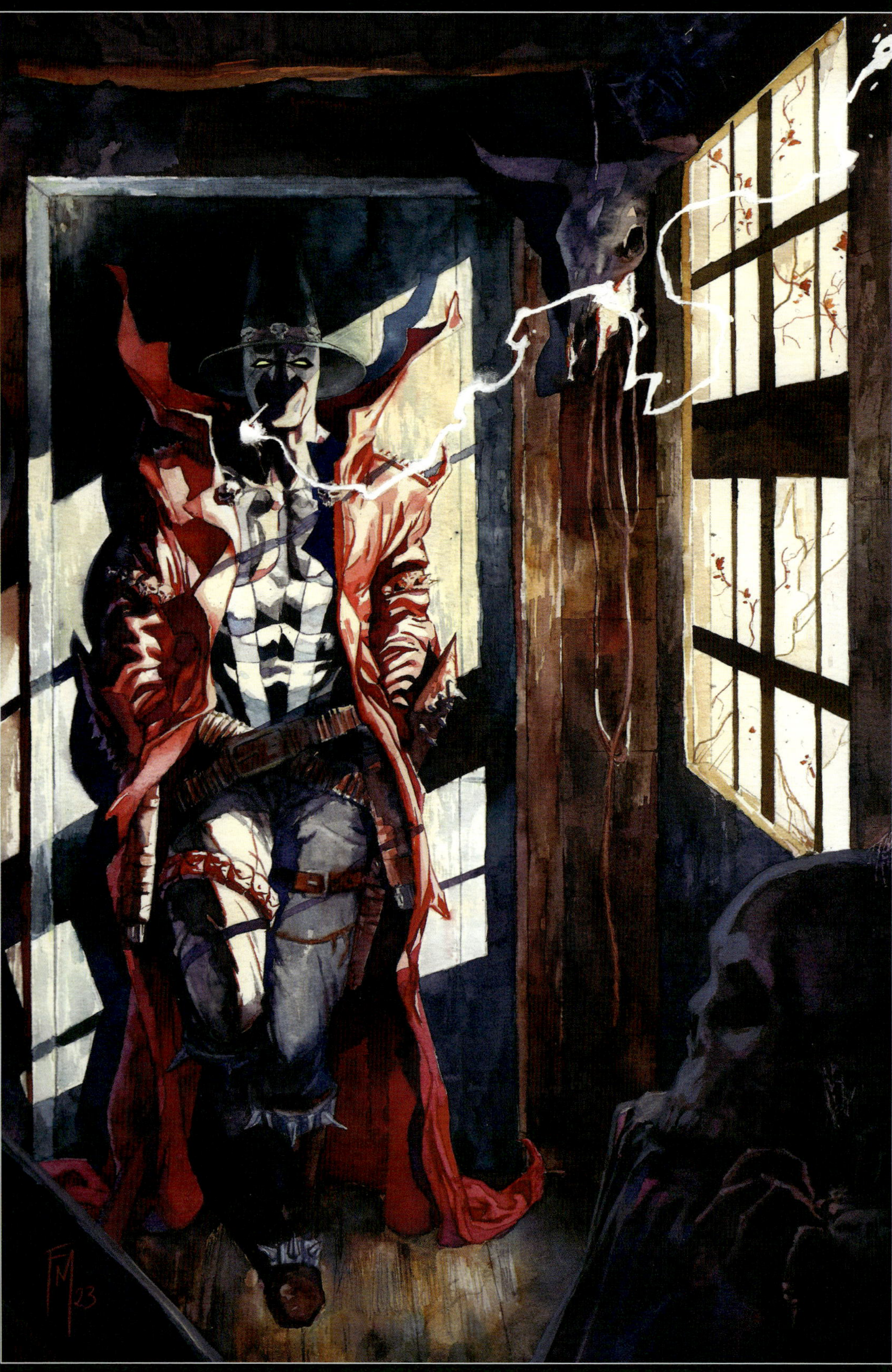

Gunslinger Spawn (2021) 23
Cover von **FEDE MELE**

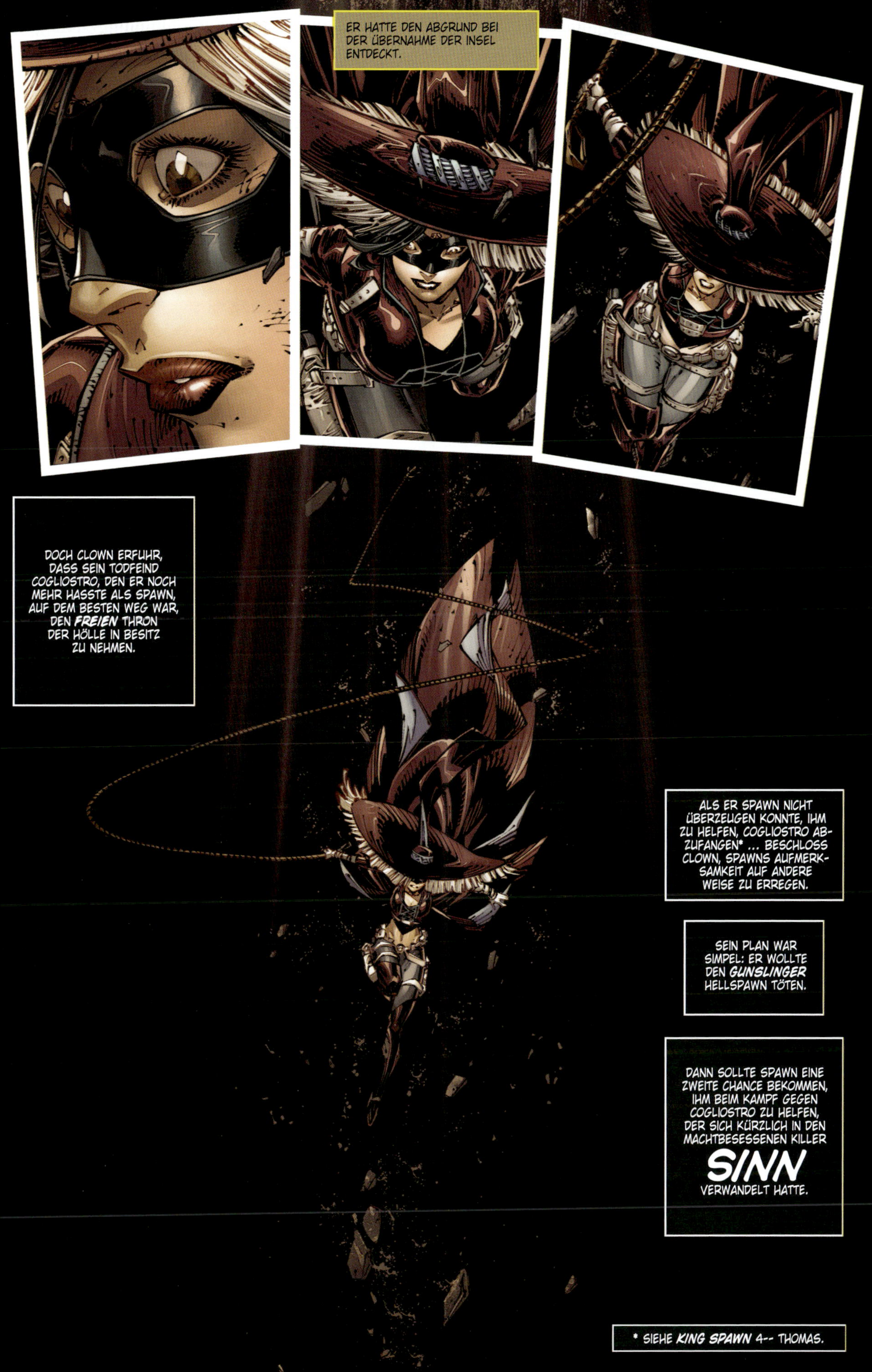

ER HATTE DEN ABGRUND BEI DER ÜBERNAHME DER INSEL ENTDECKT.
DOCH CLOWN ERFUHR, DASS SEIN TODFEIND COGLIOSTRO, DEN ER NOCH MEHR HASSTE ALS SPAWN, AUF DEM BESTEN WEG WAR, DEN *FREIEN* THRON DER HÖLLE IN BESITZ ZU NEHMEN.
ALS ER SPAWN NICHT ÜBERZEUGEN KONNTE, IHM ZU HELFEN, COGLIOSTRO ABZUFANGEN* ... BESCHLOSS CLOWN, SPAWNS AUFMERKSAMKEIT AUF ANDERE WEISE ZU ERREGEN.
SEIN PLAN WAR SIMPEL: ER WOLLTE DEN *GUNSLINGER* HELLSPAWN TÖTEN.
DANN SOLLTE SPAWN EINE ZWEITE CHANCE BEKOMMEN, IHM BEIM KAMPF GEGEN COGLIOSTRO ZU HELFEN, DER SICH KÜRZLICH IN DEN MACHTBESESSENEN KILLER *SINN* VERWANDELT HATTE.
* SIEHE *KING SPAWN* 4-- THOMAS.

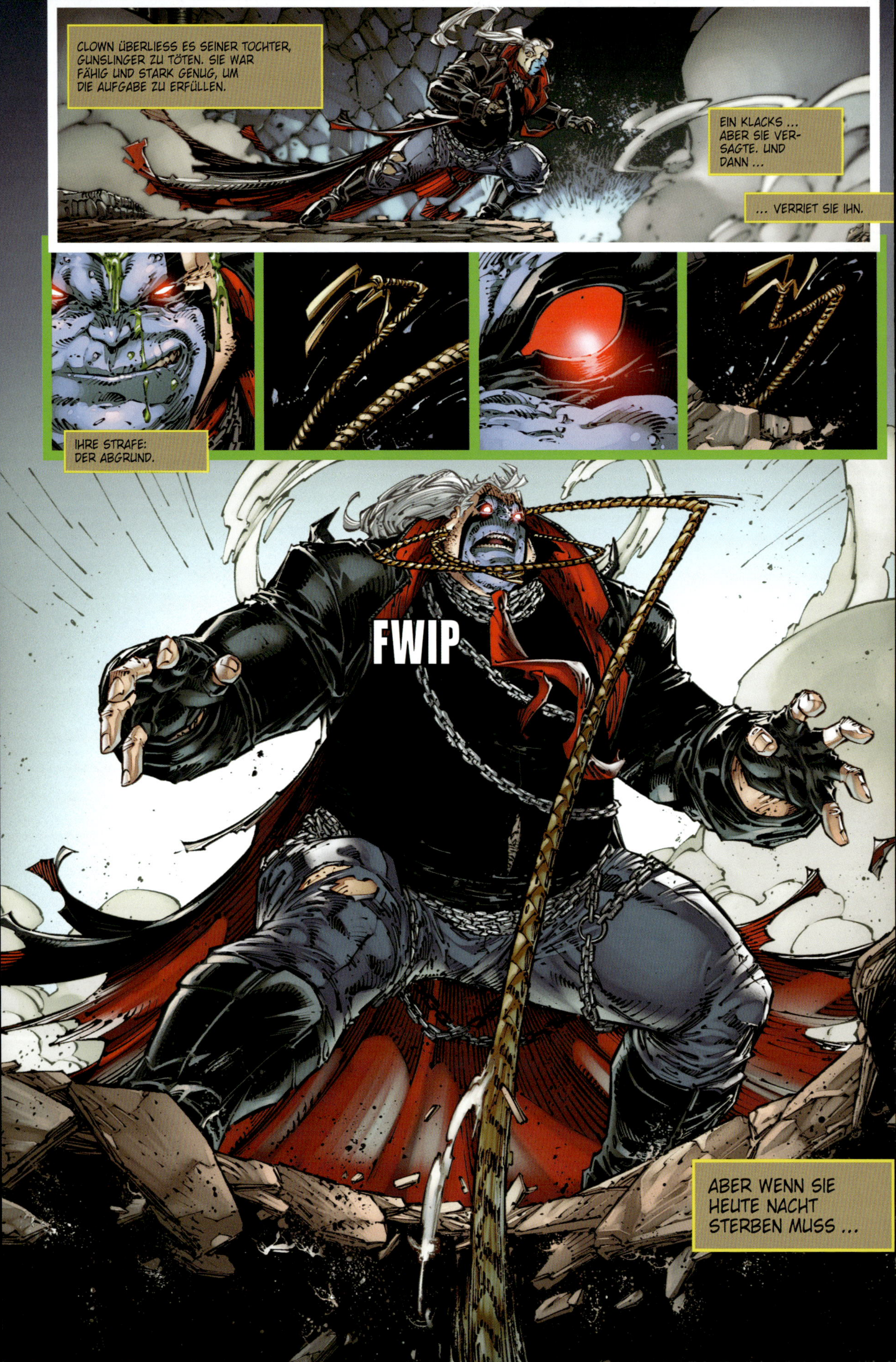
CLOWN ÜBERLIESS ES SEINER TOCHTER, GUNSLINGER ZU TÖTEN. SIE WAR FÄHIG UND STARK GENUG, UM DIE AUFGABE ZU ERFÜLLEN.
EIN KLACKS ... ABER SIE VER-SAGTE. UND DANN ...
... VERRIET SIE IHN.
IHRE STRAFE: DER ABGRUND.
FWIP
ABER WENN SIE HEUTE NACHT STERBEN MUSS ...

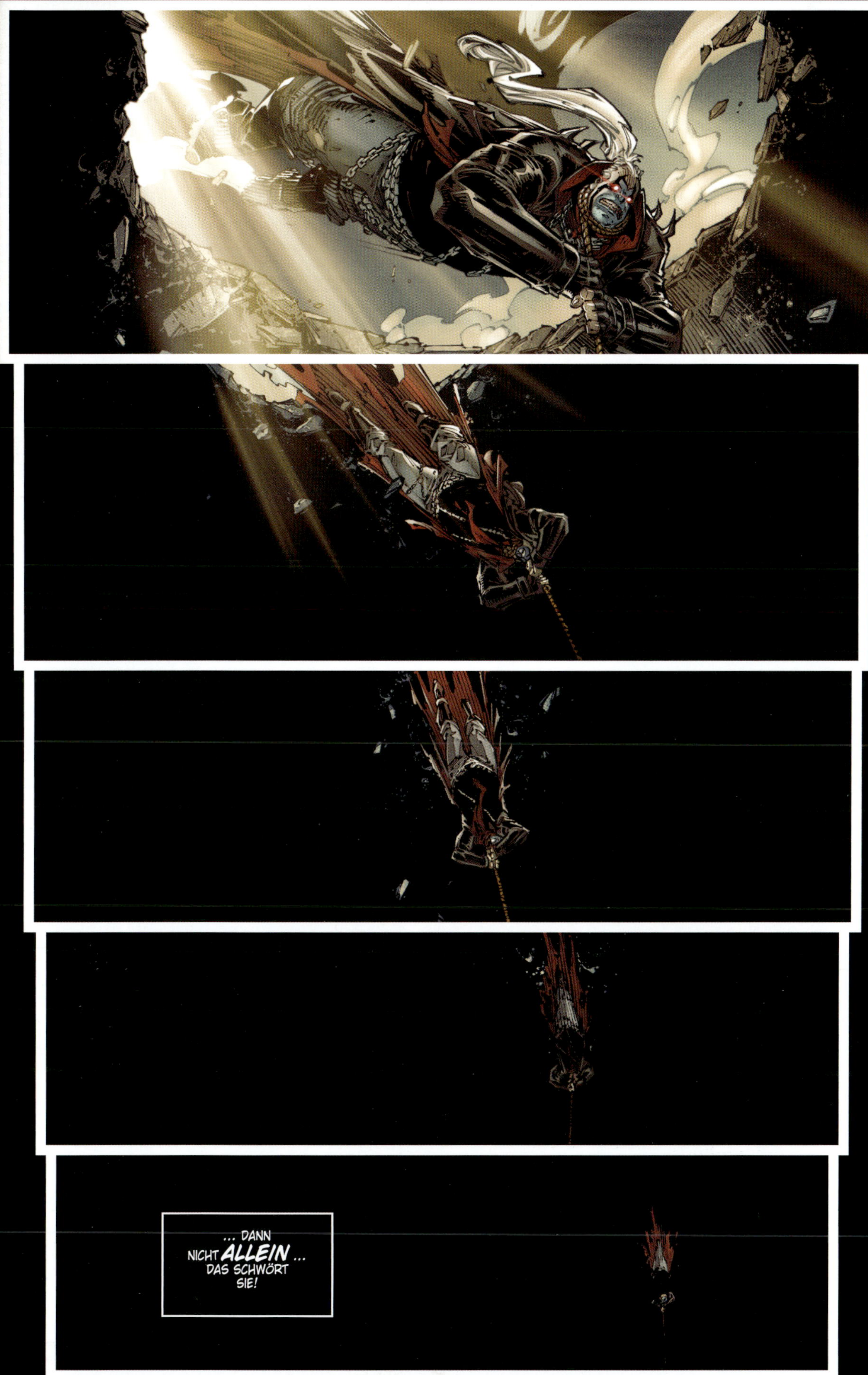
… DANN
NICHT ALLEIN …
DAS SCHWÖRT
SIE!

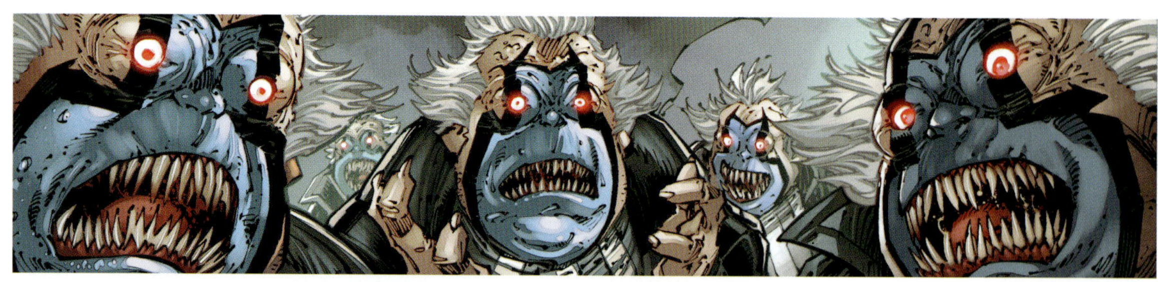

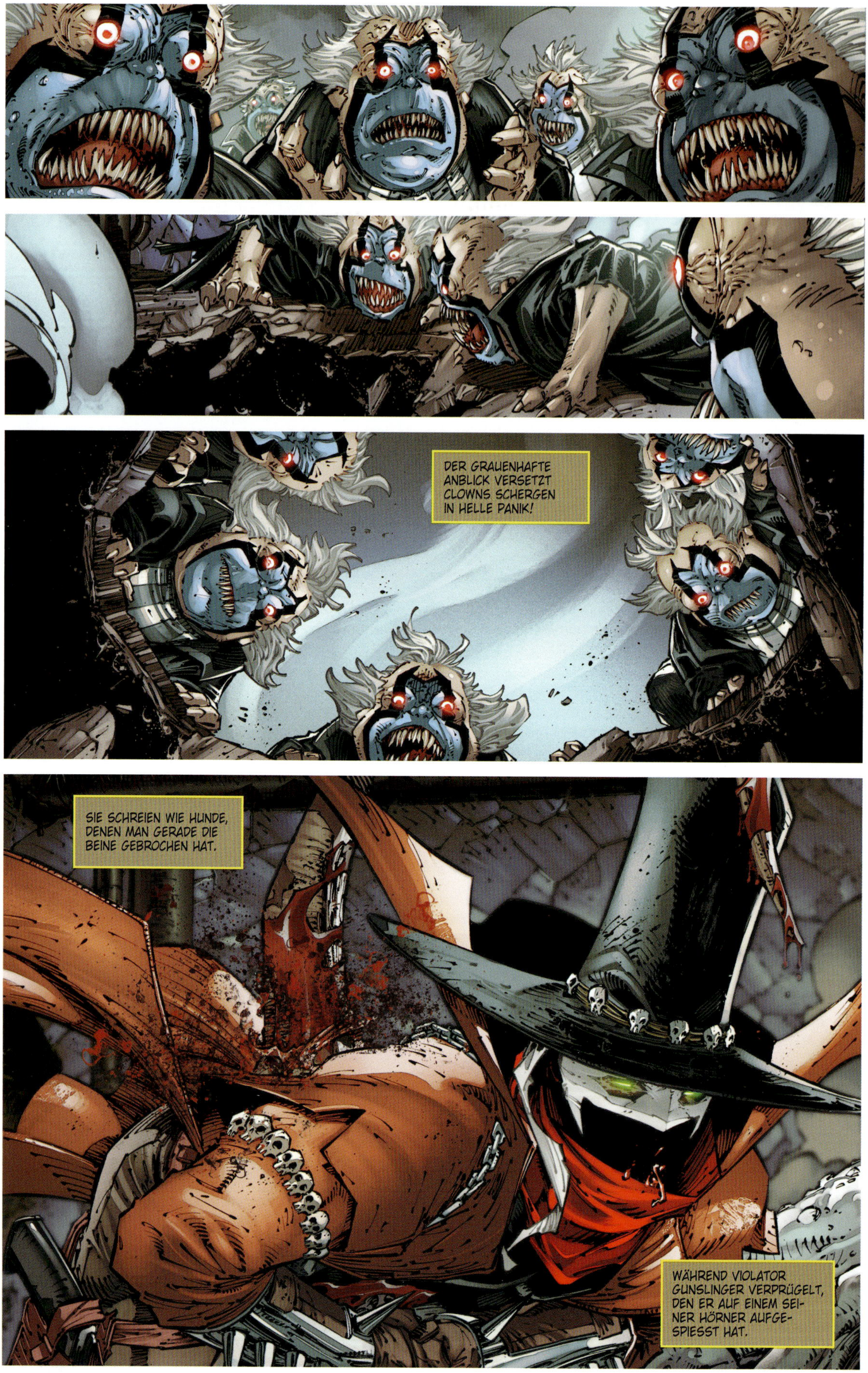

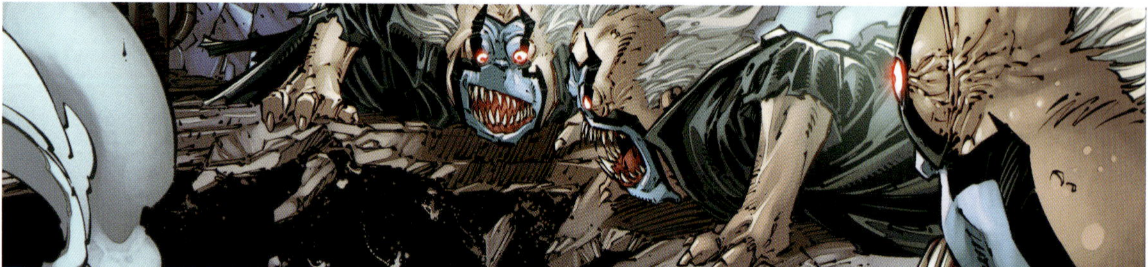

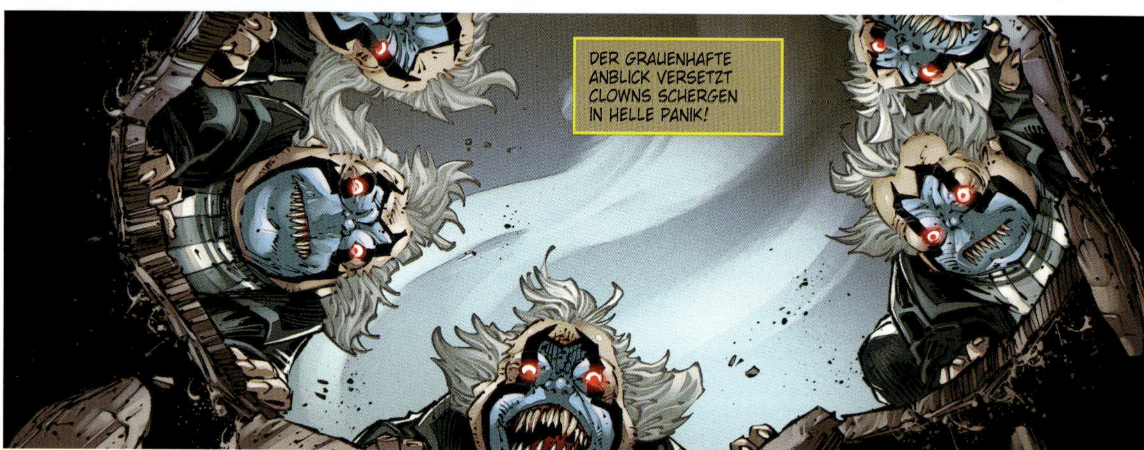

SIE SCHREIEN WIE HUNDE, DENEN MAN GERADE DIE BEINE GEBROCHEN HAT.

WÄHREND VIOLATOR GUNSLINGER VERPRÜGELT, DEN ER AUF EINEM SEI-NER HÖRNER AUFGE-SPIESST HAT.

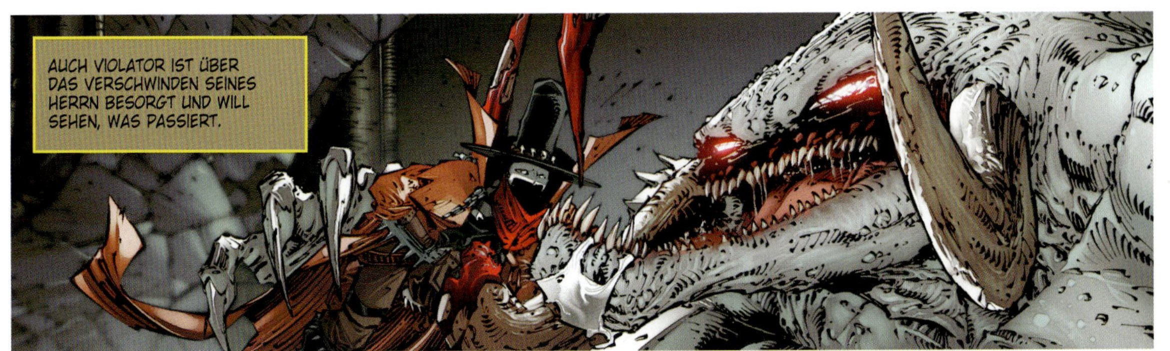
AUCH VIOLATOR IST ÜBER DAS VERSCHWINDEN SEINES HERRN BESORGT UND WILL SEHEN, WAS PASSIERT.

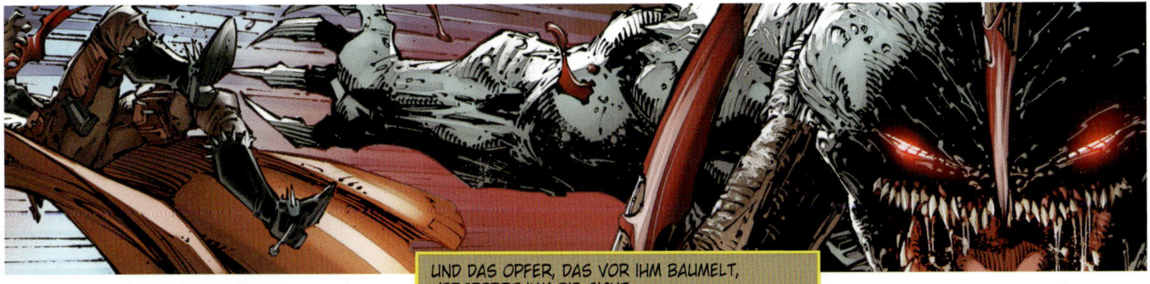
UND DAS OPFER, DAS VOR IHM BAUMELT, VERSPERRT IHM DIE SICHT.

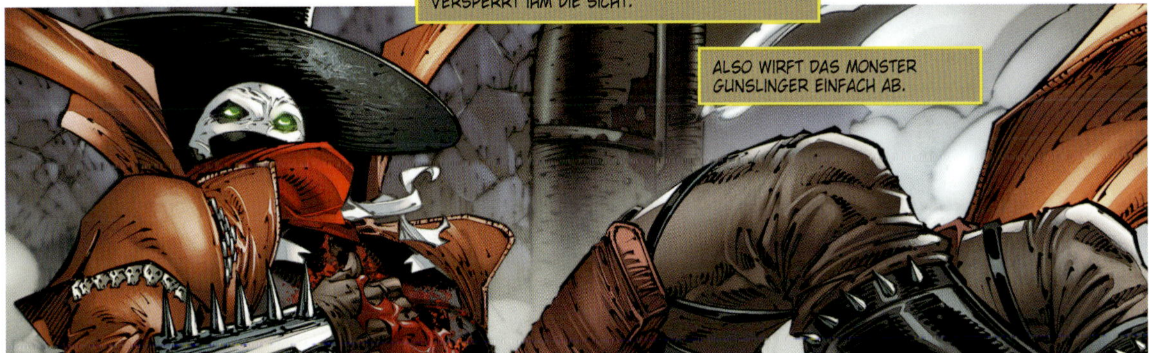
ALSO WIRFT DAS MONSTER GUNSLINGER EINFACH AB.

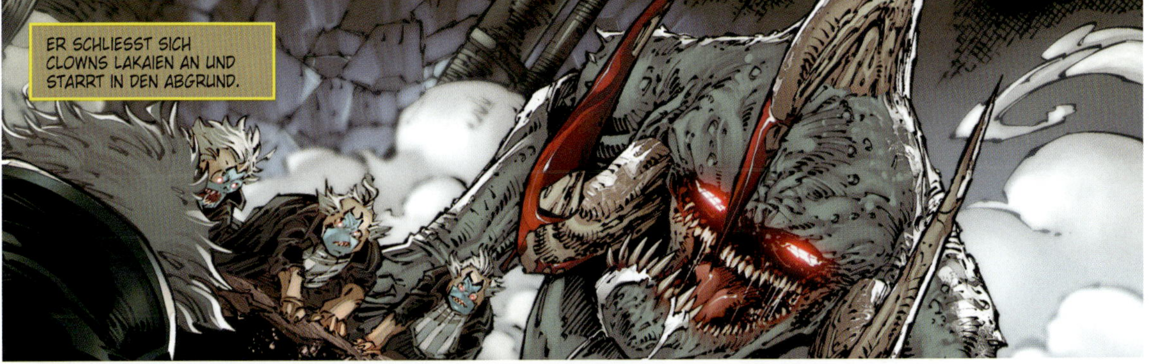
ER SCHLIESST SICH CLOWNS LAKAIEN AN UND STARRT IN DEN ABGRUND.

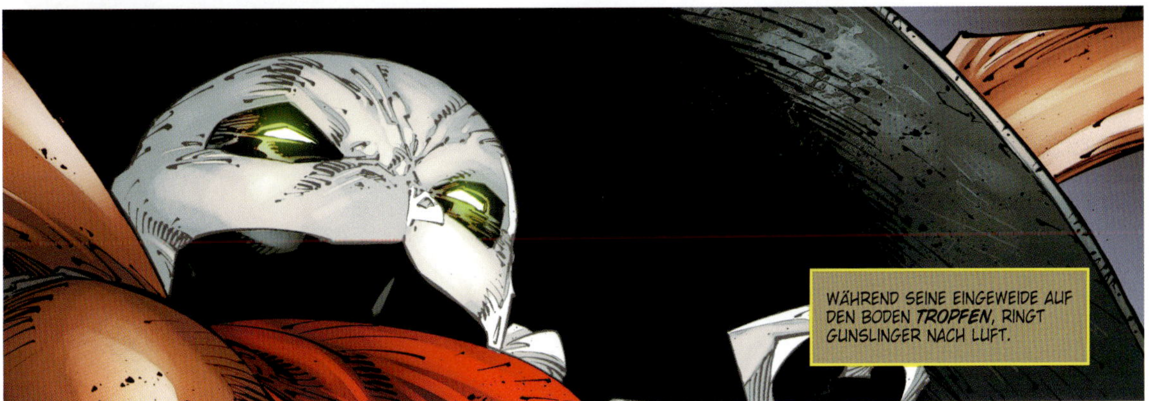
WÄHREND SEINE EINGEWEIDE AUF DEN BODEN TROPFEN, RINGT GUNSLINGER NACH LUFT.

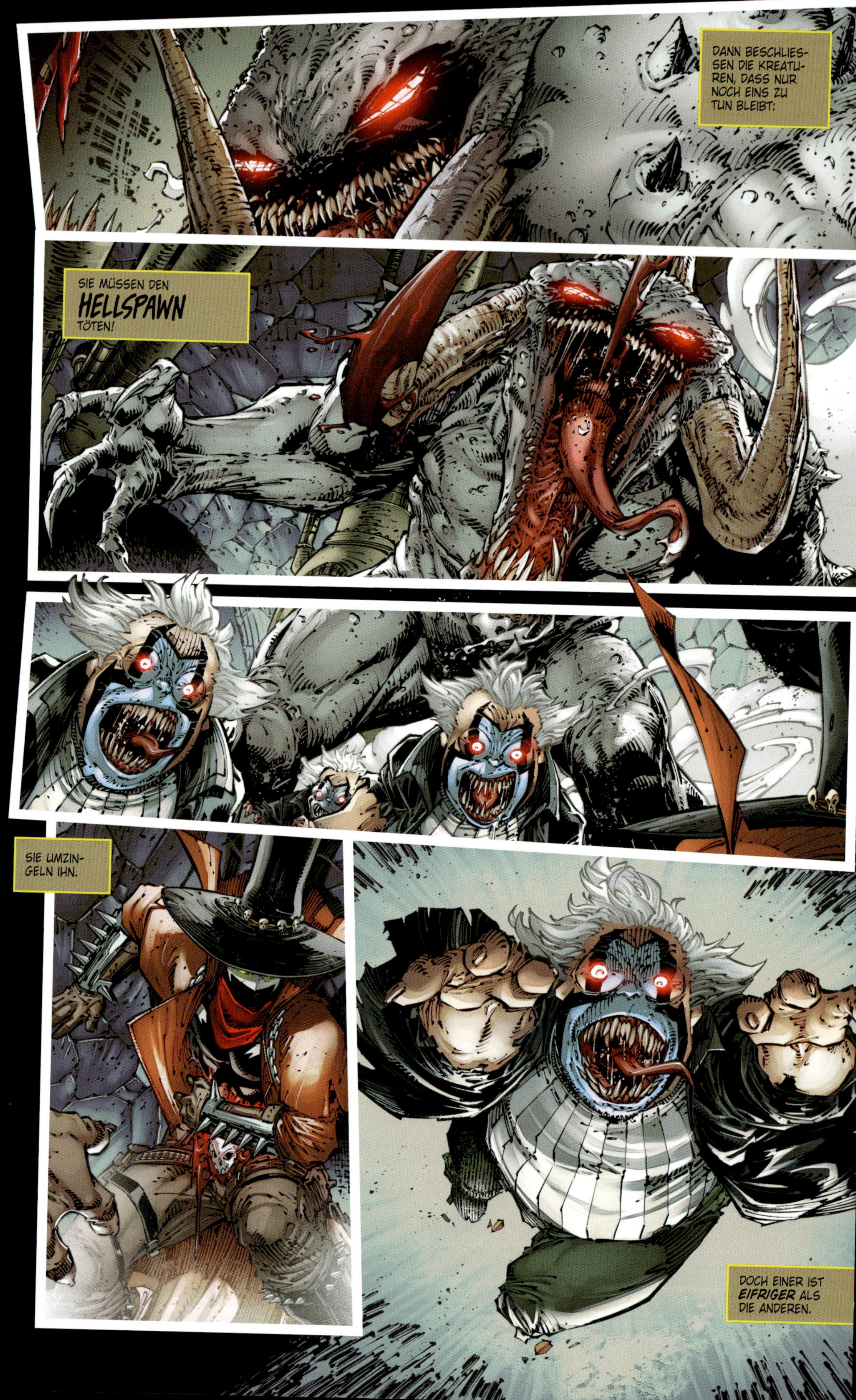
DANN BESCHLIESSEN DIE KREATUREN, DASS NUR NOCH EINS ZU TUN BLEIBT:
SIE MÜSSEN DEN HELLSPAWN TÖTEN!
SIE UMZINGELN IHN.
DOCH EINER IST EIFRIGER ALS DIE ANDEREN.

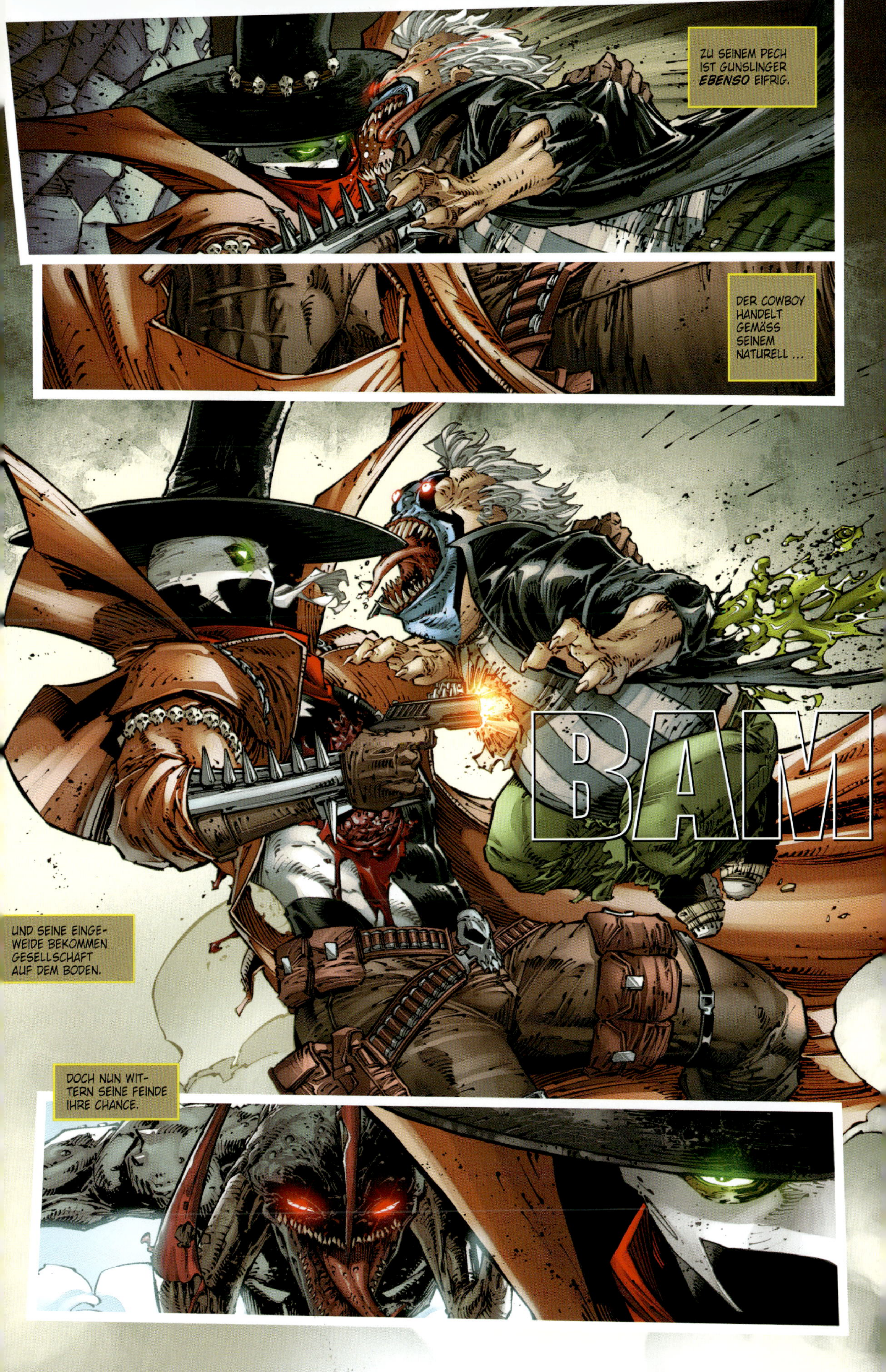
ZU SEINEM PECH IST GUNSLINGER EBENSO EIFRIG.
DER COWBOY HANDELT GEMÄSS SEINEM NATURELL ...
BAM
UND SEINE EINGE-WEIDE BEKOMMEN GESELLSCHAFT AUF DEM BODEN.
DOCH NUN WIT-TERN SEINE FEINDE IHRE CHANCE.

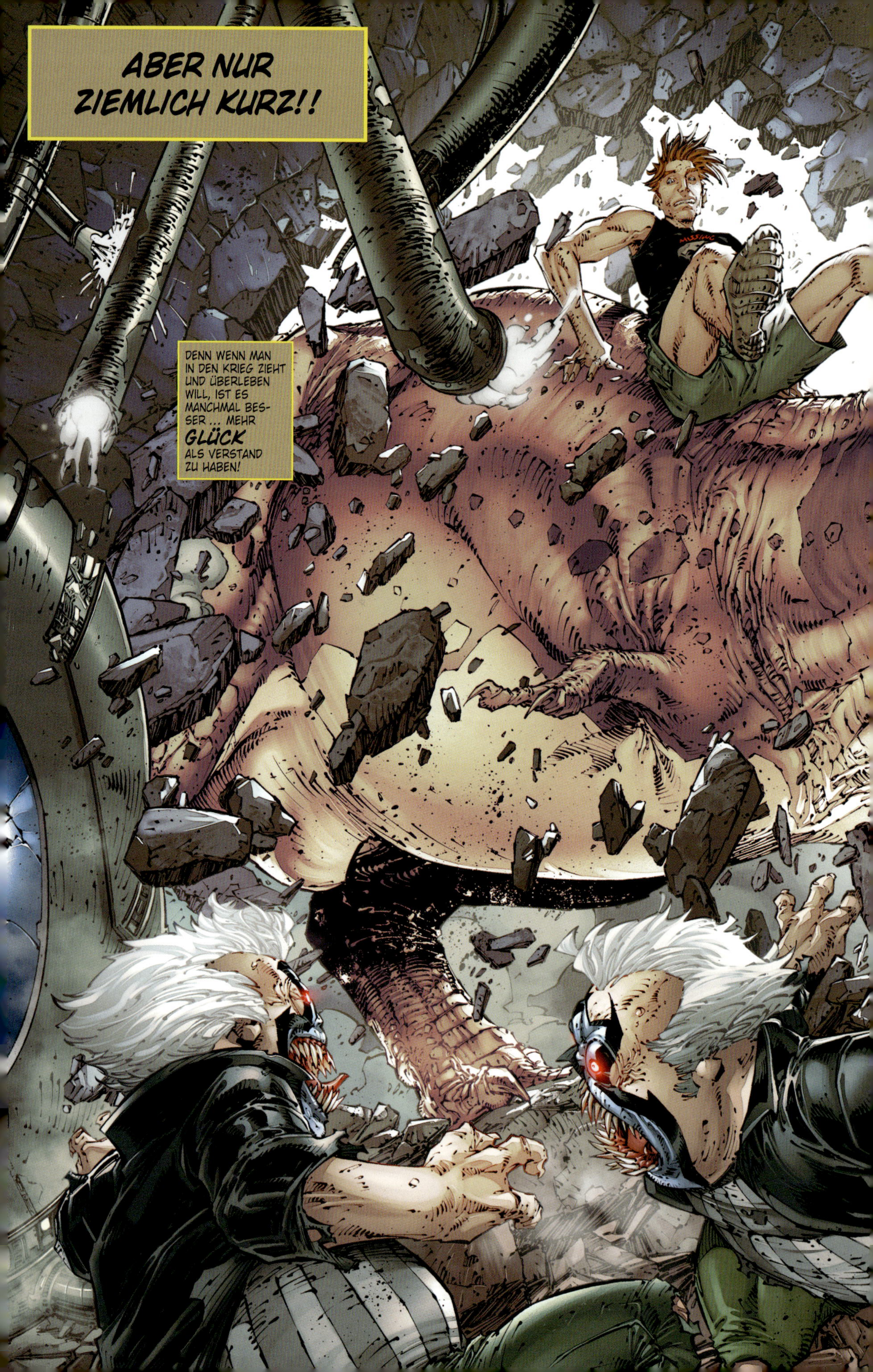
ABER NUR ZIEMLICH KURZ!!
DENN WENN MAN IN DEN KRIEG ZIEHT UND ÜBERLEBEN WILL, IST ES MANCHMAL BESSER ... MEHR GLÜCK ALS VERSTAND ZU HABEN!

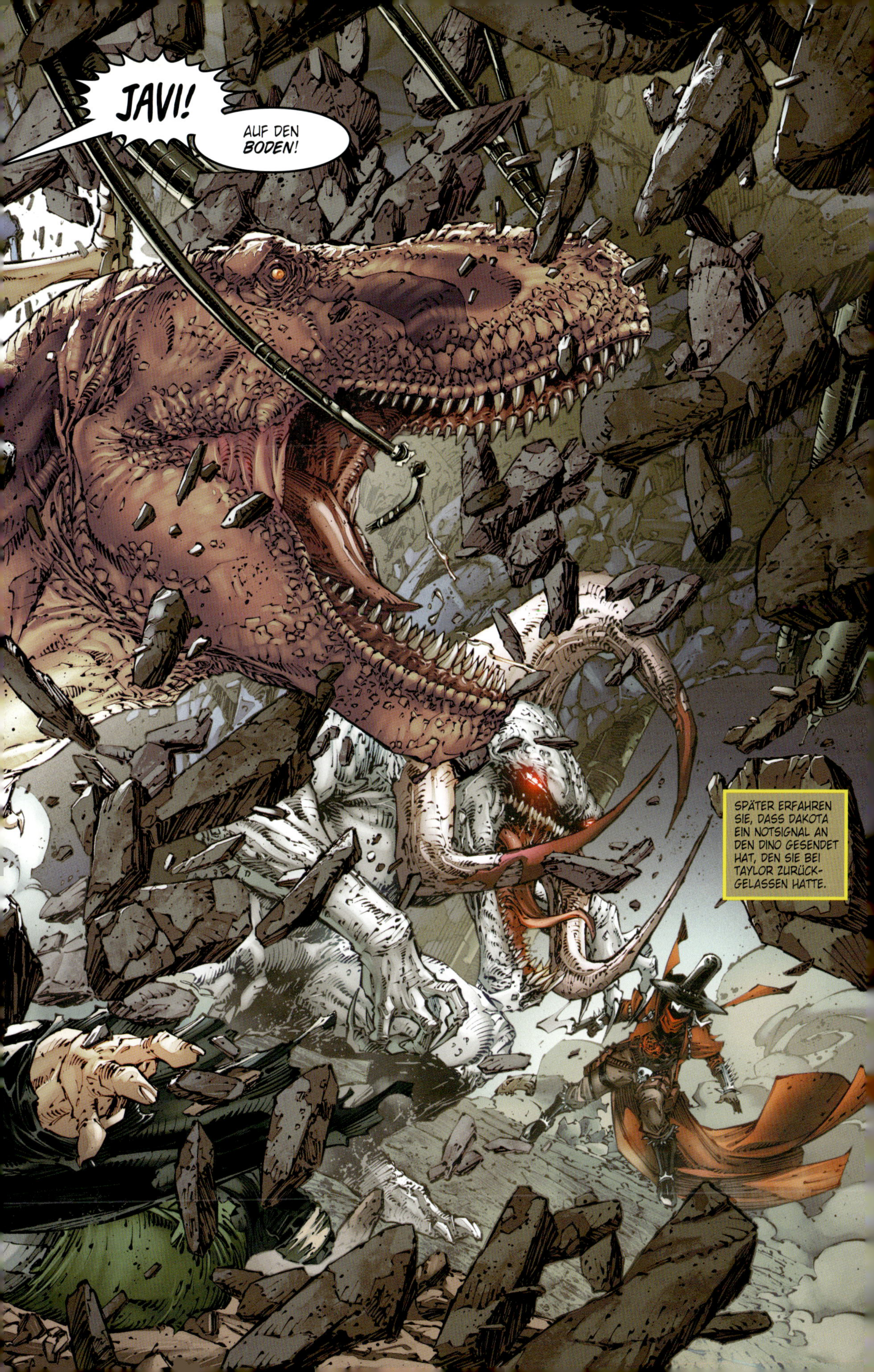
JAVI!
AUF DEN BODEN!
SPÄTER ERFAHREN SIE, DASS DAKOTA EIN NOTSIGNAL AN DEN DINO GESENDET HAT, DEN SIE BEI TAYLOR ZURÜCKGELASSEN HATTE.

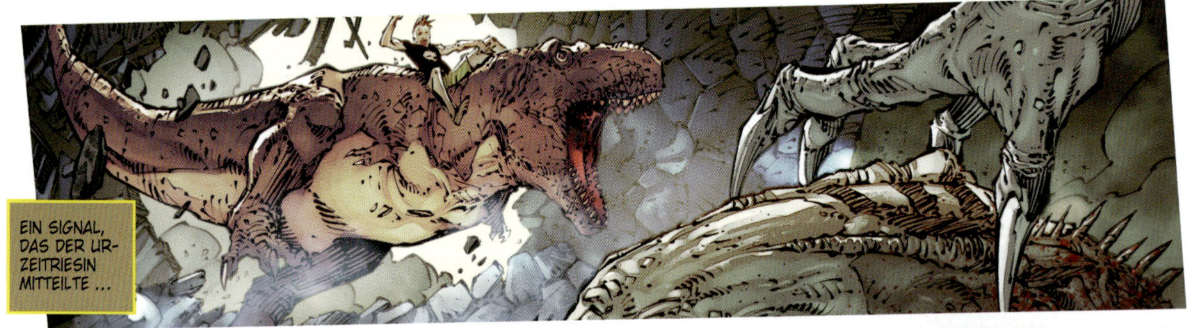
EIN SIGNAL, DAS DER UR-ZEITRIESIN MITTEILTE ...

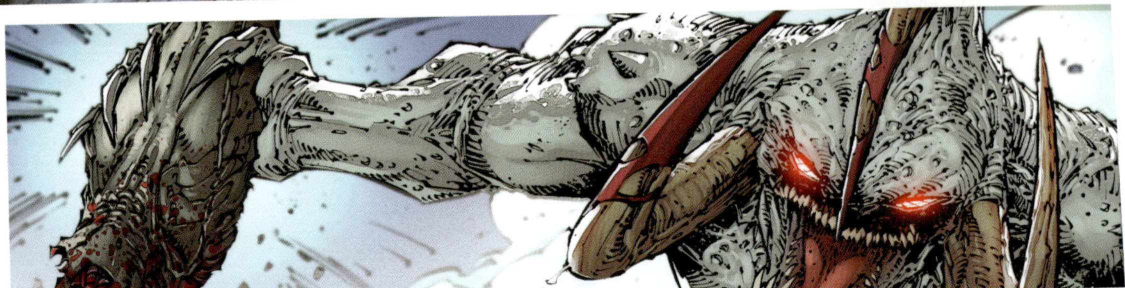

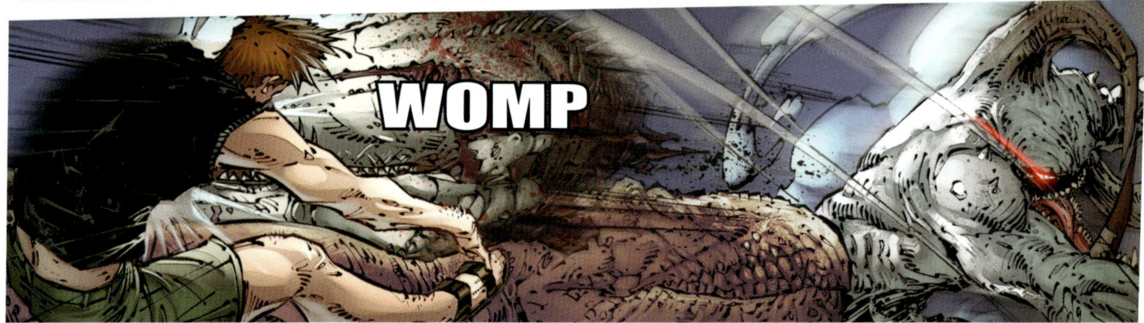
WOMP

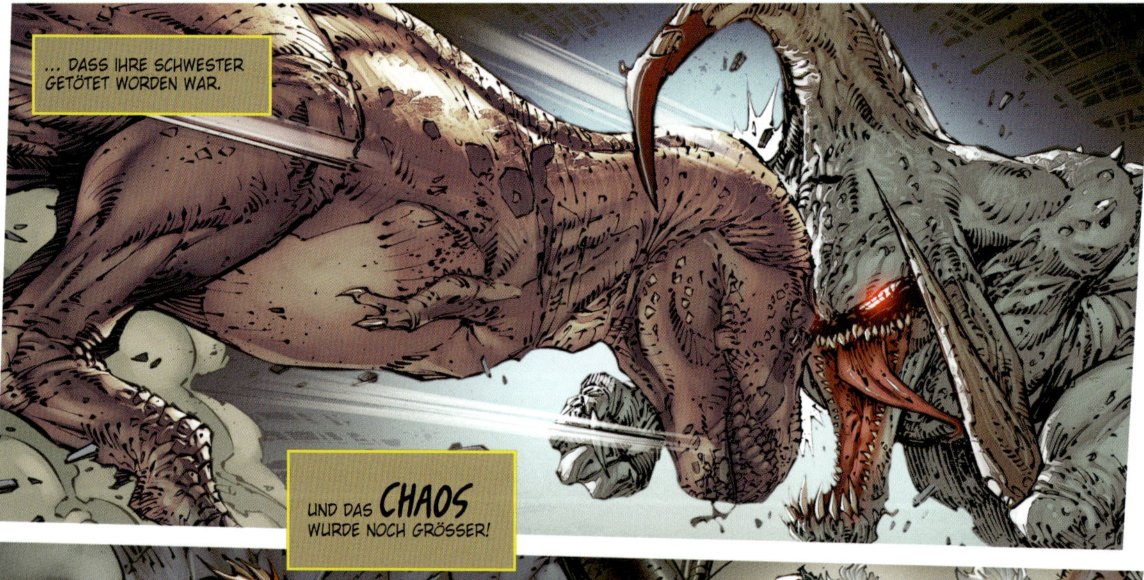
... DASS IHRE SCHWESTER GETÖTET WORDEN WAR.
UND DAS CHAOS WURDE NOCH GRÖSSER!

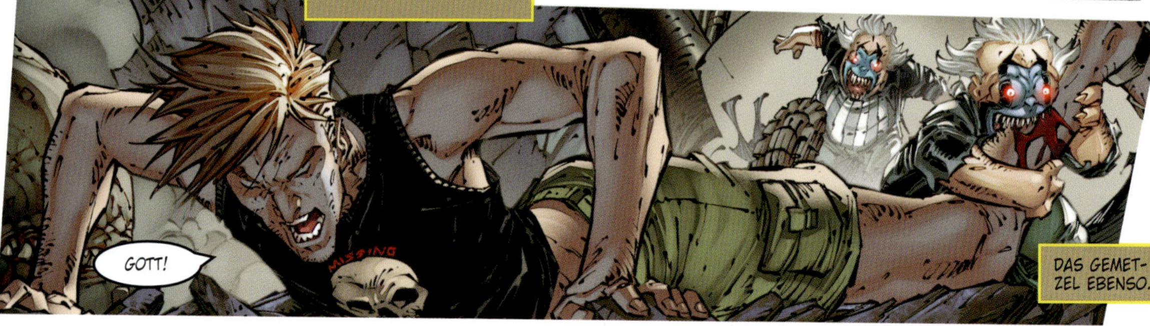
GOTT!
DAS GEMET-ZEL EBENSO.

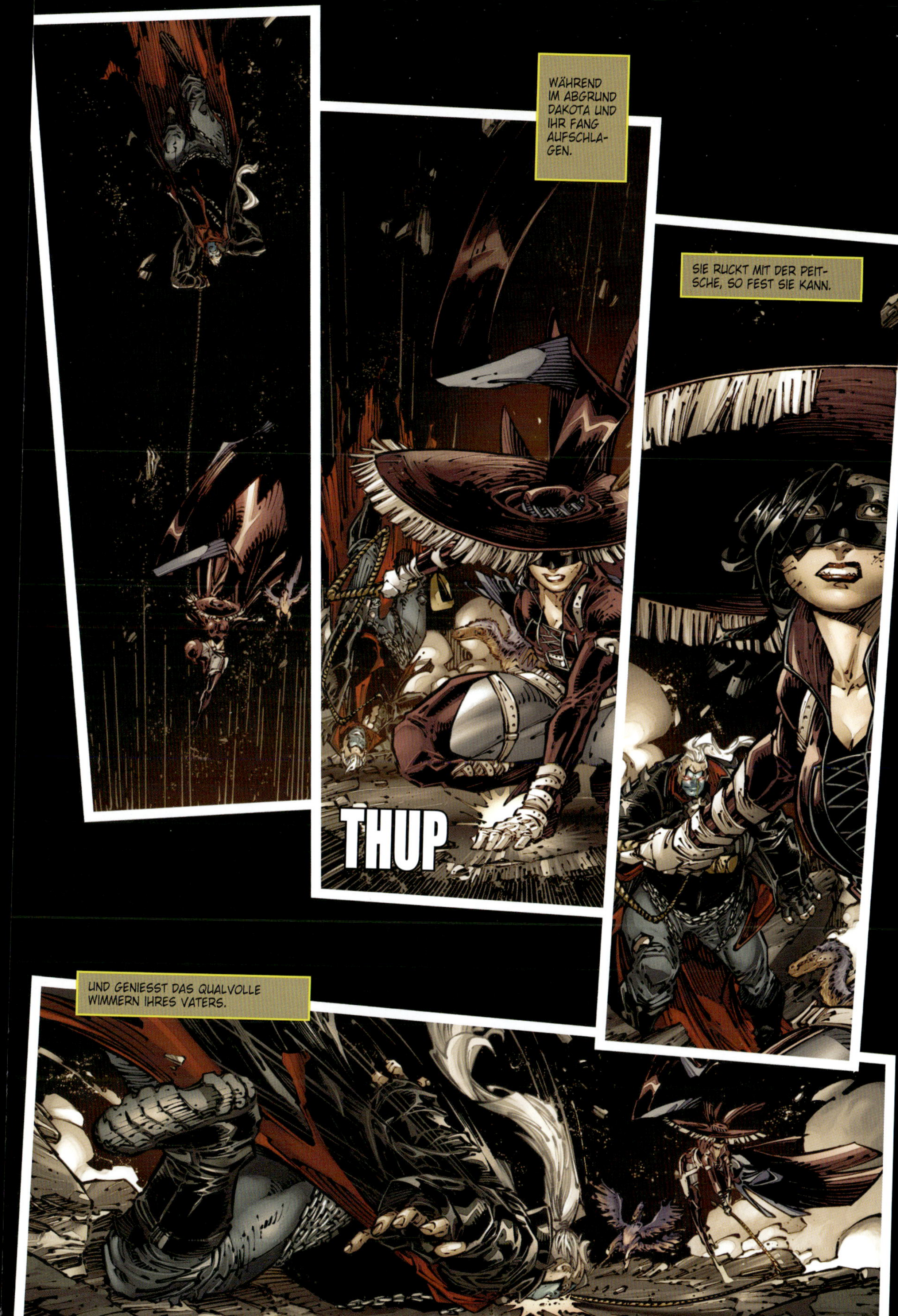
WÄHREND IM ABGRUND DAKOTA UND IHR FANG AUFSCHLA-GEN.
THUP
SIE RUCKT MIT DER PEIT-SCHE, SO FEST SIE KANN.
UND GENIESST DAS QUALVOLLE WIMMERN IHRES VATERS.

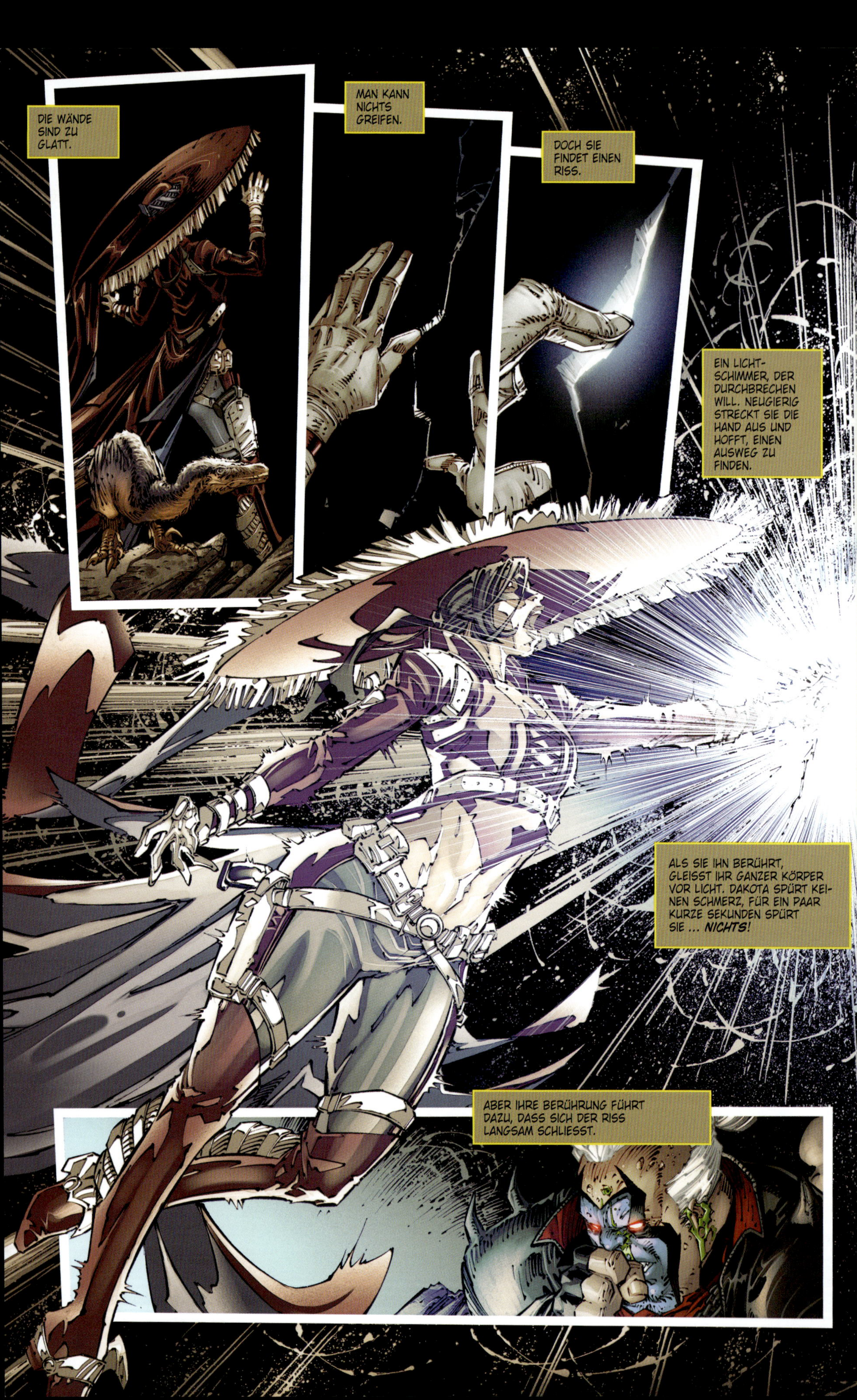
DIE WÄNDE SIND ZU GLATT.
MAN KANN NICHTS GREIFEN.
DOCH SIE FINDET EINEN RISS.
EIN LICHT-SCHIMMER, DER DURCHBRECHEN WILL. NEUGIERIG STRECKT SIE DIE HAND AUS UND HOFFT, EINEN AUSWEG ZU FINDEN.
ALS SIE IHN BERÜHRT, GLEISST IHR GANZER KÖRPER VOR LICHT. DAKOTA SPÜRT KEI-NEN SCHMERZ, FÜR EIN PAAR KURZE SEKUNDEN SPÜRT SIE ... NICHTS!
ABER IHRE BERÜHRUNG FÜHRT DAZU, DASS SICH DER RISS LANGSAM SCHLIESST.

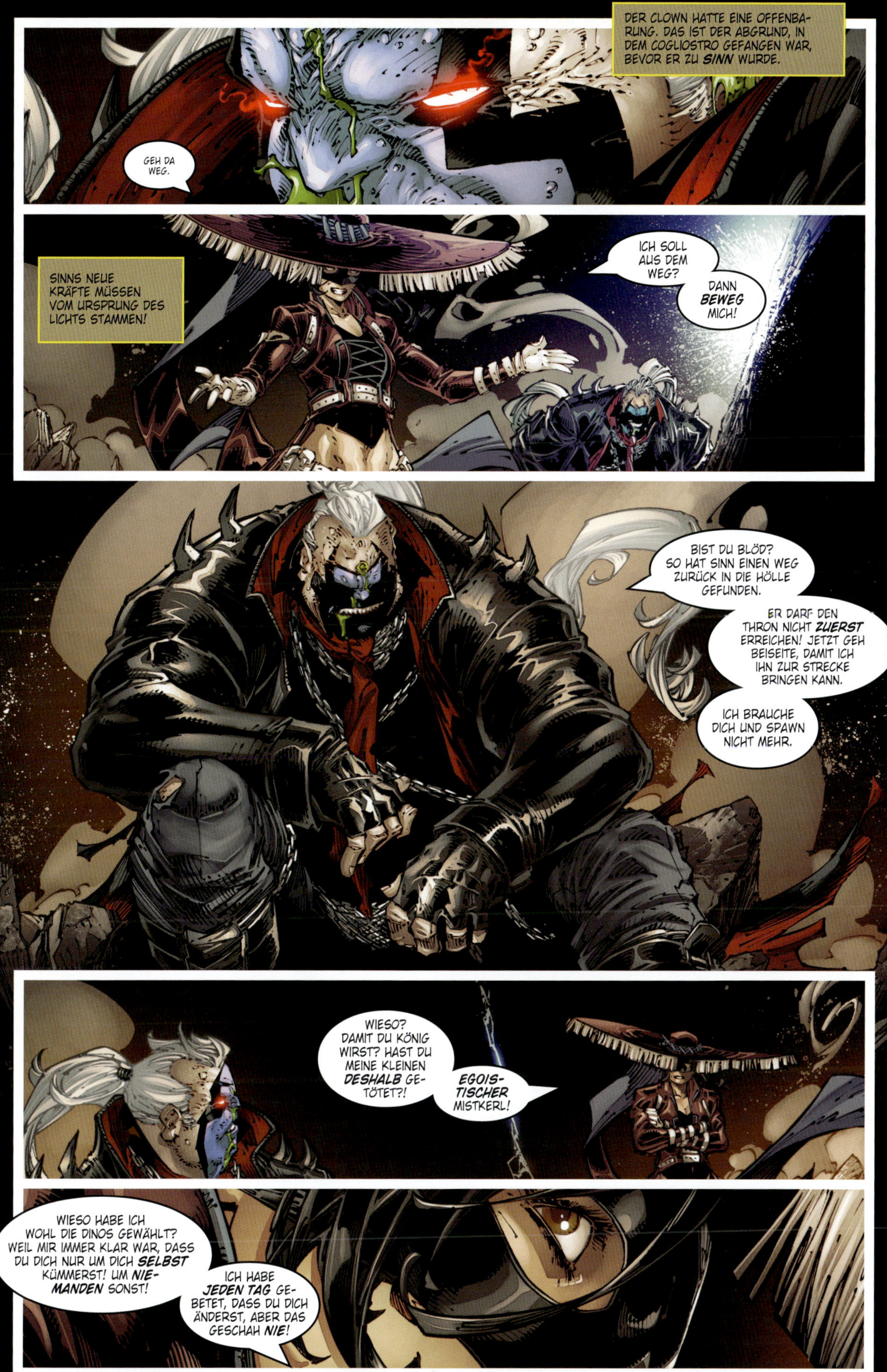
DER CLOWN HATTE EINE OFFENBARUNG. DAS IST DER ABGRUND, IN DEM COGLIOSTRO GEFANGEN WAR, BEVOR ER ZU SINN WURDE.
GEH DA WEG.
SINNS NEUE KRÄFTE MÜSSEN VOM URSPRUNG DES LICHTS STAMMEN!
ICH SOLL AUS DEM WEG?
DANN BEWEG MICH!
BIST DU BLÖD? SO HAT SINN EINEN WEG ZURÜCK IN DIE HÖLLE GEFUNDEN.
ER DARF DEN THRON NICHT ZUERST ERREICHEN! JETZT GEH BEISEITE, DAMIT ICH IHN ZUR STRECKE BRINGEN KANN.
ICH BRAUCHE DICH UND SPAWN NICHT MEHR.
WIESO? DAMIT DU KÖNIG WIRST? HAST DU MEINE KLEINEN DESHALB GETÖTET?!
EGOISTISCHER MISTKERL!
WIESO HABE ICH WOHL DIE DINOS GEWÄHLT? WEIL MIR IMMER KLAR WAR, DASS DU DICH NUR UM DICH SELBST KÜMMERST! UM NIEMANDEN SONST!
ICH HABE JEDEN TAG GEBETET, DASS DU DICH ÄNDERST, ABER DAS GESCHAH NIE!

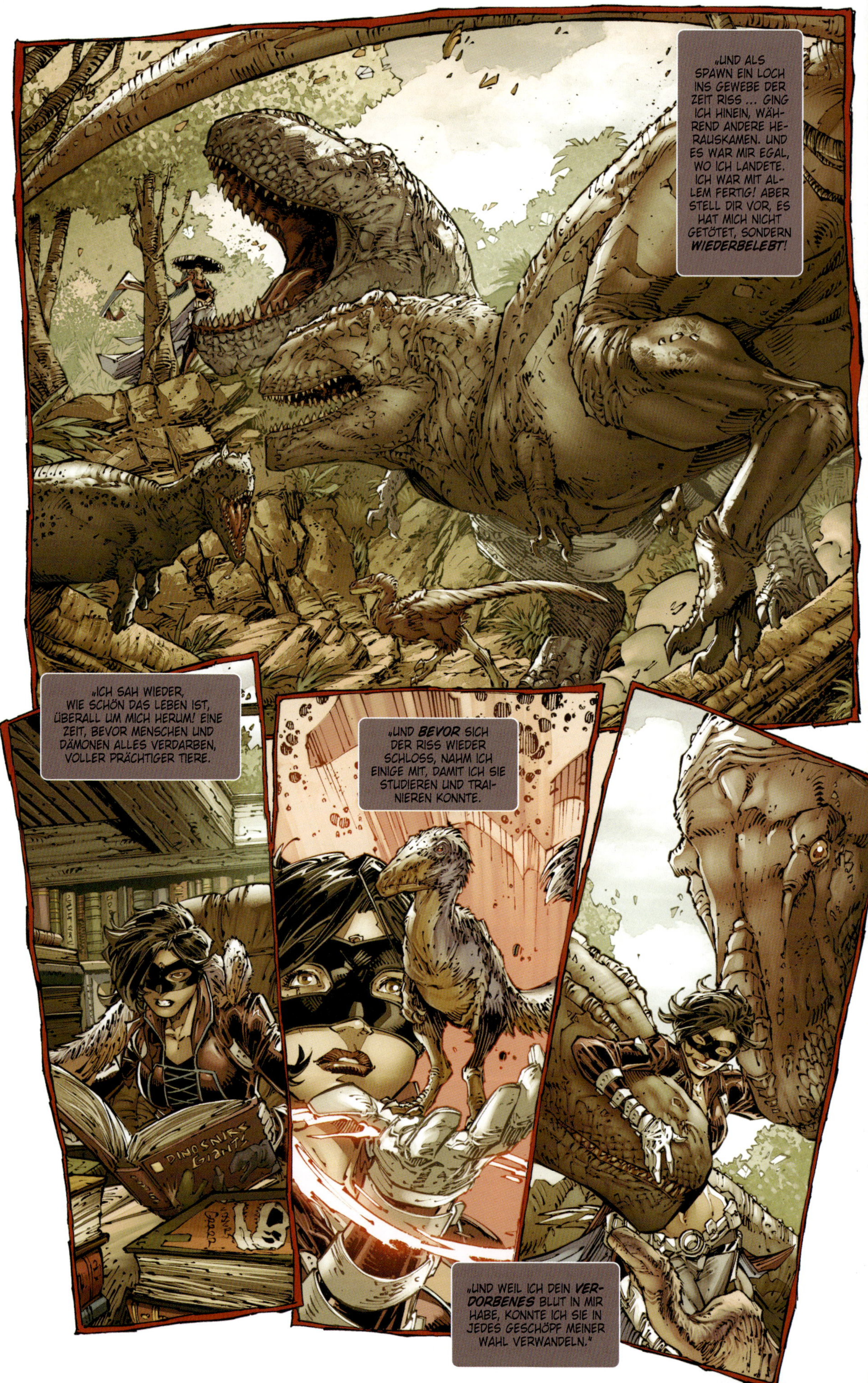
„UND ALS SPAWN EIN LOCH INS GEWEBE DER ZEIT RISS ... GING ICH HINEIN, WÄHREND ANDERE HERAUSKAMEN. UND ES WAR MIR EGAL, WO ICH LANDETE. ICH WAR MIT ALLEM FERTIG! ABER STELL DIR VOR, ES HAT MICH NICHT GETÖTET, SONDERN **WIEDERBELEBT**!
„ICH SAH WIEDER, WIE SCHÖN DAS LEBEN IST, ÜBERALL UM MICH HERUM! EINE ZEIT, BEVOR MENSCHEN UND DÄMONEN ALLES VERDARBEN, VOLLER PRÄCHTIGER TIERE.
„UND **BEVOR** SICH DER RISS WIEDER SCHLOSS, NAHM ICH EINIGE MIT, DAMIT ICH SIE STUDIEREN UND TRAINIEREN KONNTE.
„UND WEIL ICH DEIN **VERDORBENES** BLUT IN MIR HABE, KONNTE ICH SIE IN JEDES GESCHÖPF MEINER WAHL VERWANDELN."

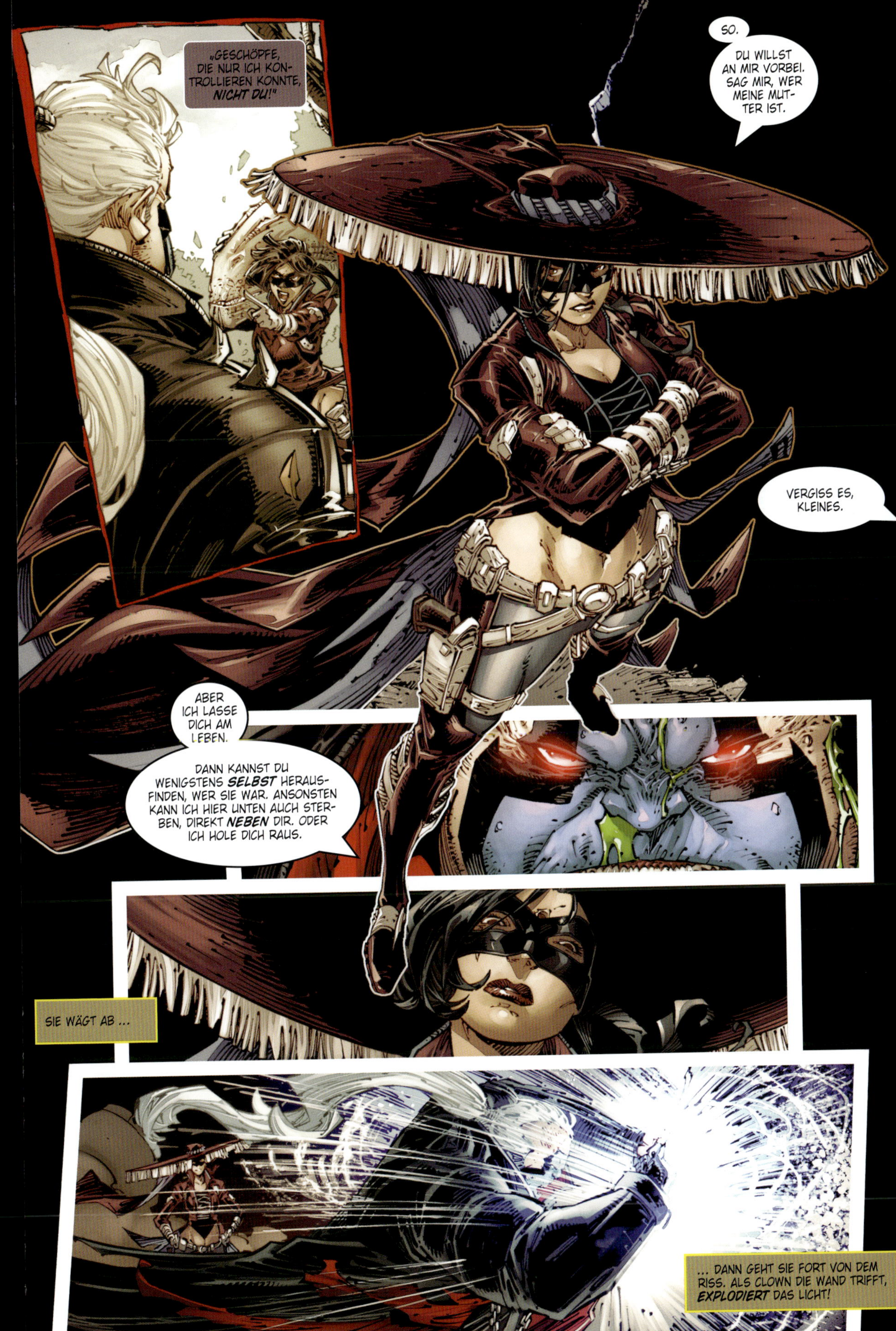
„GESCHÖPFE, DIE NUR ICH KONTROLLIEREN KONNTE, NICHT DU!"
SO.
DU WILLST AN MIR VORBEI. SAG MIR, WER MEINE MUTTER IST.
VERGISS ES, KLEINES.
ABER ICH LASSE DICH AM LEBEN.
DANN KANNST DU WENIGSTENS SELBST HERAUSFINDEN, WER SIE WAR. ANSONSTEN KANN ICH HIER UNTEN AUCH STERBEN, DIREKT NEBEN DIR. ODER ICH HOLE DICH RAUS.
SIE WÄGT AB ...
... DANN GEHT SIE FORT VON DEM RISS. ALS CLOWN DIE WAND TRIFFT, EXPLODIERT DAS LICHT!

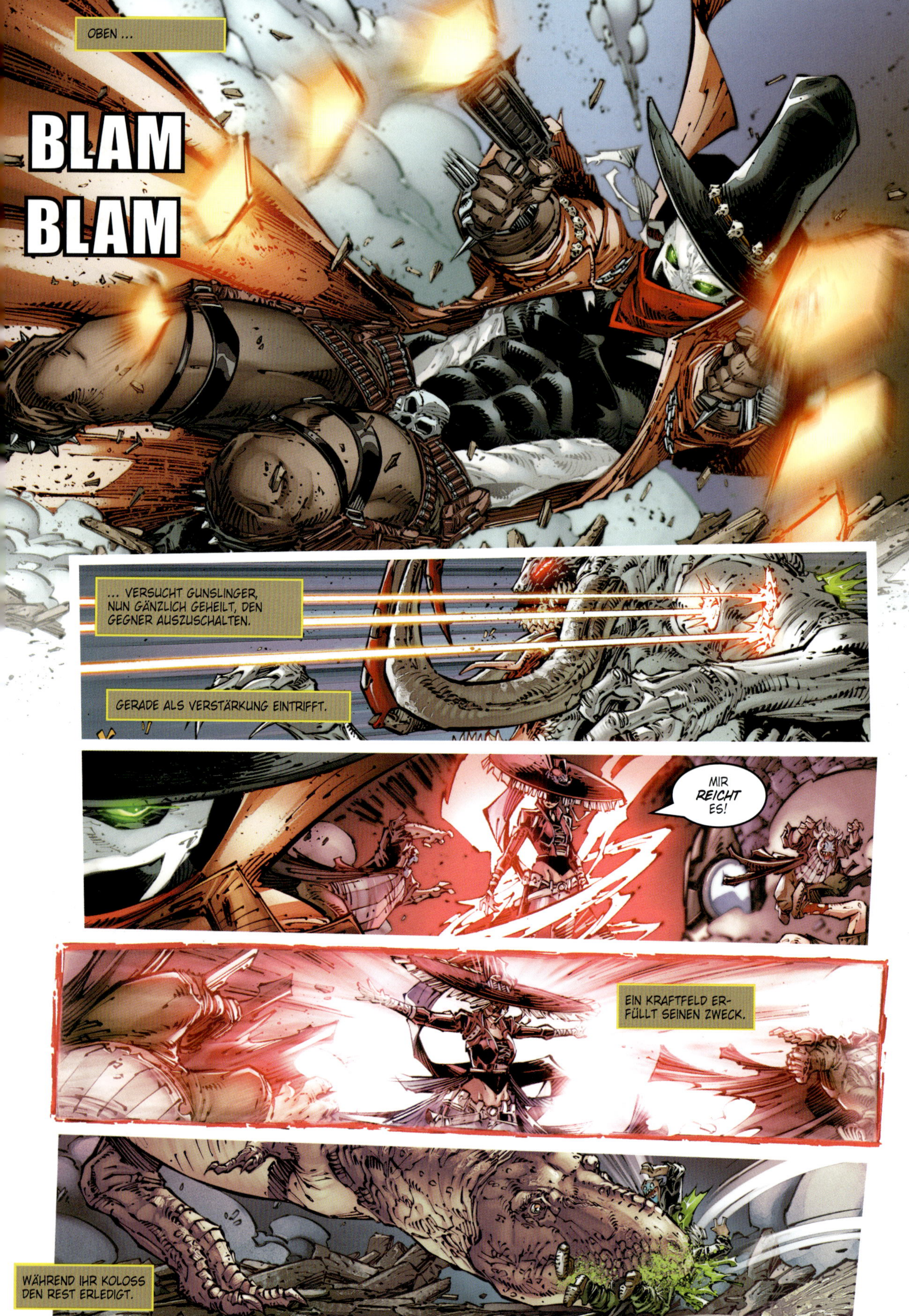
OBEN …
BLAM
BLAM
… VERSUCHT GUNSLINGER, NUN GÄNZLICH GEHEILT, DEN GEGNER AUSZUSCHALTEN.
GERADE ALS VERSTÄRKUNG EINTRIFFT.
MIR REICHT ES!
EIN KRAFTFELD ERFÜLLT SEINEN ZWECK.
WÄHREND IHR KOLOSS DEN REST ERLEDIGT.
KRUNCH

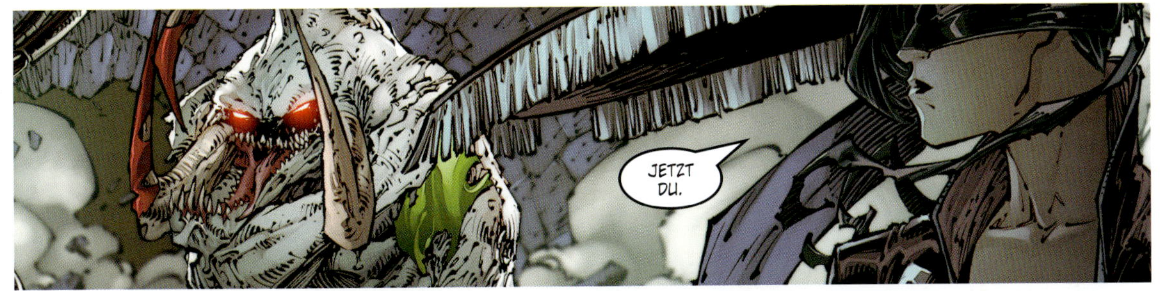
JETZT DU.

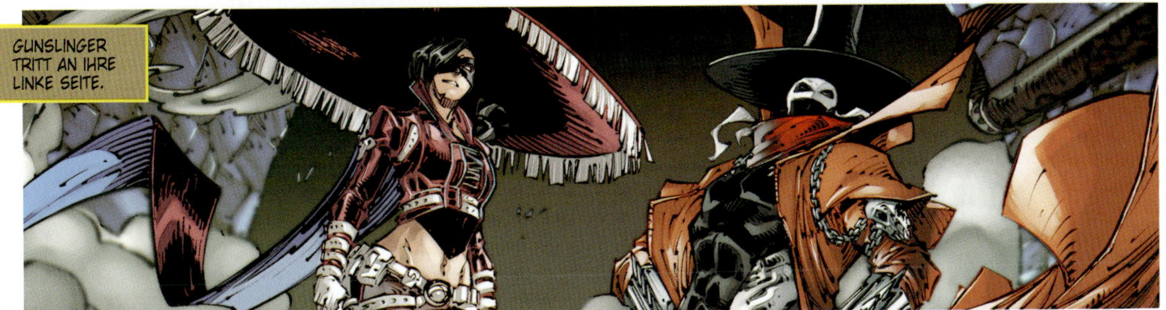
GUNSLINGER TRITT AN IHRE LINKE SEITE.

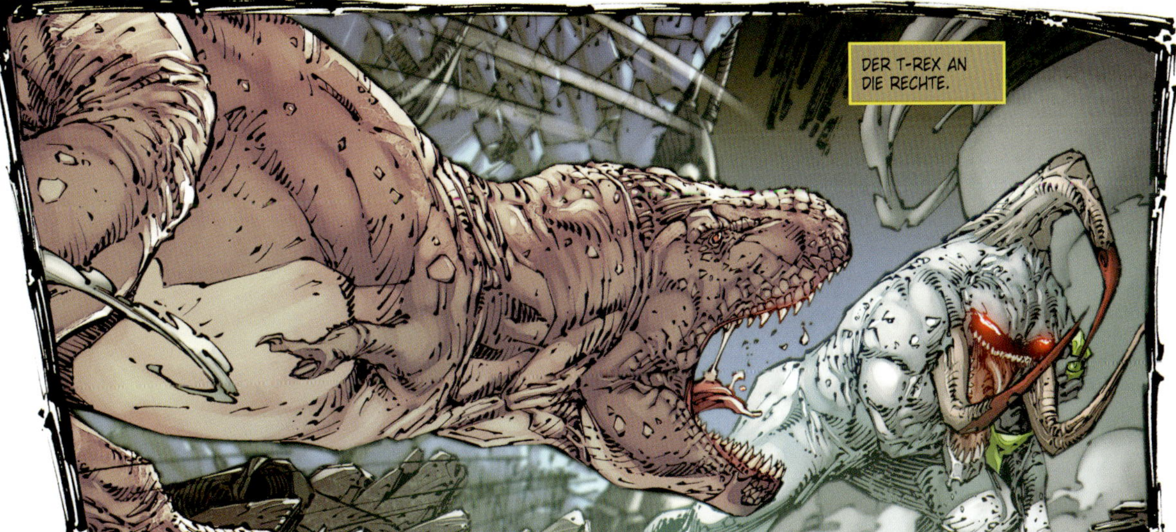
DER T-REX AN DIE RECHTE.

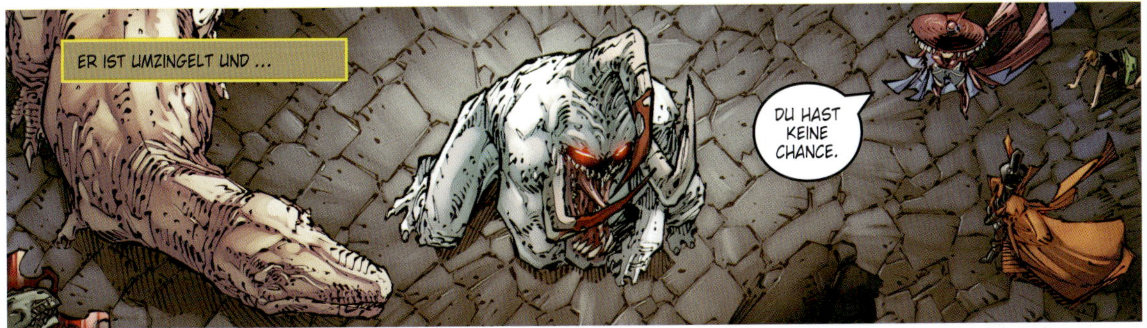
ER IST UMZINGELT UND ...
DU HAST KEINE CHANCE.

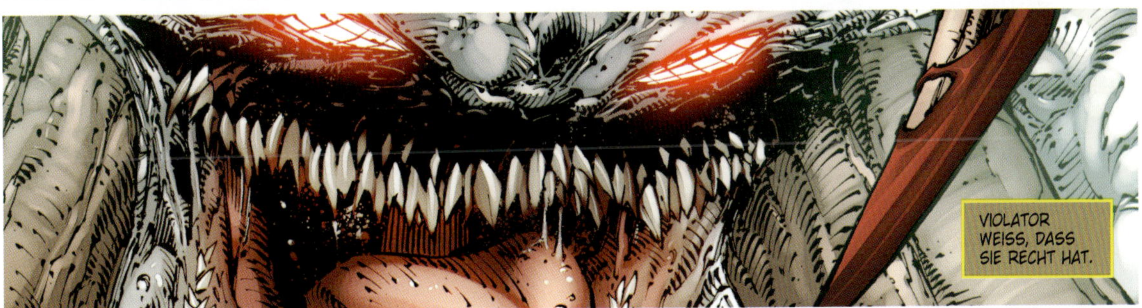
VIOLATOR WEISS, DASS SIE RECHT HAT.

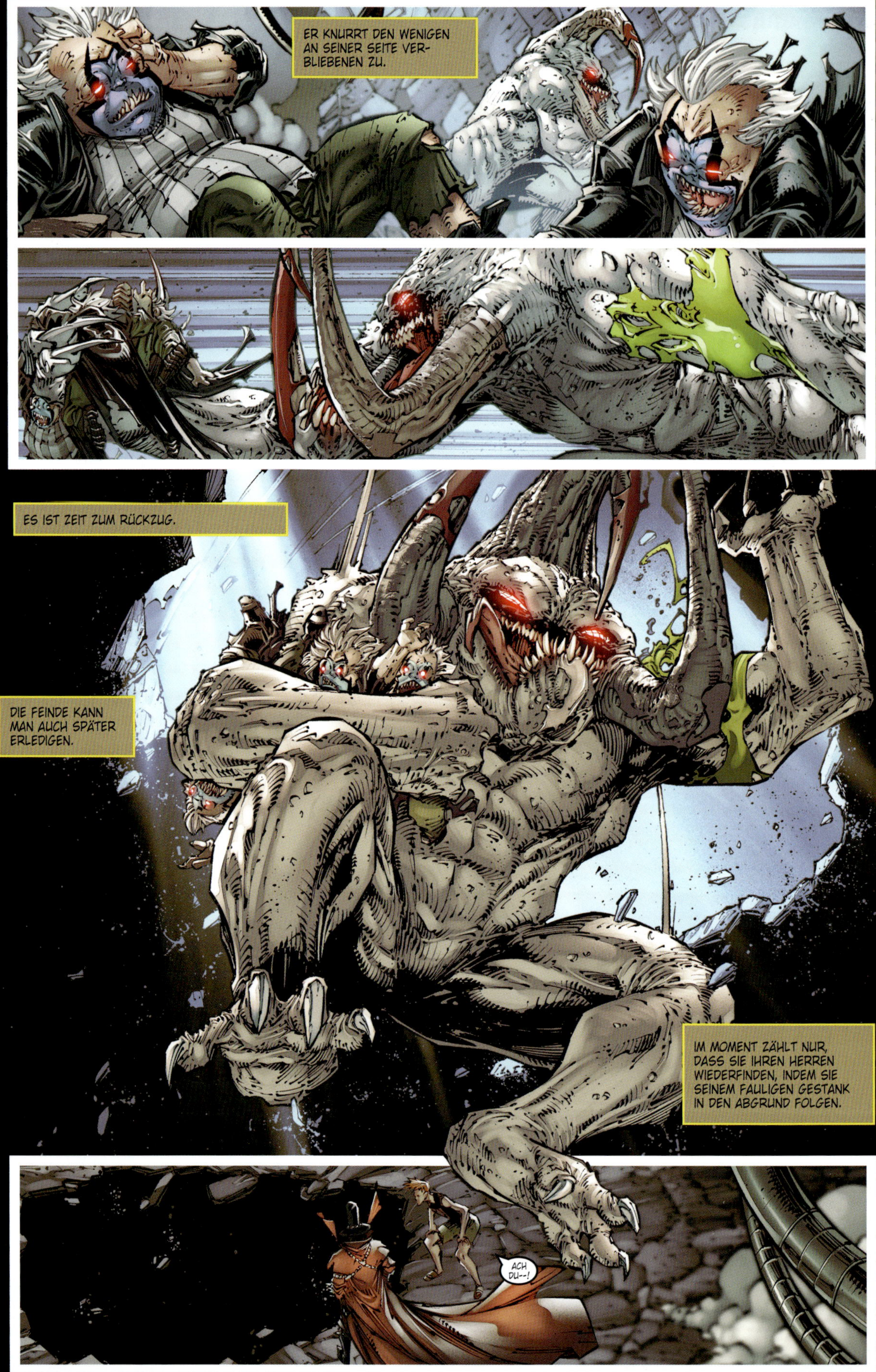
ER KNURRT DEN WENIGEN AN SEINER SEITE VERBLIEBENEN ZU.
ES IST ZEIT ZUM RÜCKZUG.
DIE FEINDE KANN MAN AUCH SPÄTER ERLEDIGEN.
IM MOMENT ZÄHLT NUR, DASS SIE IHREN HERREN WIEDERFINDEN, INDEM SIE SEINEM FAULIGEN GESTANK IN DEN ABGRUND FOLGEN.
ACH DU--!

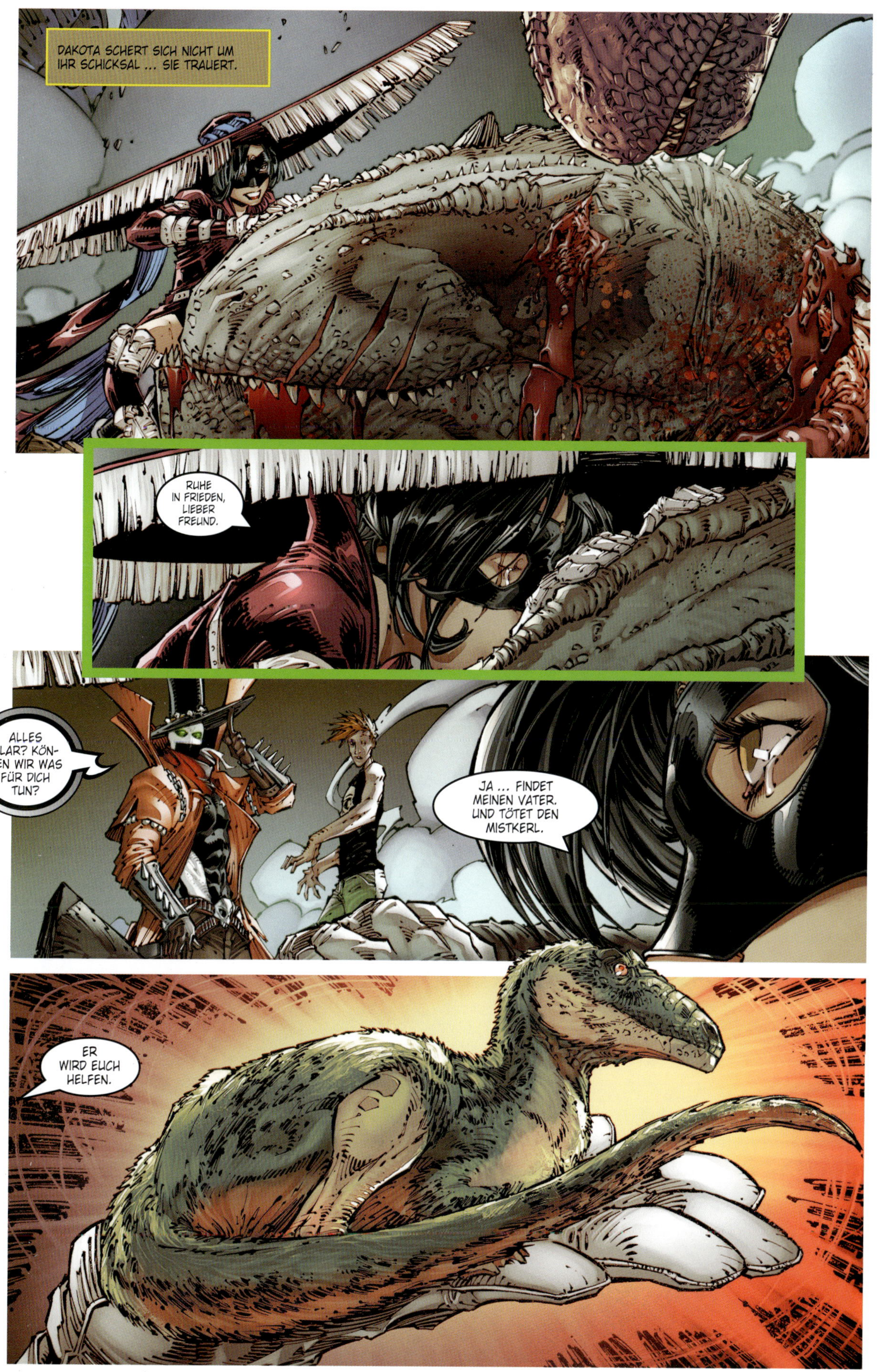
DAKOTA SCHERT SICH NICHT UM IHR SCHICKSAL ... SIE TRAUERT.
RUHE IN FRIEDEN, LIEBER FREUND.
ALLES KLAR? KÖN-NEN WIR WAS FÜR DICH TUN?
JA ... FINDET MEINEN VATER. UND TÖTET DEN MISTKERL.
ER WIRD EUCH HELFEN.

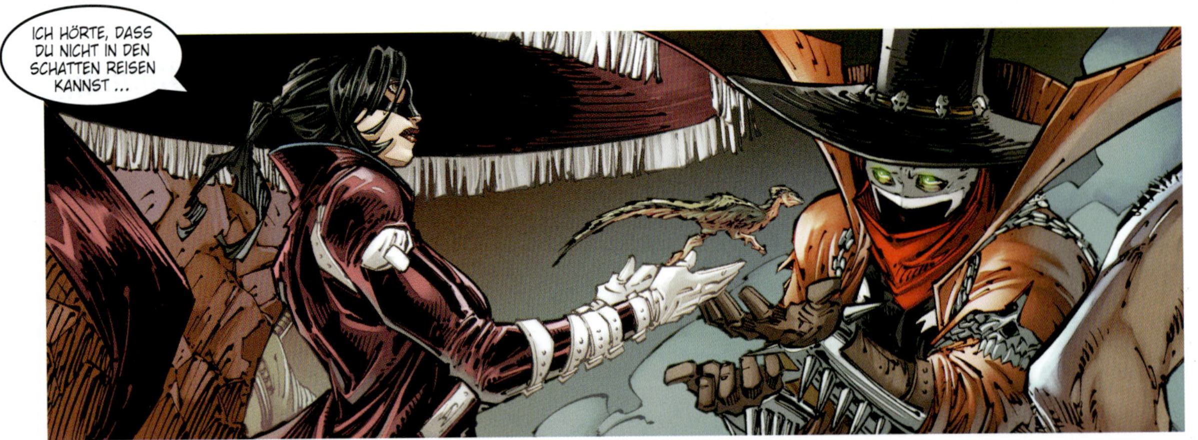
ICH HÖRTE, DASS DU NICHT IN DEN SCHATTEN REISEN KANNST ...

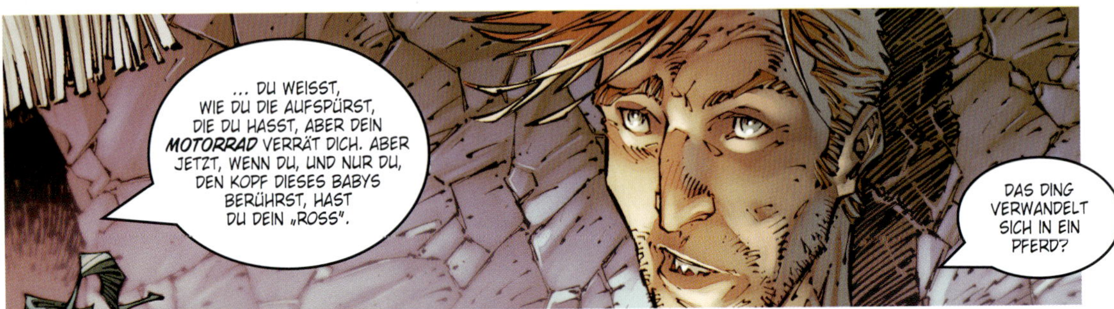
... DU WEISST, WIE DU DIE AUFSPÜRST, DIE DU HASST, ABER DEIN MOTORRAD VERRÄT DICH. ABER JETZT, WENN DU, UND NUR DU, DEN KOPF DIESES BABYS BERÜHRST, HAST DU DEIN „ROSS".
DAS DING VERWANDELT SICH IN EIN PFERD?

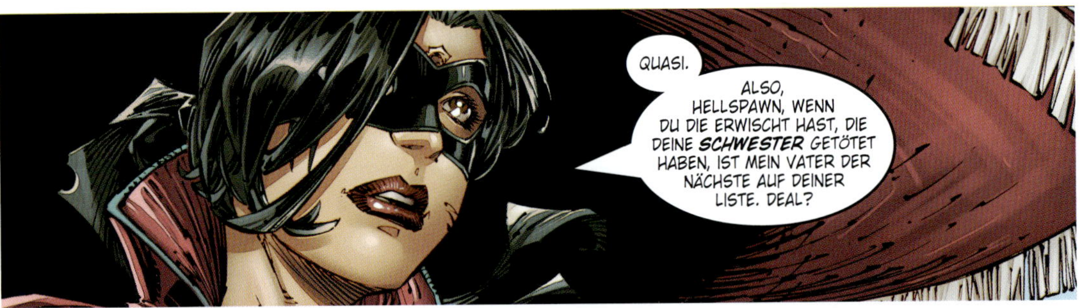
QUASI.
ALSO, HELLSPAWN, WENN DU DIE ERWISCHT HAST, DIE DEINE SCHWESTER GETÖTET HABEN, IST MEIN VATER DER NÄCHSTE AUF DEINER LISTE. DEAL?

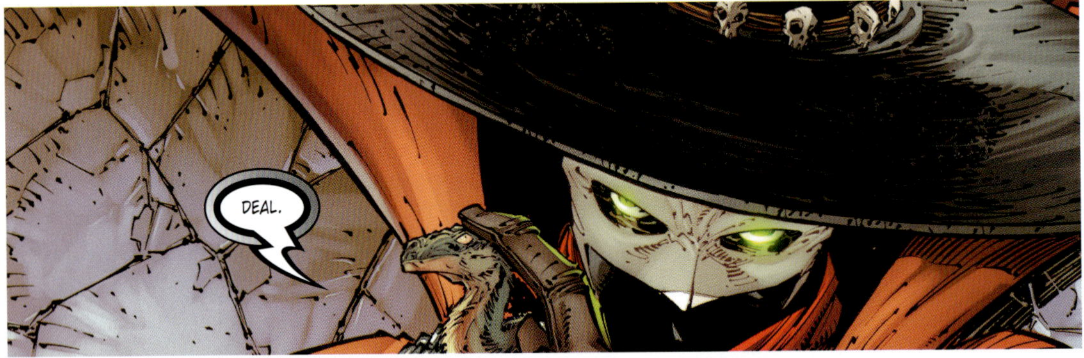
DEAL.

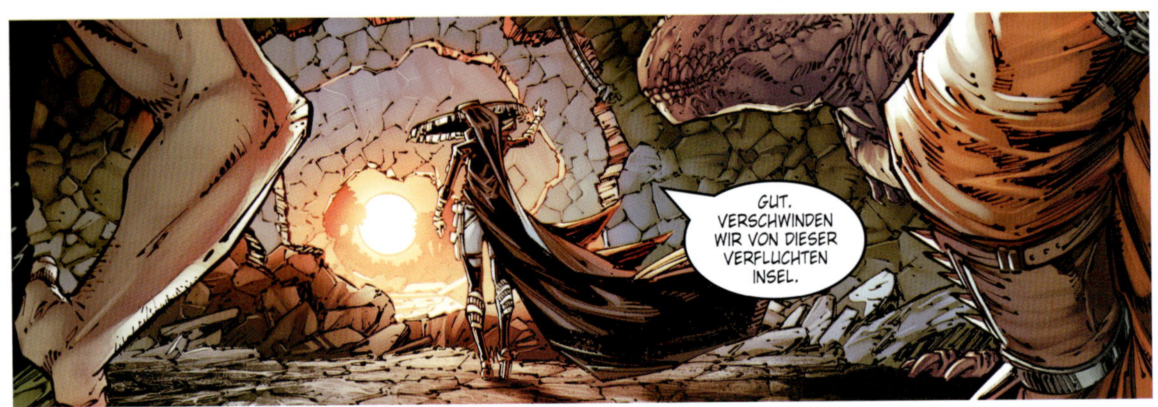
GUT. VERSCHWINDEN WIR VON DIESER VERFLUCHTEN INSEL.

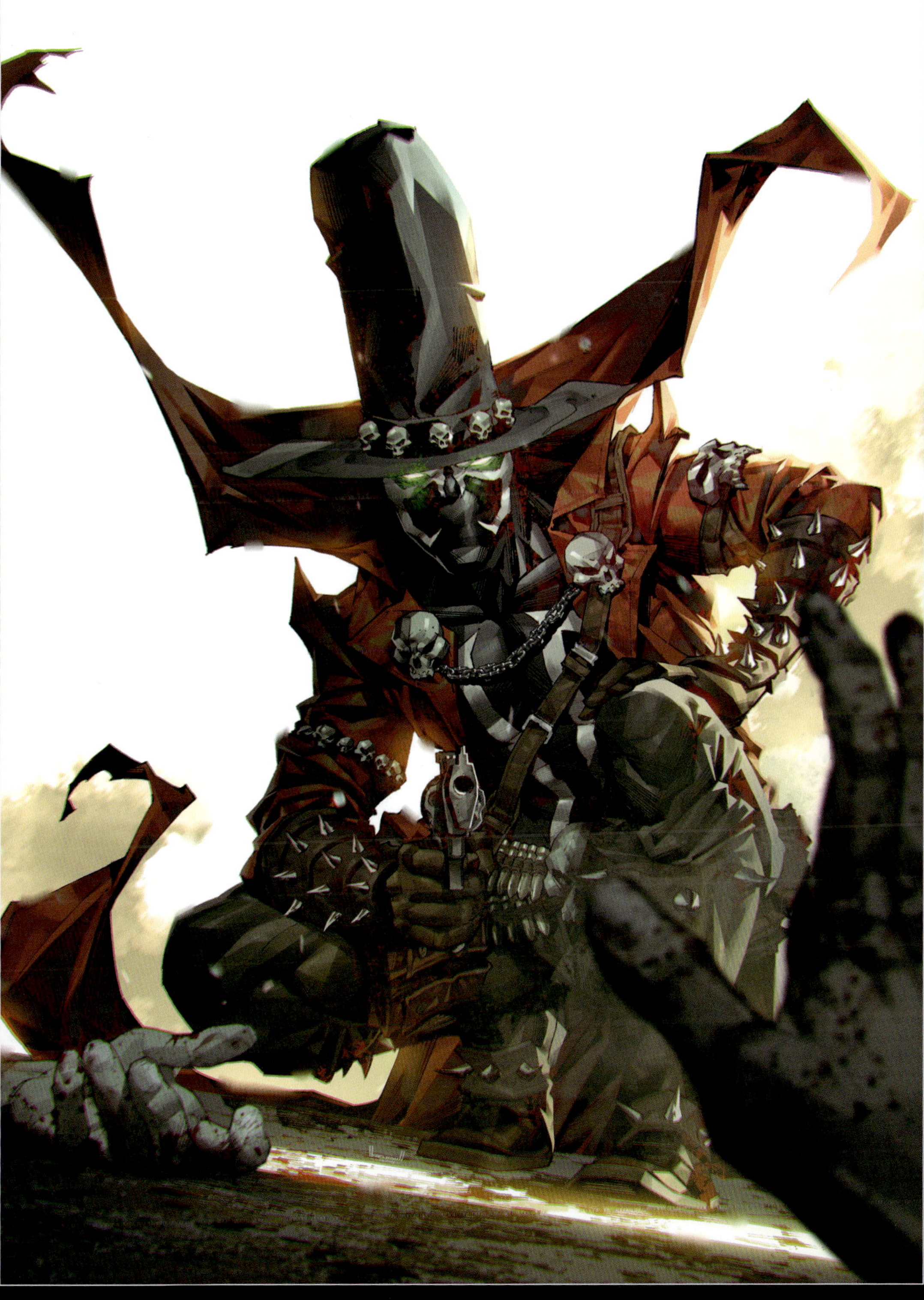

Gunslinger Spawn (2021) 24

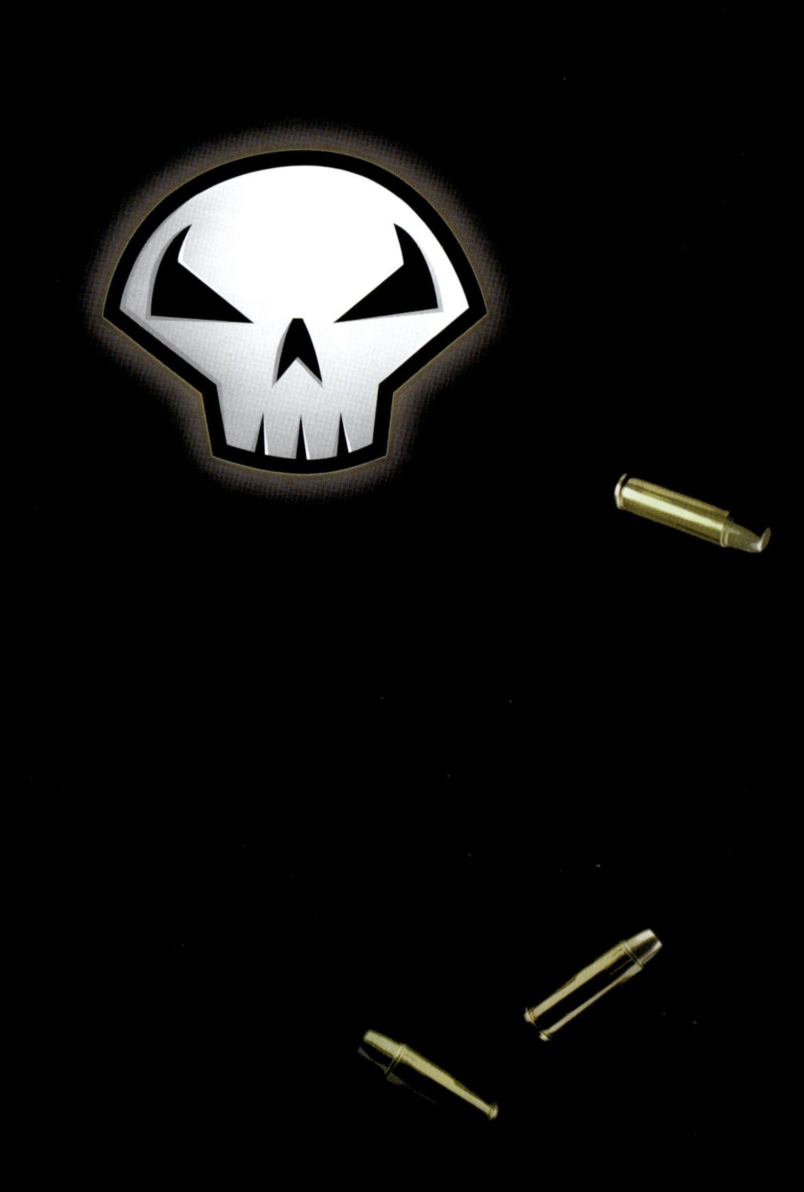

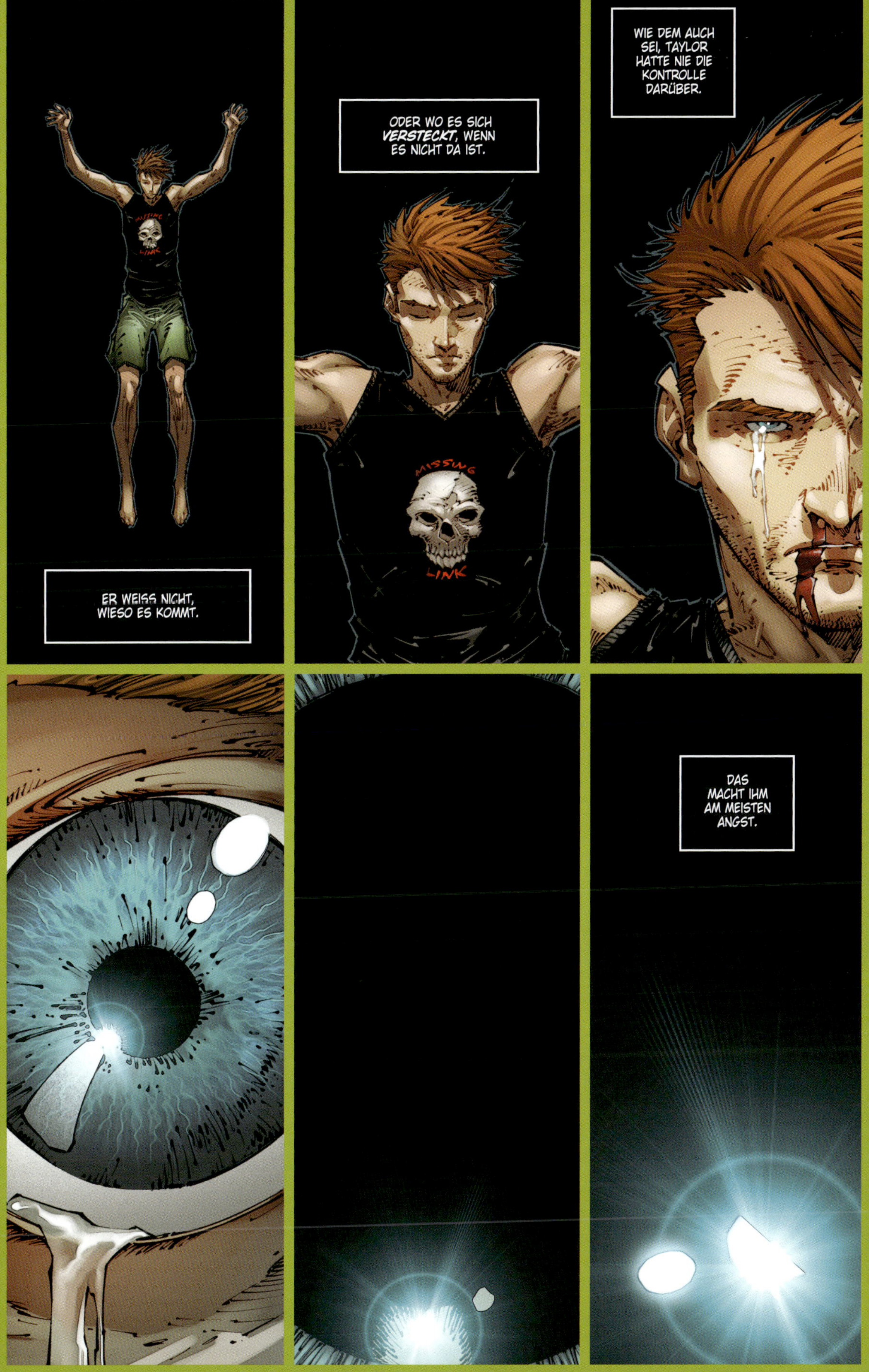
MISSING
LINK
ER WEISS NICHT, WIESO ES KOMMT.
ODER WO ES SICH *VERSTECKT*, WENN ES NICHT DA IST.
MISSING
LINK
WIE DEM AUCH SEI, TAYLOR HATTE NIE DIE KONTROLLE DARÜBER.
DAS MACHT IHM AM MEISTEN ANGST.

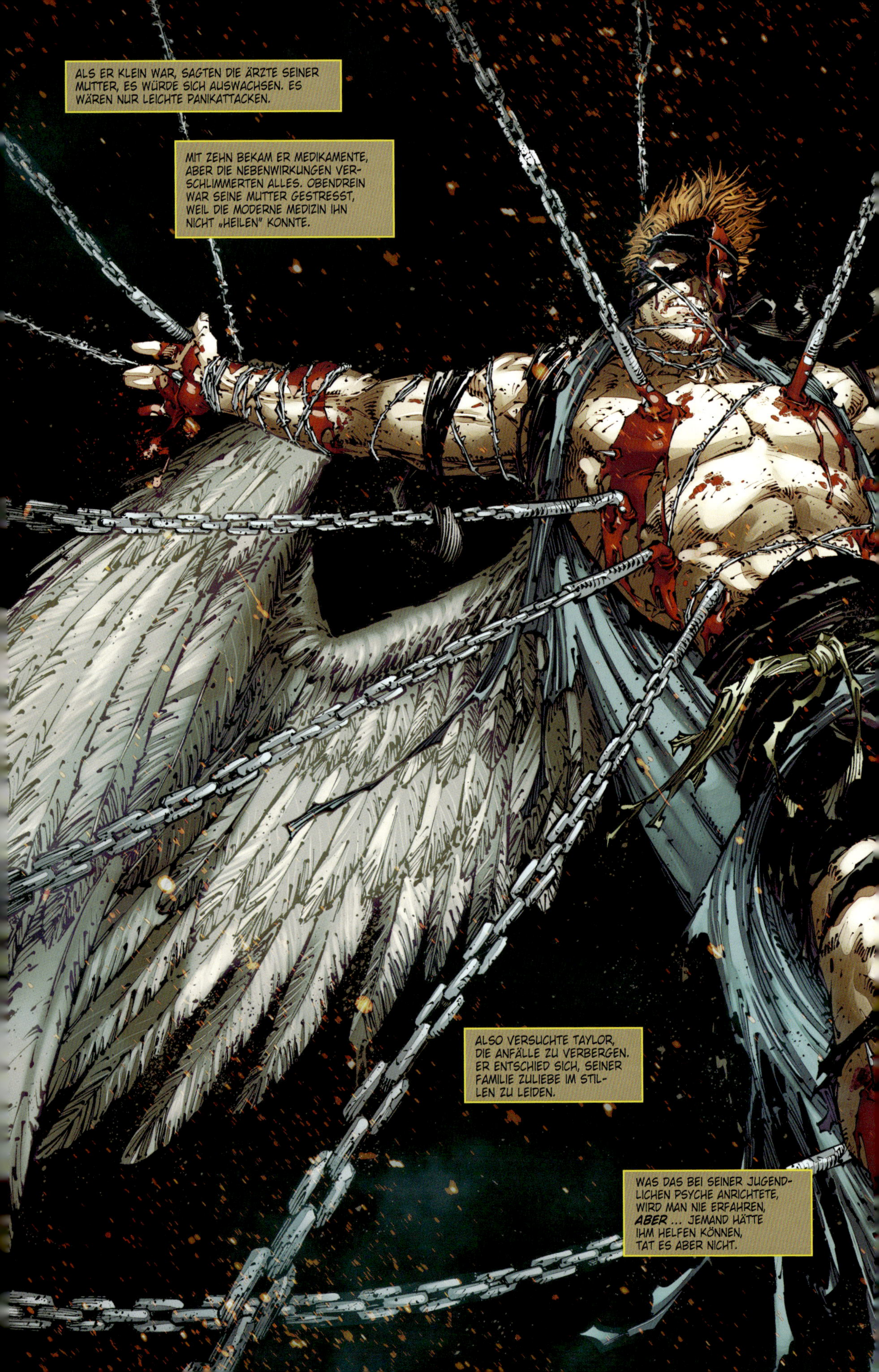
ALS ER KLEIN WAR, SAGTEN DIE ÄRZTE SEINER MUTTER, ES WÜRDE SICH AUSWACHSEN. ES WÄREN NUR LEICHTE PANIKATTACKEN.
MIT ZEHN BEKAM ER MEDIKAMENTE, ABER DIE NEBENWIRKUNGEN VERSCHLIMMERTEN ALLES. OBENDREIN WAR SEINE MUTTER GESTRESST, WEIL DIE MODERNE MEDIZIN IHN NICHT „HEILEN" KONNTE.
ALSO VERSUCHTE TAYLOR, DIE ANFÄLLE ZU VERBERGEN. ER ENTSCHIED SICH, SEINER FAMILIE ZULIEBE IM STILLEN ZU LEIDEN.
WAS DAS BEI SEINER JUGENDLICHEN PSYCHE ANRICHTETE, WIRD MAN NIE ERFAHREN, ***ABER*** ... JEMAND HÄTTE IHM HELFEN KÖNNEN, TAT ES ABER NICHT.

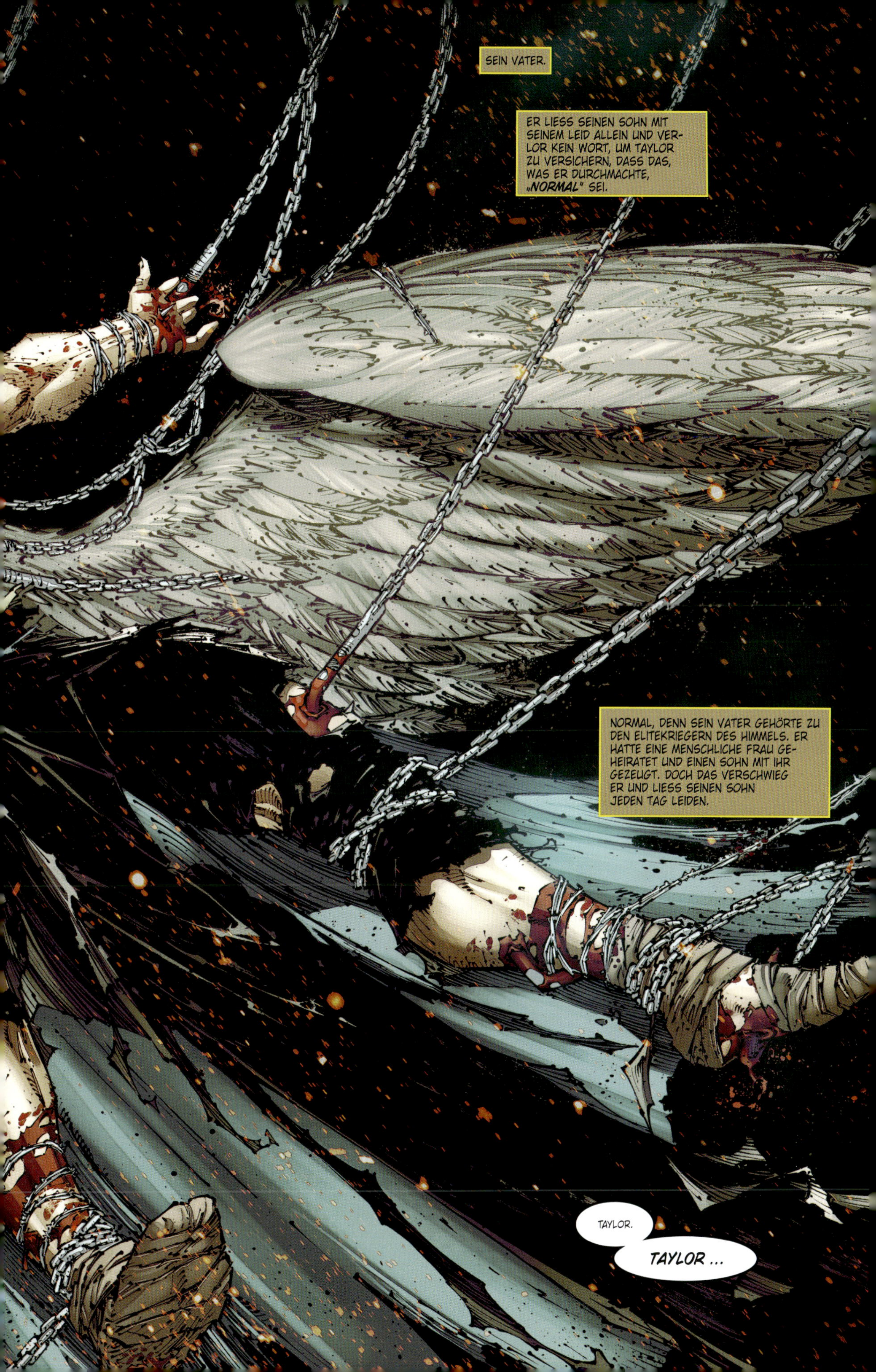
SEIN VATER.
ER LIESS SEINEN SOHN MIT SEINEM LEID ALLEIN UND VERLOR KEIN WORT, UM TAYLOR ZU VERSICHERN, DASS DAS, WAS ER DURCHMACHTE, „NORMAL" SEI.
NORMAL, DENN SEIN VATER GEHÖRTE ZU DEN ELITEKRIEGERN DES HIMMELS. ER HATTE EINE MENSCHLICHE FRAU GEHEIRATET UND EINEN SOHN MIT IHR GEZEUGT. DOCH DAS VERSCHWIEG ER UND LIESS SEINEN SOHN JEDEN TAG LEIDEN.
TAYLOR.
TAYLOR ...

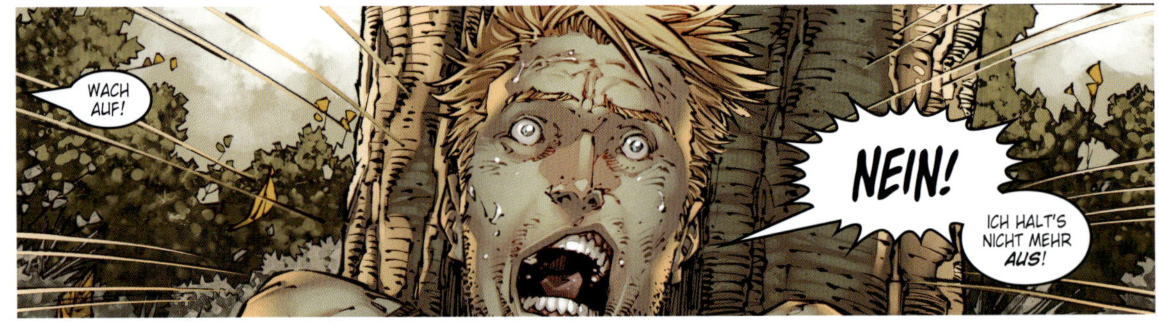
WACH AUF!
NEIN!
ICH HALT'S NICHT MEHR AUS!

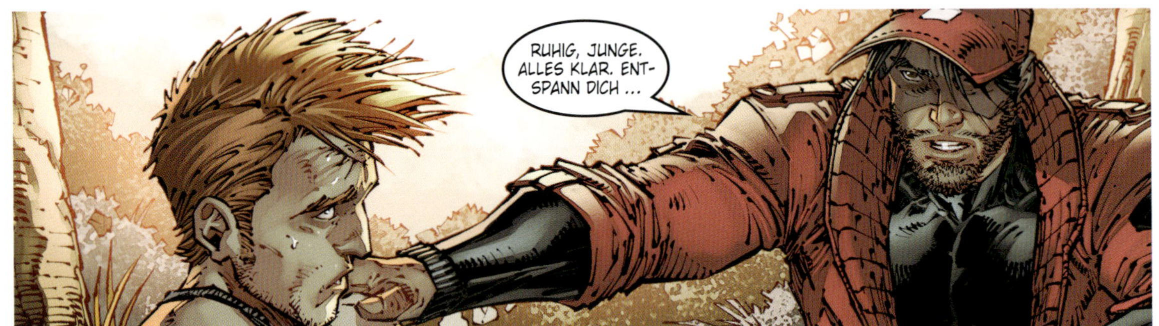
RUHIG, JUNGE. ALLES KLAR. ENT-SPANN DICH ...

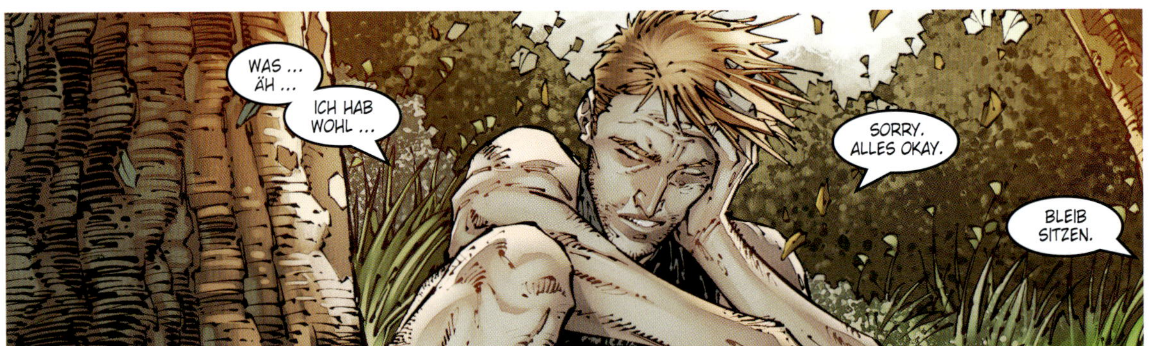
WAS ... ÄH ...
ICH HAB WOHL ...
SORRY. ALLES OKAY.
BLEIB SITZEN.

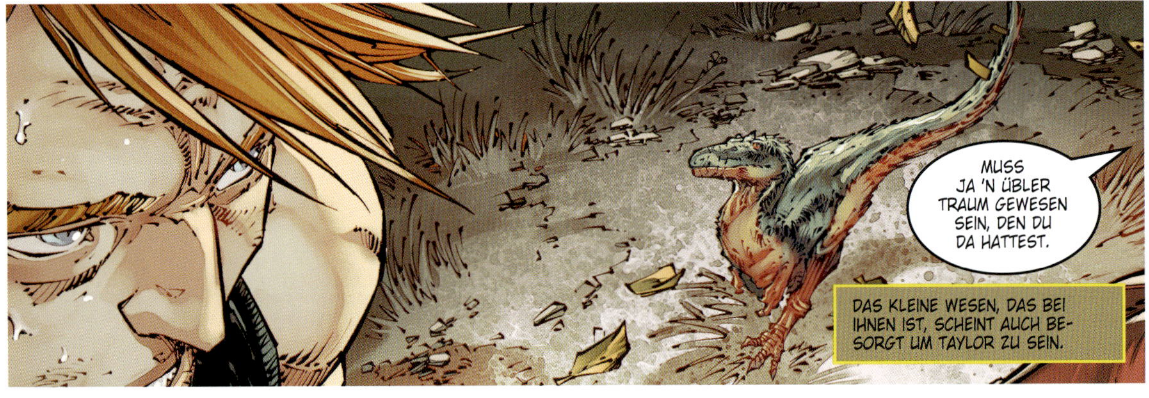
MUSS JA 'N ÜBLER TRAUM GEWESEN SEIN, DEN DU DA HATTEST.
DAS KLEINE WESEN, DAS BEI IHNEN IST, SCHEINT AUCH BE-SORGT UM TAYLOR ZU SEIN.

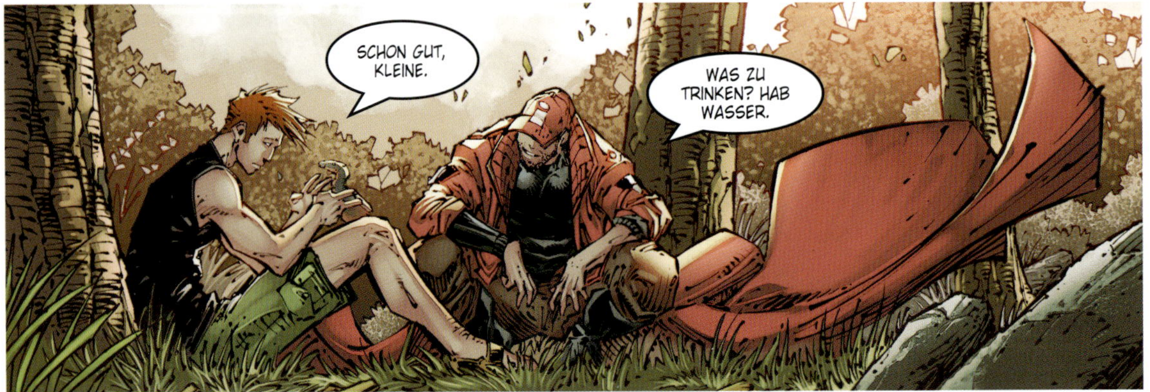
SCHON GUT, KLEINE.
WAS ZU TRINKEN? HAB WASSER.

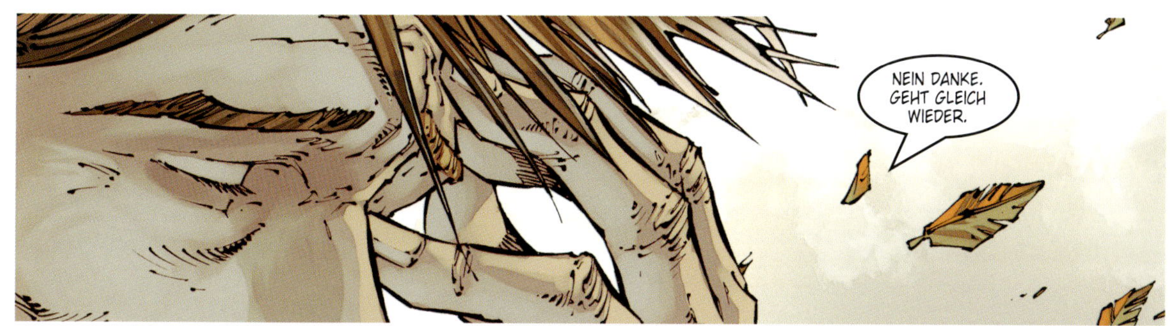
NEIN DANKE. GEHT GLEICH WIEDER.

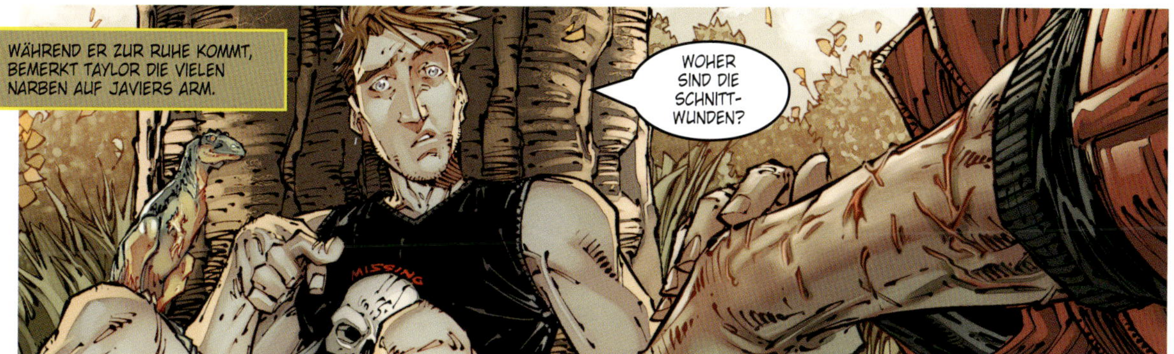
WÄHREND ER ZUR RUHE KOMMT, BEMERKT TAYLOR DIE VIELEN NARBEN AUF JAVIERS ARM.
WOHER SIND DIE SCHNITT-WUNDEN?
MISSING

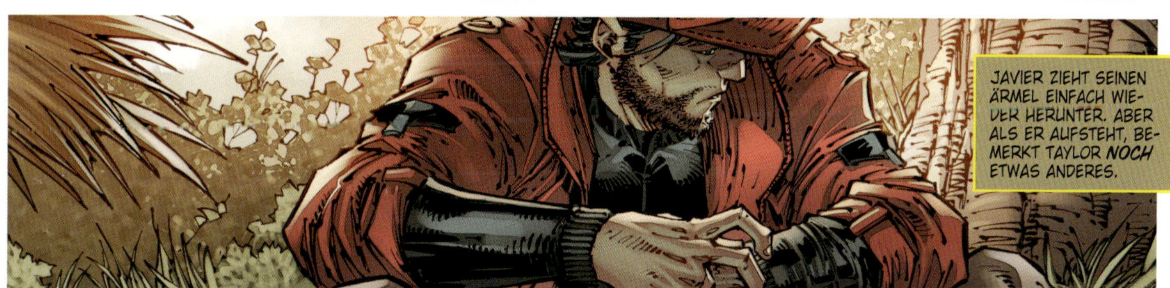
JAVIER ZIEHT SEINEN ÄRMEL EINFACH WIEDER HERUNTER. ABER ALS ER AUFSTEHT, BEMERKT TAYLOR *NOCH* ETWAS ANDERES.

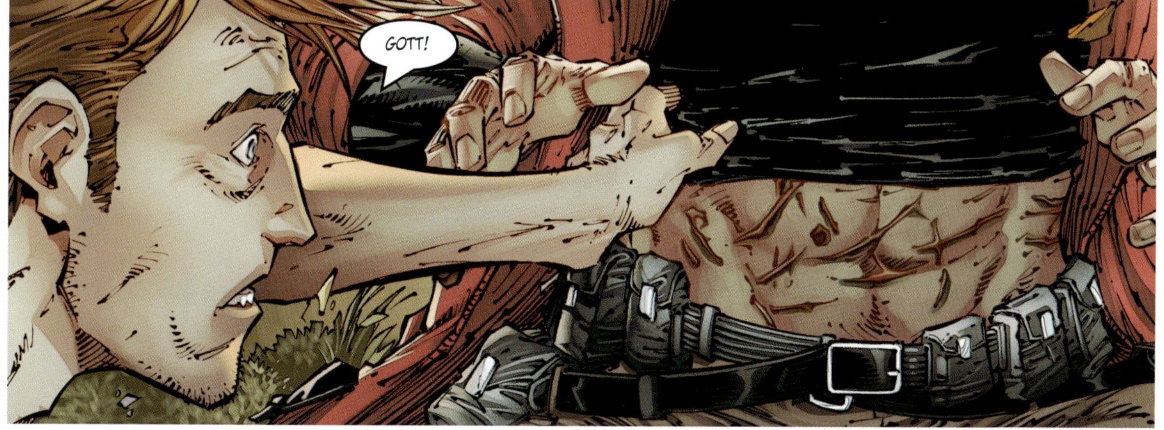
GOTT!

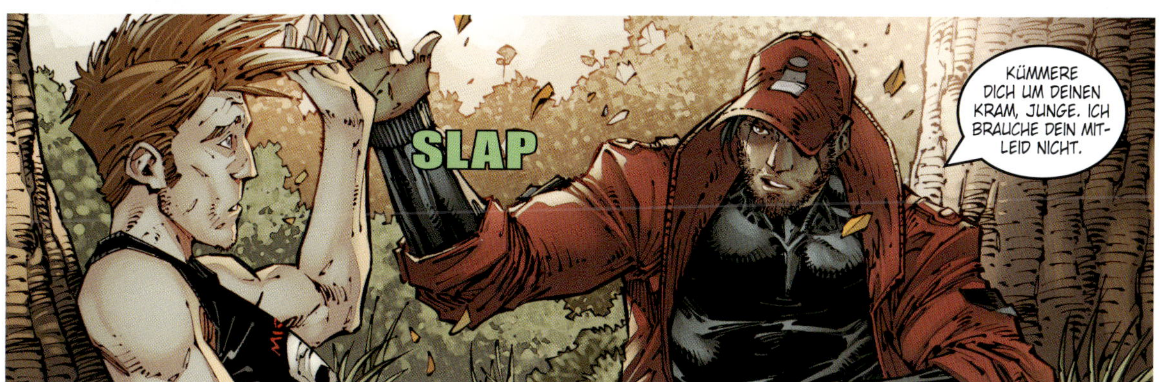
SLAP
KÜMMERE DICH UM DEINEN KRAM, JUNGE. ICH BRAUCHE DEIN MITLEID NICHT.

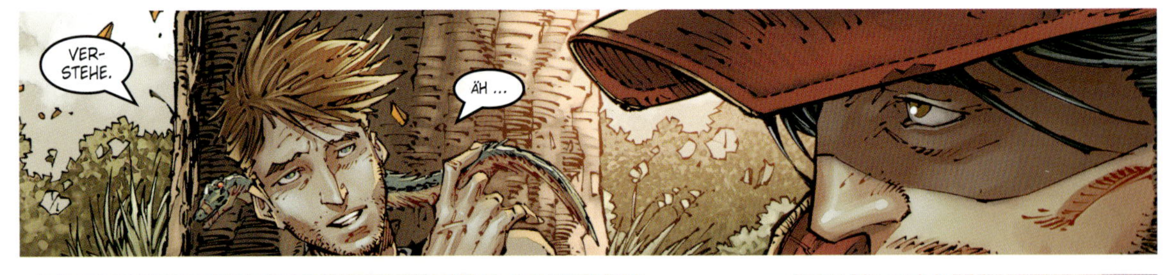
VER-
STEHE.
ÄH ...

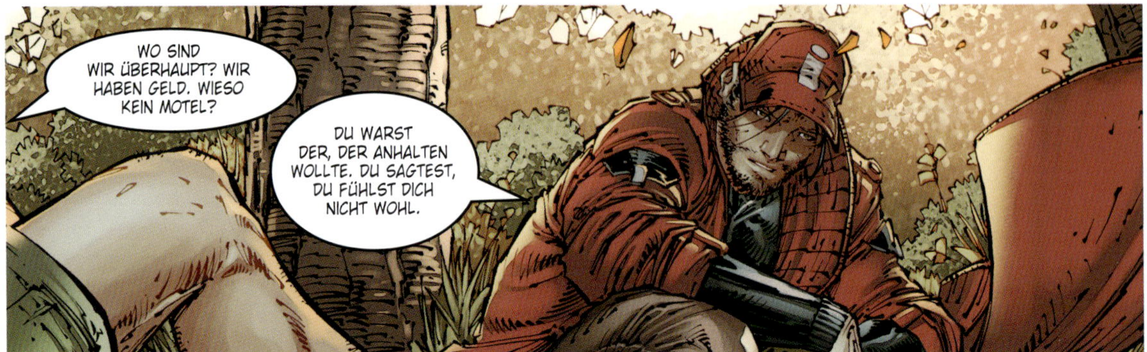
WO SIND
WIR ÜBERHAUPT? WIR
HABEN GELD. WIESO
KEIN MOTEL?
DU WARST
DER, DER ANHALTEN
WOLLTE. DU SAGTEST,
DU FÜHLST DICH
NICHT WOHL.

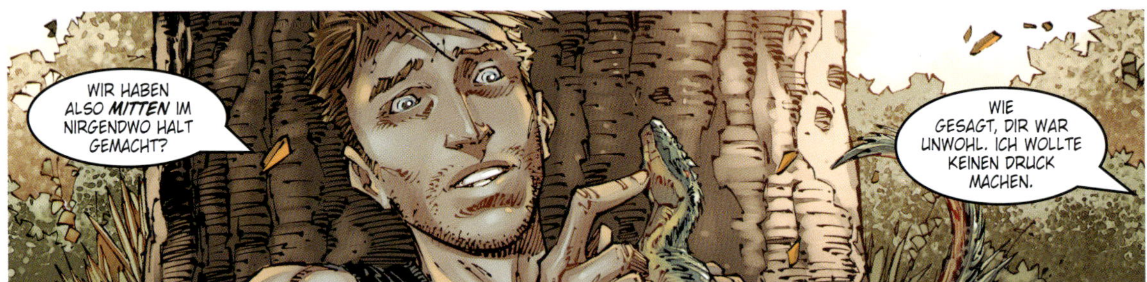
WIR HABEN
ALSO **MITTEN** IM
NIRGENDWO HALT
GEMACHT?
WIE
GESAGT, DIR WAR
UNWOHL. ICH WOLLTE
KEINEN DRUCK
MACHEN.

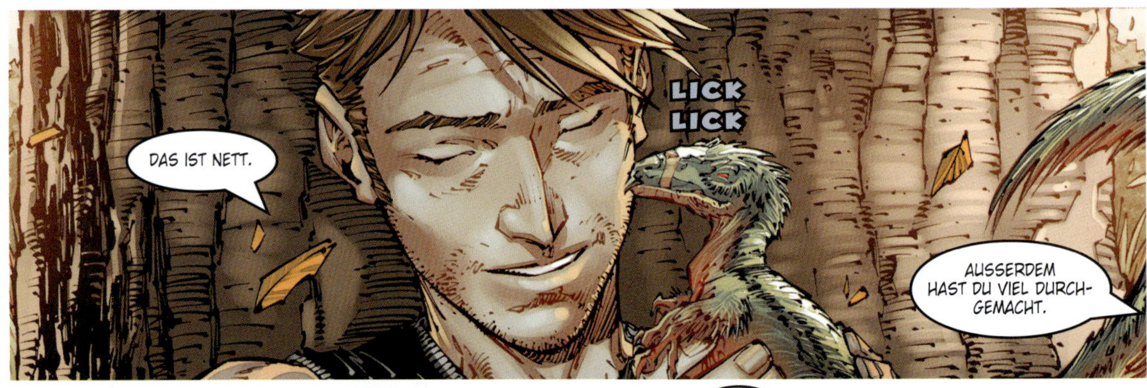
LICK
LICK
DAS IST NETT.
AUSSERDEM
HAST DU VIEL DURCH-
GEMACHT.

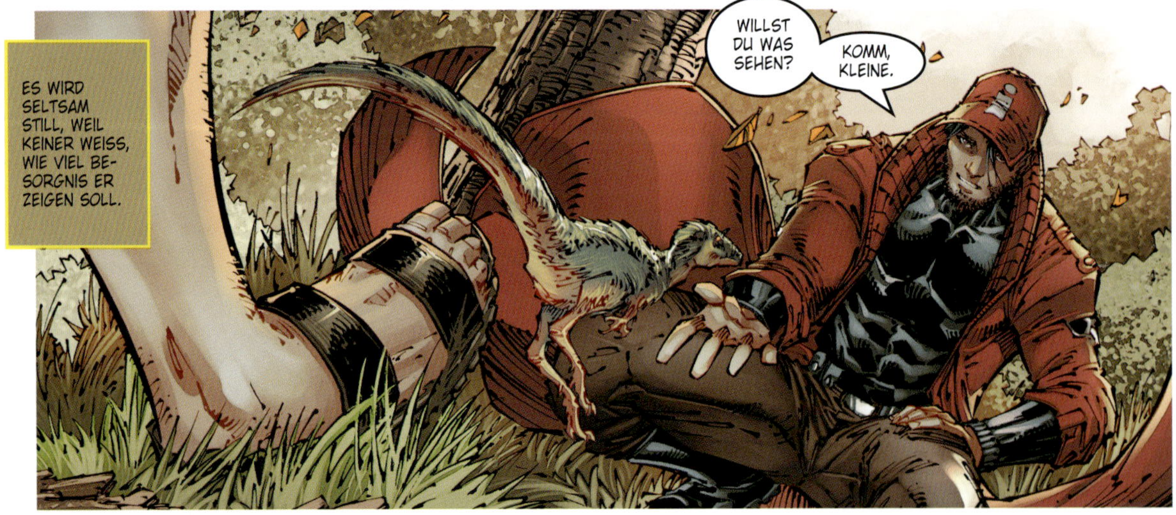
ES WIRD
SELTSAM
STILL, WEIL
KEINER WEISS,
WIE VIEL BE-
SORGNIS ER
ZEIGEN SOLL.
WILLST
DU WAS
SEHEN?
KOMM,
KLEINE.

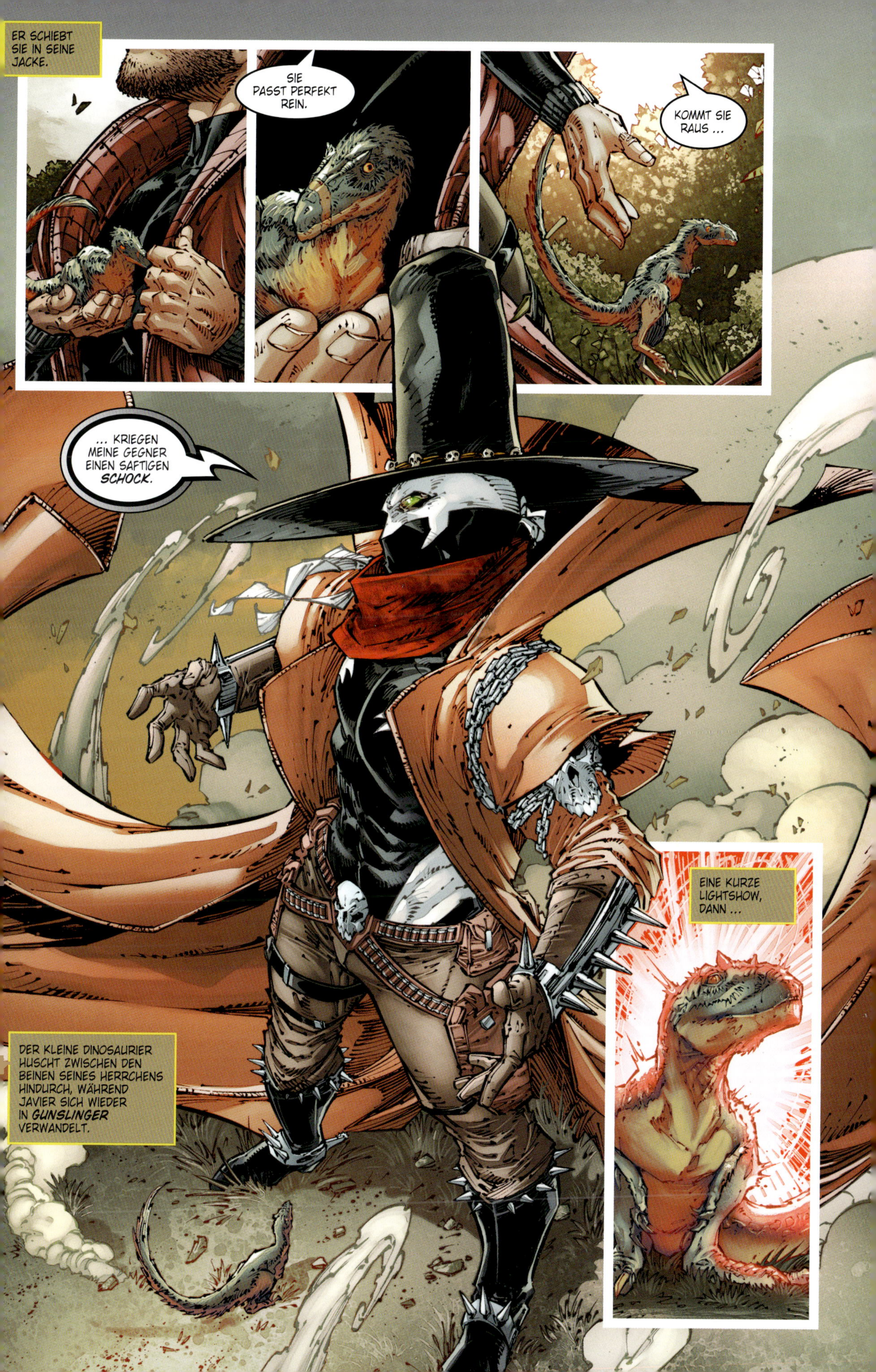
ER SCHIEBT SIE IN SEINE JACKE.
SIE PASST PERFEKT REIN.
KOMMT SIE RAUS ...
... KRIEGEN MEINE GEGNER EINEN SAFTIGEN *SCHOCK*.
EINE KURZE LIGHTSHOW, DANN ...
DER KLEINE DINOSAURIER HUSCHT ZWISCHEN DEN BEINEN SEINES HERRCHENS HINDURCH, WÄHREND JAVIER SICH WIEDER IN *GUNSLINGER* VERWANDELT.

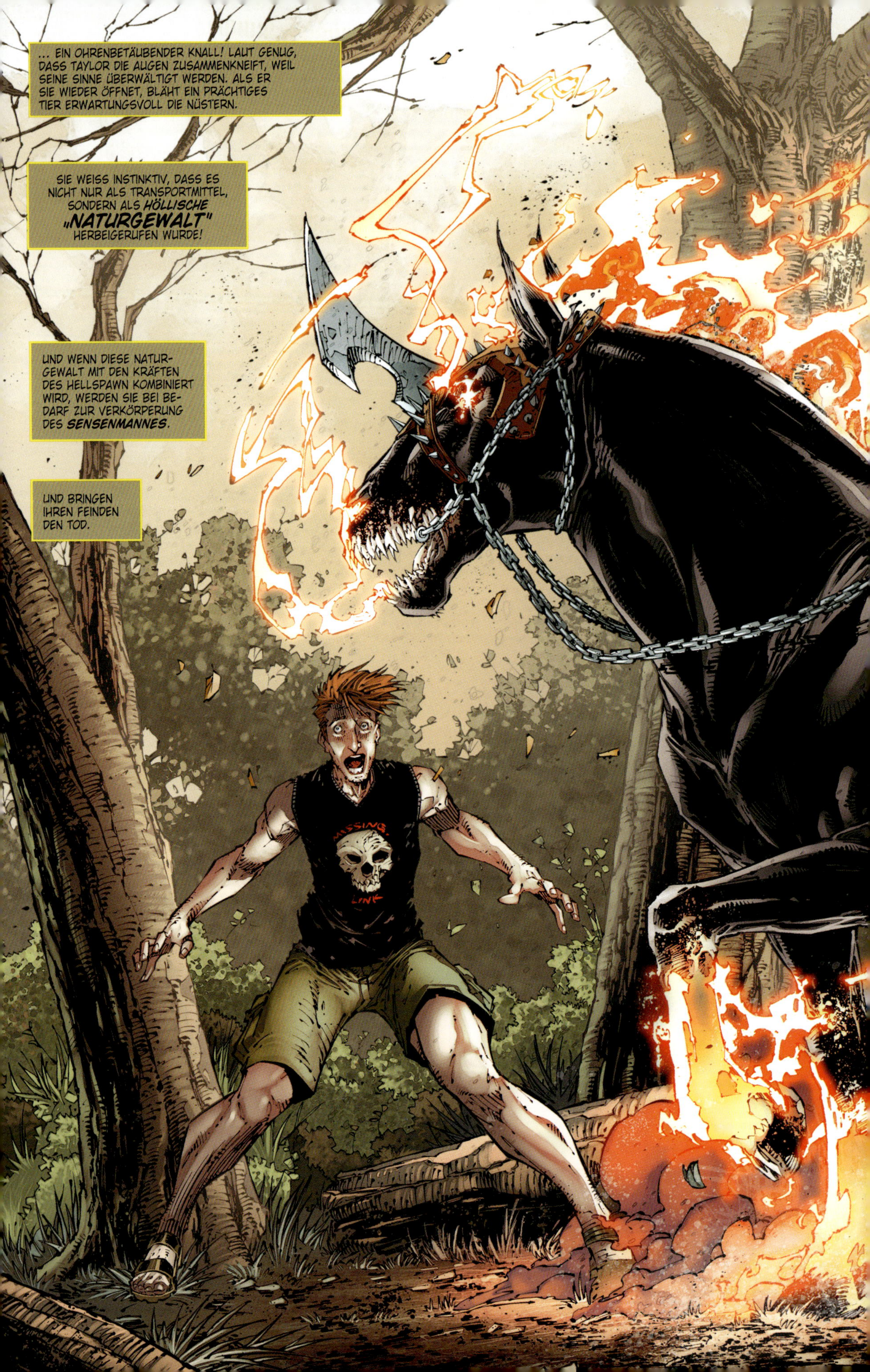
… EIN OHRENBETÄUBENDER KNALL! LAUT GENUG, DASS TAYLOR DIE AUGEN ZUSAMMENKNEIFT, WEIL SEINE SINNE ÜBERWÄLTIGT WERDEN. ALS ER SIE WIEDER ÖFFNET, BLÄHT EIN PRÄCHTIGES TIER ERWARTUNGSVOLL DIE NÜSTERN.
SIE WEISS INSTINKTIV, DASS ES NICHT NUR ALS TRANSPORTMITTEL, SONDERN ALS HÖLLISCHE „NATURGEWALT" HERBEIGERUFEN WURDE!
UND WENN DIESE NATURGEWALT MIT DEN KRÄFTEN DES HELLSPAWN KOMBINIERT WIRD, WERDEN SIE BEI BEDARF ZUR VERKÖRPERUNG DES SENSENMANNES.
UND BRINGEN IHREN FEINDEN DEN TOD.
MISSING LINK

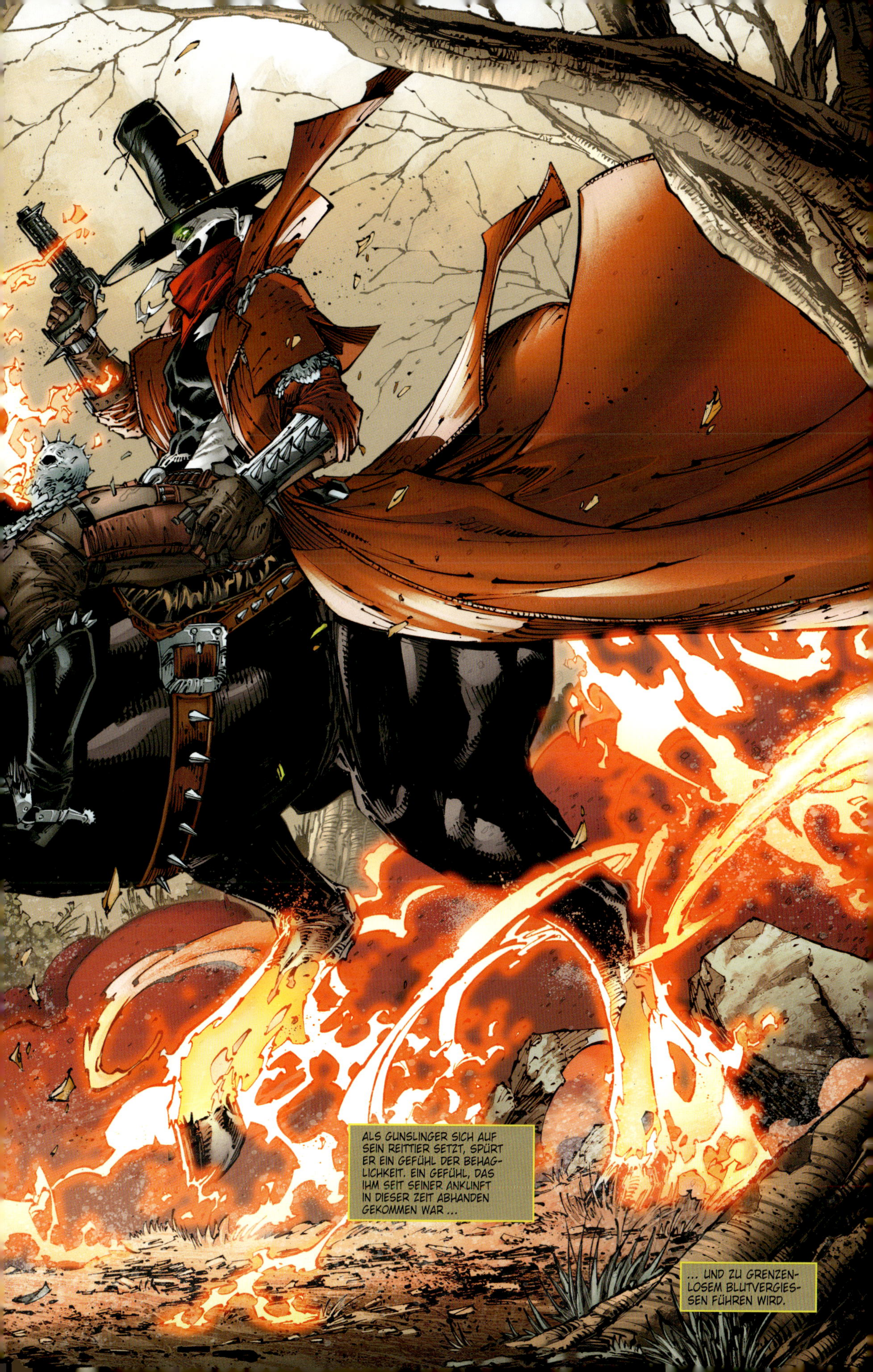
ALS GUNSLINGER SICH AUF SEIN REITTIER SETZT, SPÜRT ER EIN GEFÜHL DER BEHAGLICHKEIT. EIN GEFÜHL, DAS IHM SEIT SEINER ANKUNFT IN DIESER ZEIT ABHANDEN GEKOMMEN WAR ...
... UND ZU GRENZENLOSEM BLUTVERGIESSEN FÜHREN WIRD.

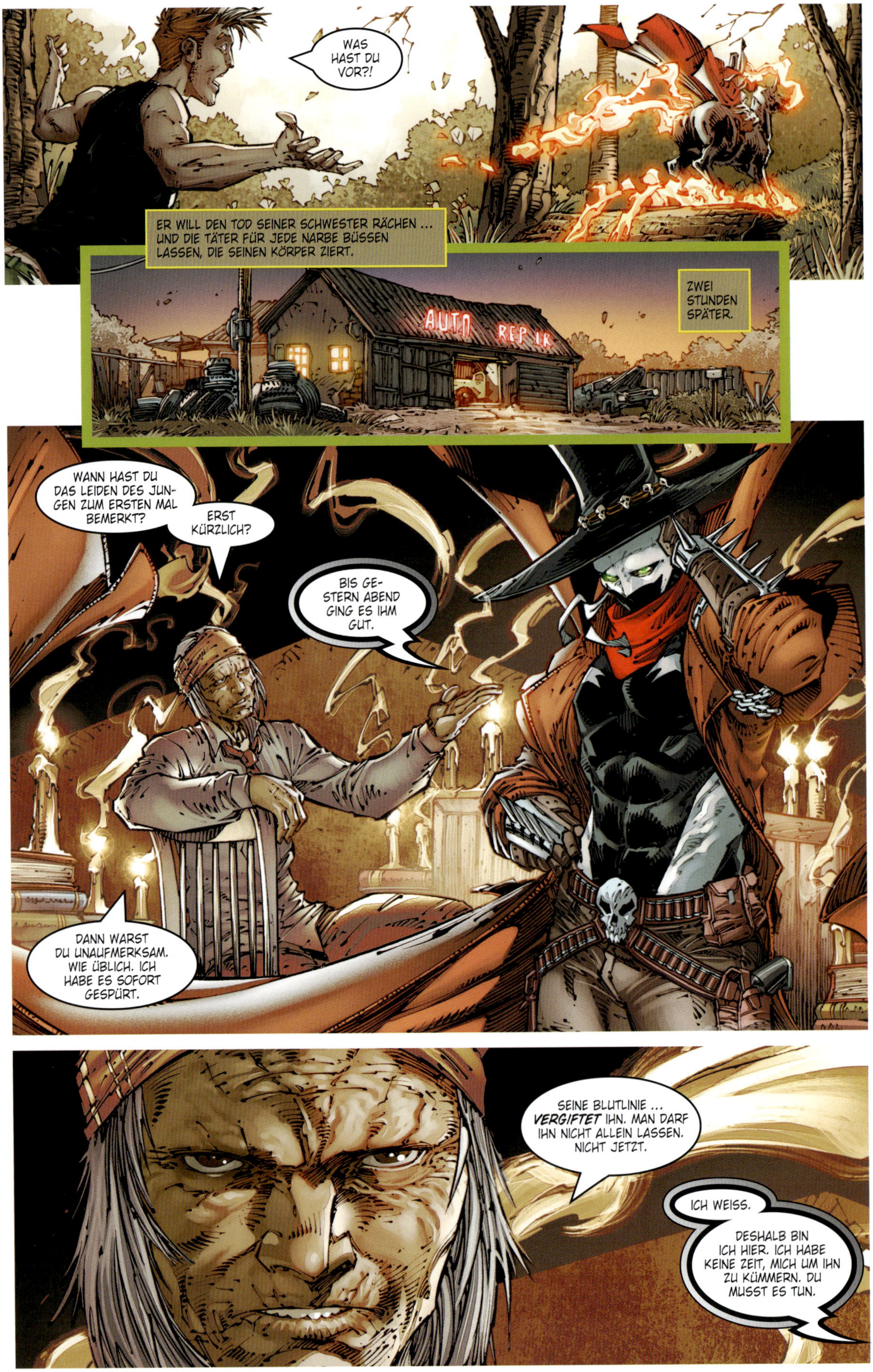

WAS HAST DU VOR?!

ER WILL DEN TOD SEINER SCHWESTER RÄCHEN ... UND DIE TÄTER FÜR JEDE NARBE BÜSSEN LASSEN, DIE SEINEN KÖRPER ZIERT.

ZWEI STUNDEN SPÄTER.

WANN HAST DU DAS LEIDEN DES JUNGEN ZUM ERSTEN MAL BEMERKT?

ERST KÜRZLICH?

BIS GESTERN ABEND GING ES IHM GUT.

DANN WARST DU UNAUFMERKSAM. WIE ÜBLICH. ICH HABE ES SOFORT GESPÜRT.

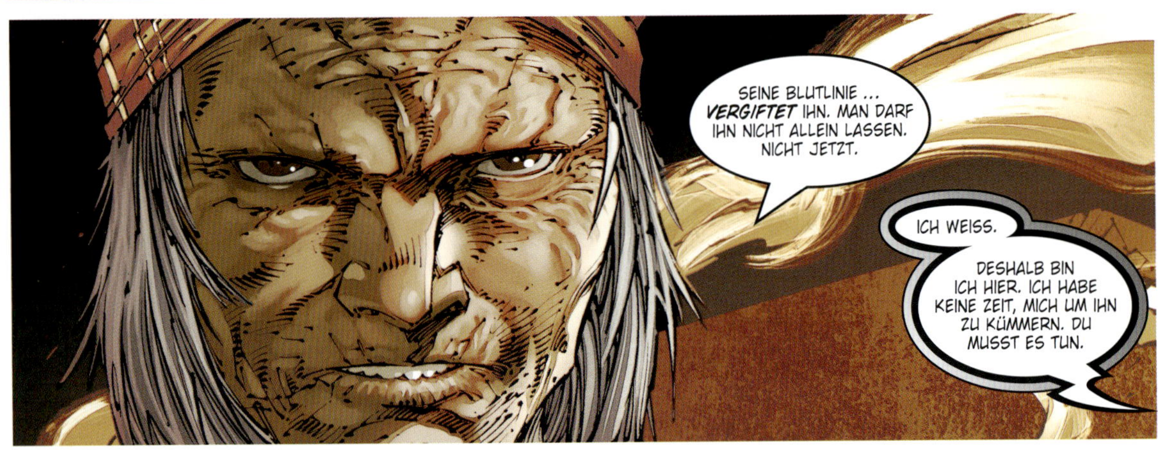

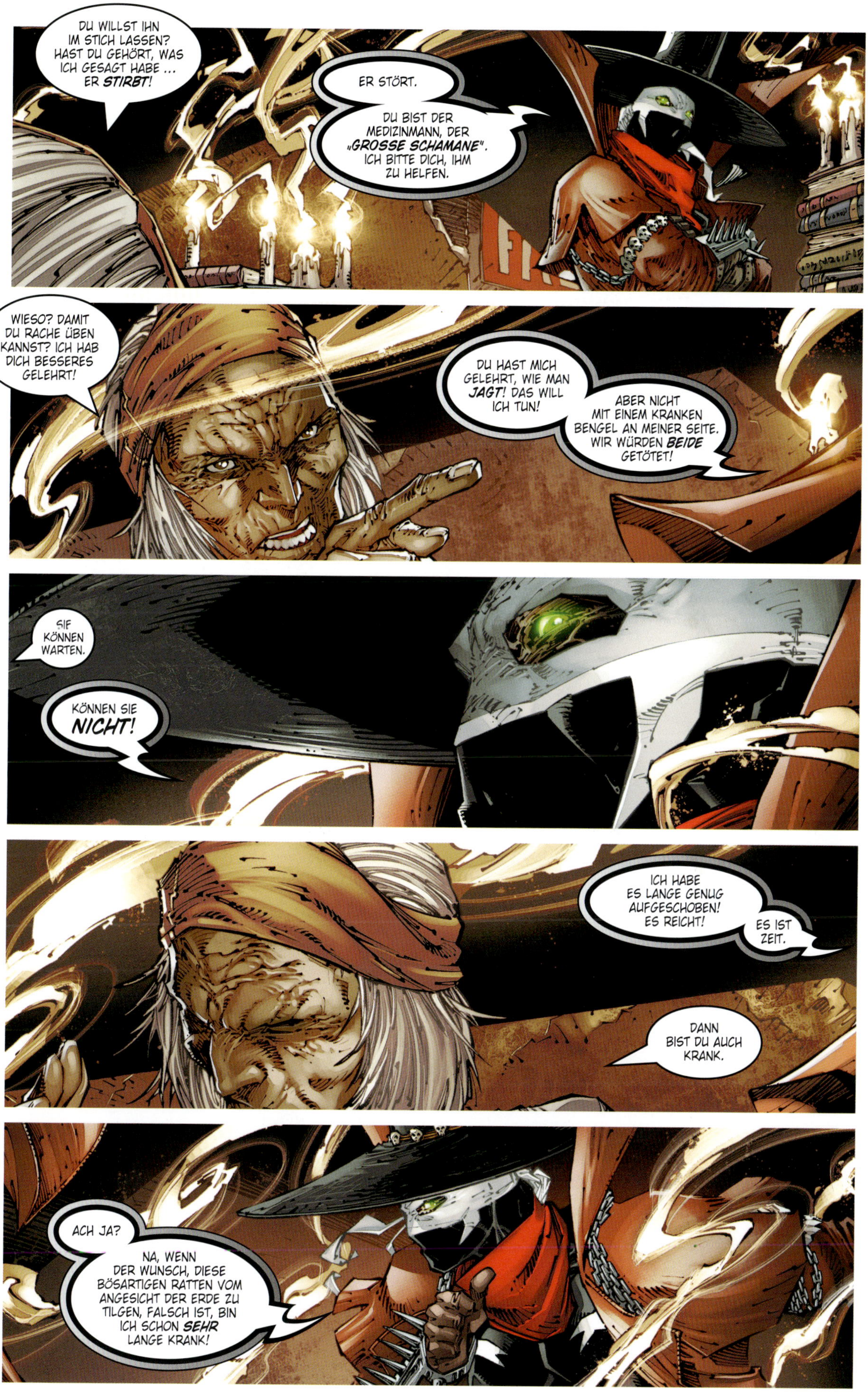

DU WILLST IHN IM STICH LASSEN? HAST DU GEHÖRT, WAS ICH GESAGT HABE … ER **STIRBT**!
ER STÖRT.
DU BIST DER MEDIZINMANN, DER „**GROSSE SCHAMANE**". ICH BITTE DICH, IHM ZU HELFEN.

WIESO? DAMIT DU RACHE ÜBEN KANNST? ICH HAB DICH BESSERES GELEHRT!
DU HAST MICH GELEHRT, WIE MAN **JAGT**! DAS WILL ICH TUN!
ABER NICHT MIT EINEM KRANKEN BENGEL AN MEINER SEITE. WIR WÜRDEN **BEIDE** GETÖTET!

SIF KÖNNEN WARTEN.
KÖNNEN SIE **NICHT**!

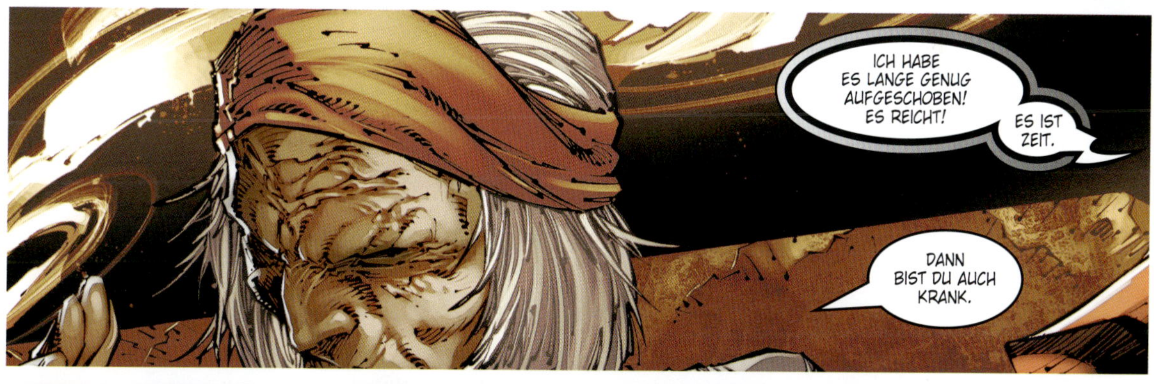

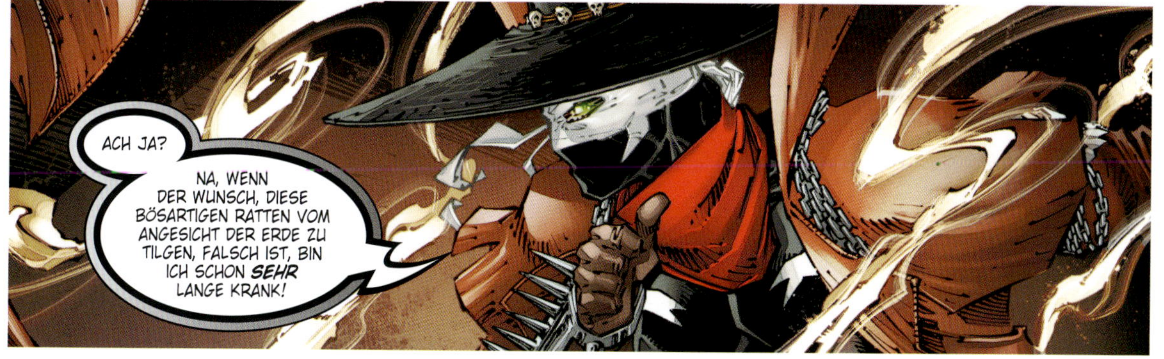

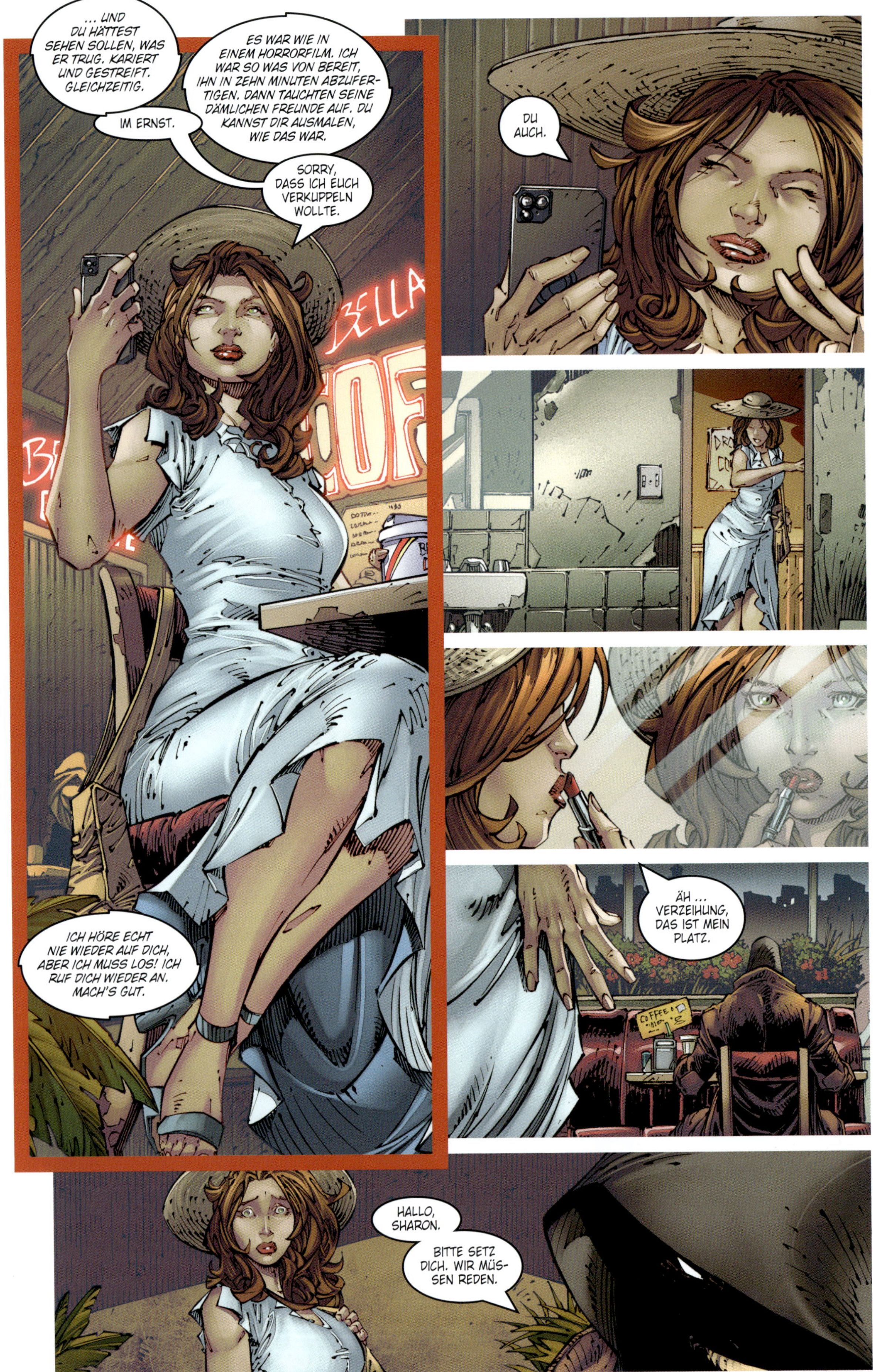
... UND DU HÄTTEST SEHEN SOLLEN, WAS ER TRUG. KARIERT UND GESTREIFT. GLEICHZEITIG.
IM ERNST.
ES WAR WIE IN EINEM HORRORFILM. ICH WAR SO WAS VON BEREIT, IHN IN ZEHN MINUTEN ABZUFERTIGEN. DANN TAUCHTEN SEINE DÄMLICHEN FREUNDE AUF. DU KANNST DIR AUSMALEN, WIE DAS WAR.
SORRY, DASS ICH EUCH VERKUPPELN WOLLTE.
DU AUCH.
ICH HÖRE ECHT NIE WIEDER AUF DICH, ABER ICH MUSS LOS! ICH RUF DICH WIEDER AN. MACH'S GUT.
ÄH ... VERZEIHUNG, DAS IST MEIN PLATZ.
HALLO, SHARON.
BITTE SETZ DICH. WIR MÜSSEN REDEN.

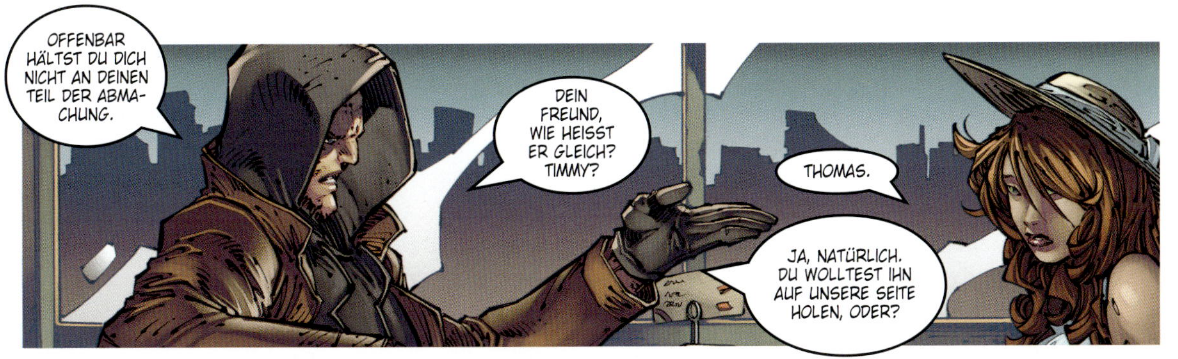
OFFENBAR HÄLTST DU DICH NICHT AN DEINEN TEIL DER ABMA-CHUNG.
DEIN FREUND, WIE HEISST ER GLEICH? TIMMY?
THOMAS.
JA, NATÜRLICH. DU WOLLTEST IHN AUF UNSERE SEITE HOLEN, ODER?
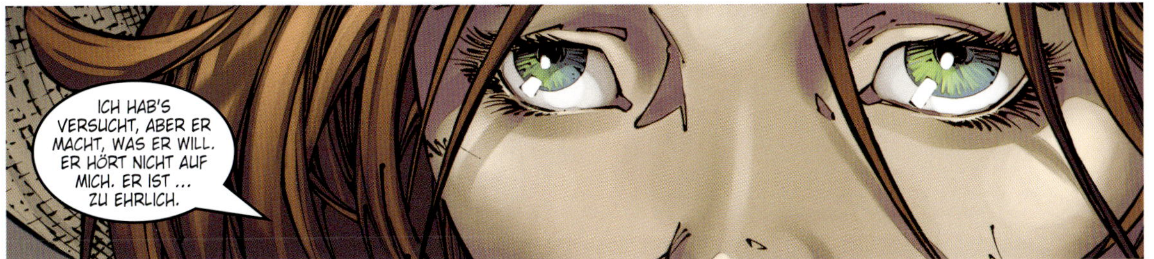
ICH HAB'S VERSUCHT, ABER ER MACHT, WAS ER WILL. ER HÖRT NICHT AUF MICH. ER IST ... ZU EHRLICH.
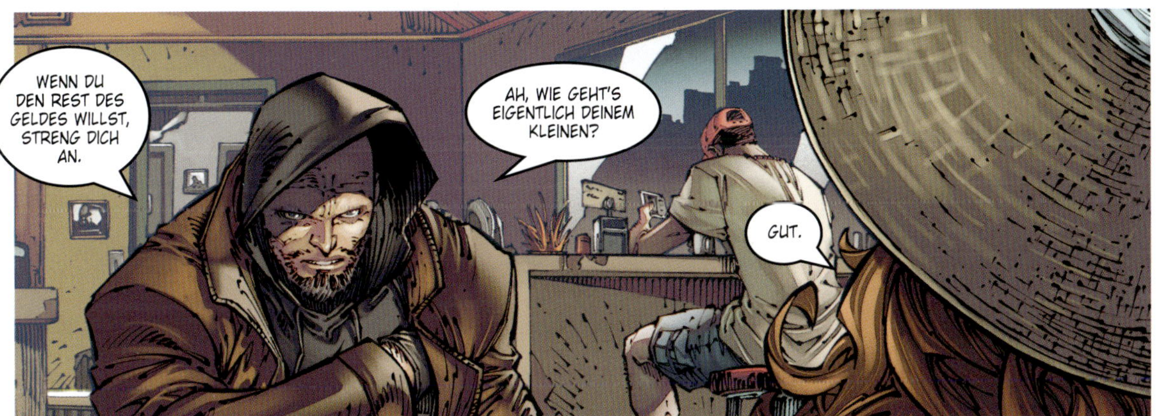
WENN DU DEN REST DES GELDES WILLST, STRENG DICH AN.
AH, WIE GEHT'S EIGENTLICH DEINEM KLEINEN?
GUT.
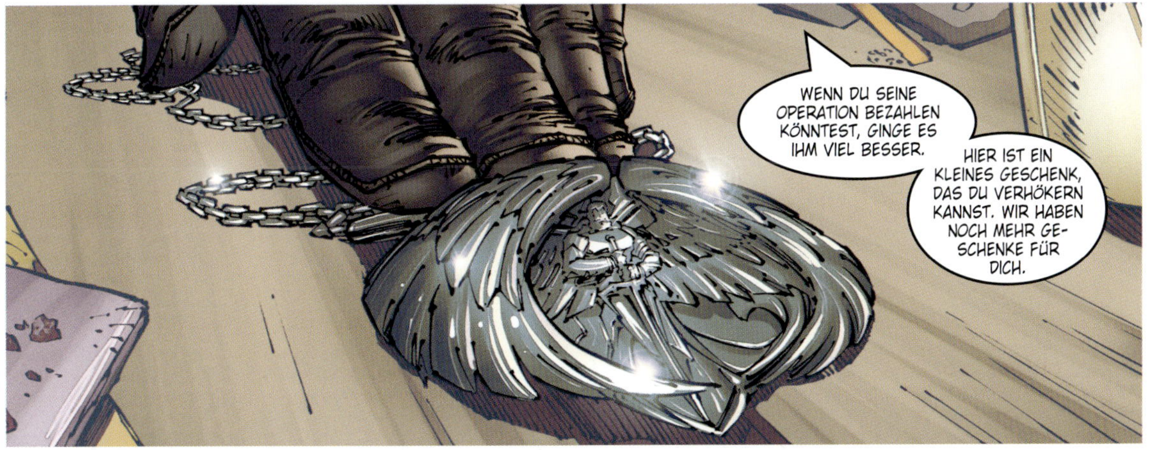
WENN DU SEINE OPERATION BEZAHLEN KÖNNTEST, GINGE ES IHM VIEL BESSER.
HIER IST EIN KLEINES GESCHENK, DAS DU VERHÖKERN KANNST. WIR HABEN NOCH MEHR GE-SCHENKE FÜR DICH.
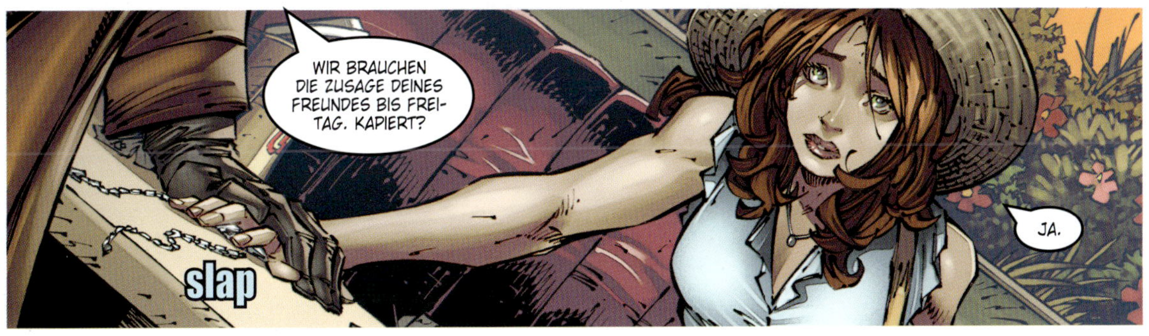
WIR BRAUCHEN DIE ZUSAGE DEINES FREUNDES BIS FREI-TAG. KAPIERT?
slap
JA.

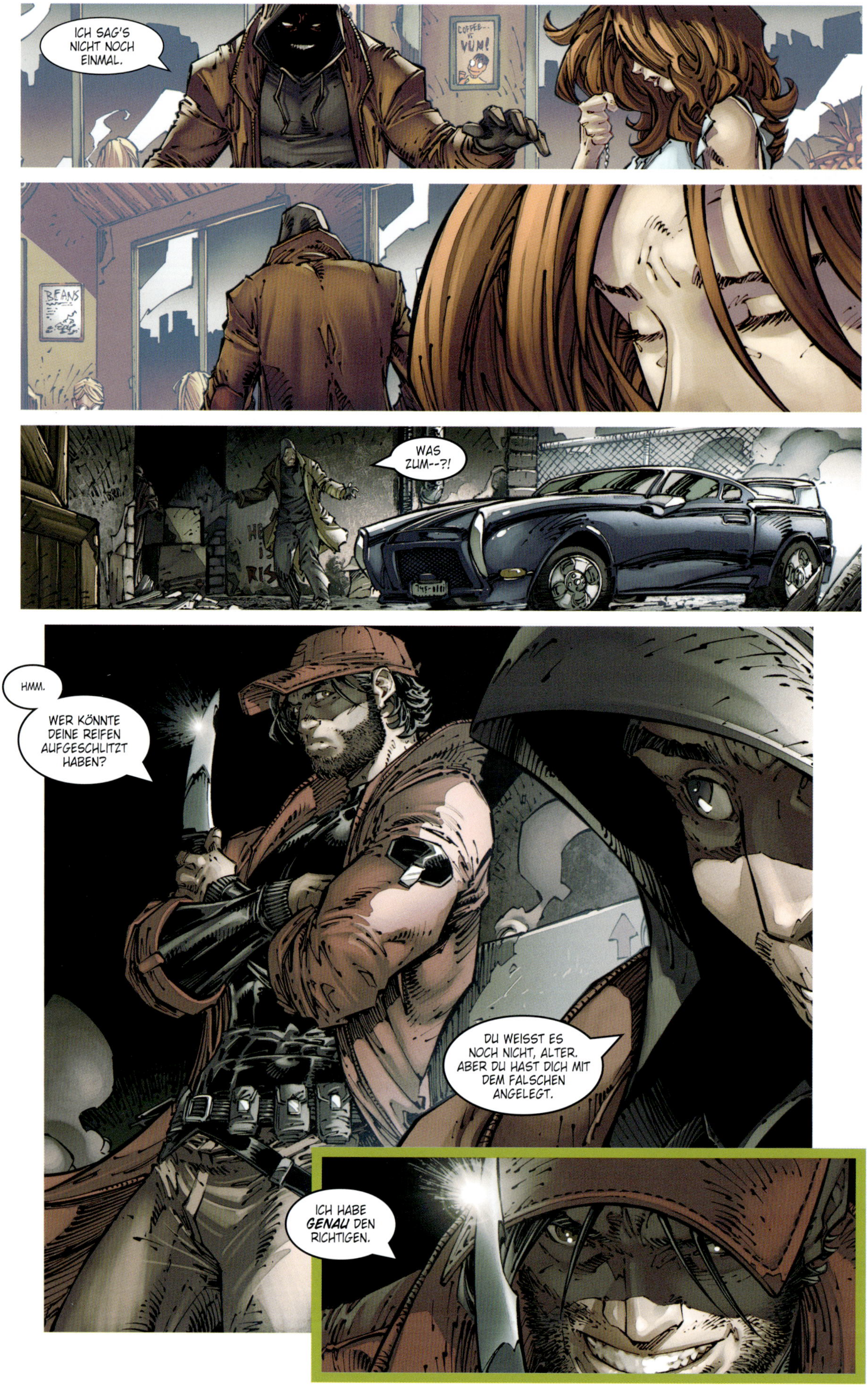

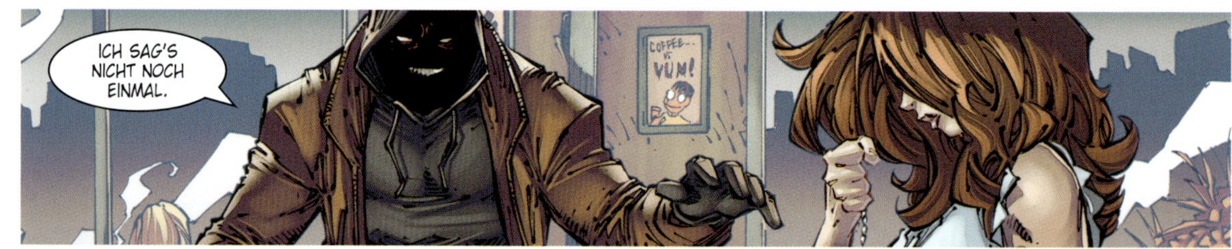
ICH SAG'S NICHT NOCH EINMAL.

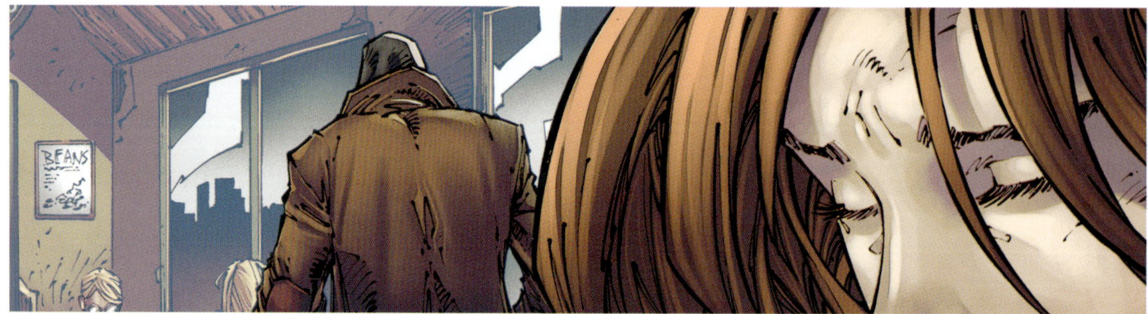
BEANS

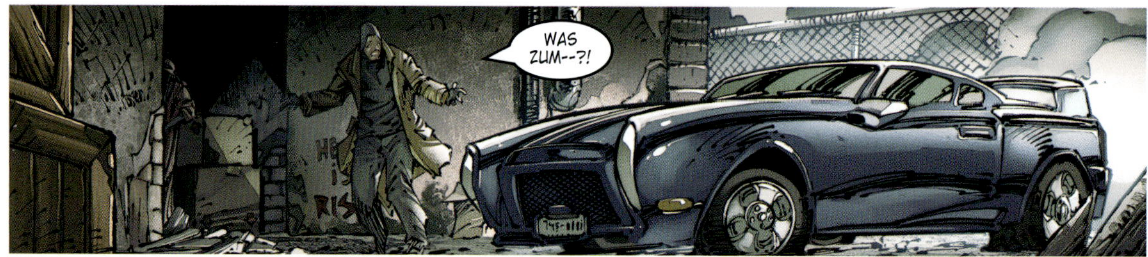
WAS ZUM--?!

HMM.
WER KÖNNTE DEINE REIFEN AUFGESCHLITZT HABEN?
DU WEISST ES NOCH NICHT, ALTER. ABER DU HAST DICH MIT DEM FALSCHEN ANGELEGT.
ICH HABE ***GENAU*** DEN RICHTIGEN.

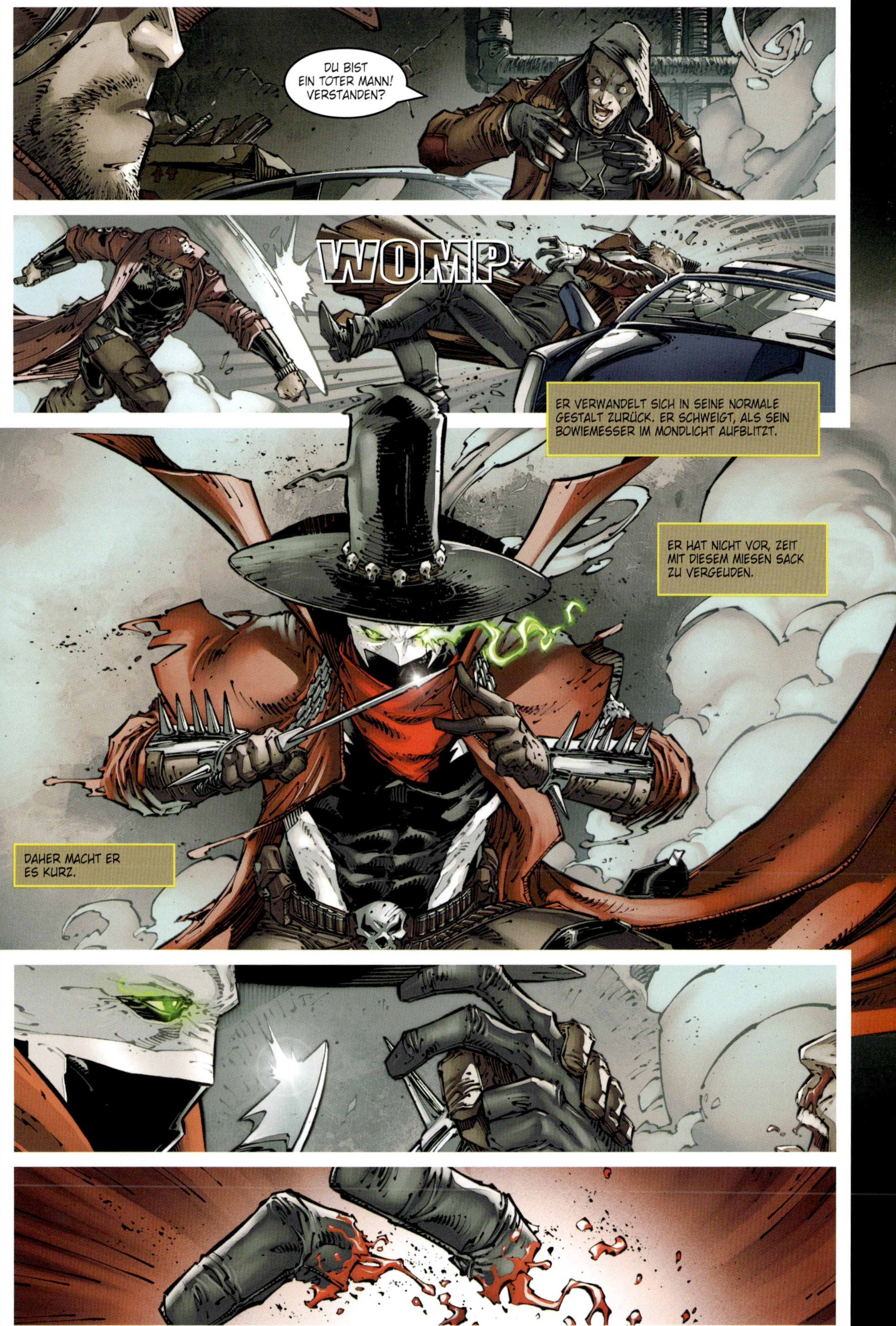
DU BIST
EIN TOTER MANN!
VERSTANDEN?
WOMP
ER VERWANDELT SICH IN SEINE NORMALE GESTALT ZURÜCK. ER SCHWEIGT, ALS SEIN BOWIEMESSER IM MONDLICHT AUFBLITZT.
ER HAT NICHT VOR, ZEIT MIT DIESEM MIESEN SACK ZU VERGEUDEN.
DAHER MACHT ER ES KURZ.

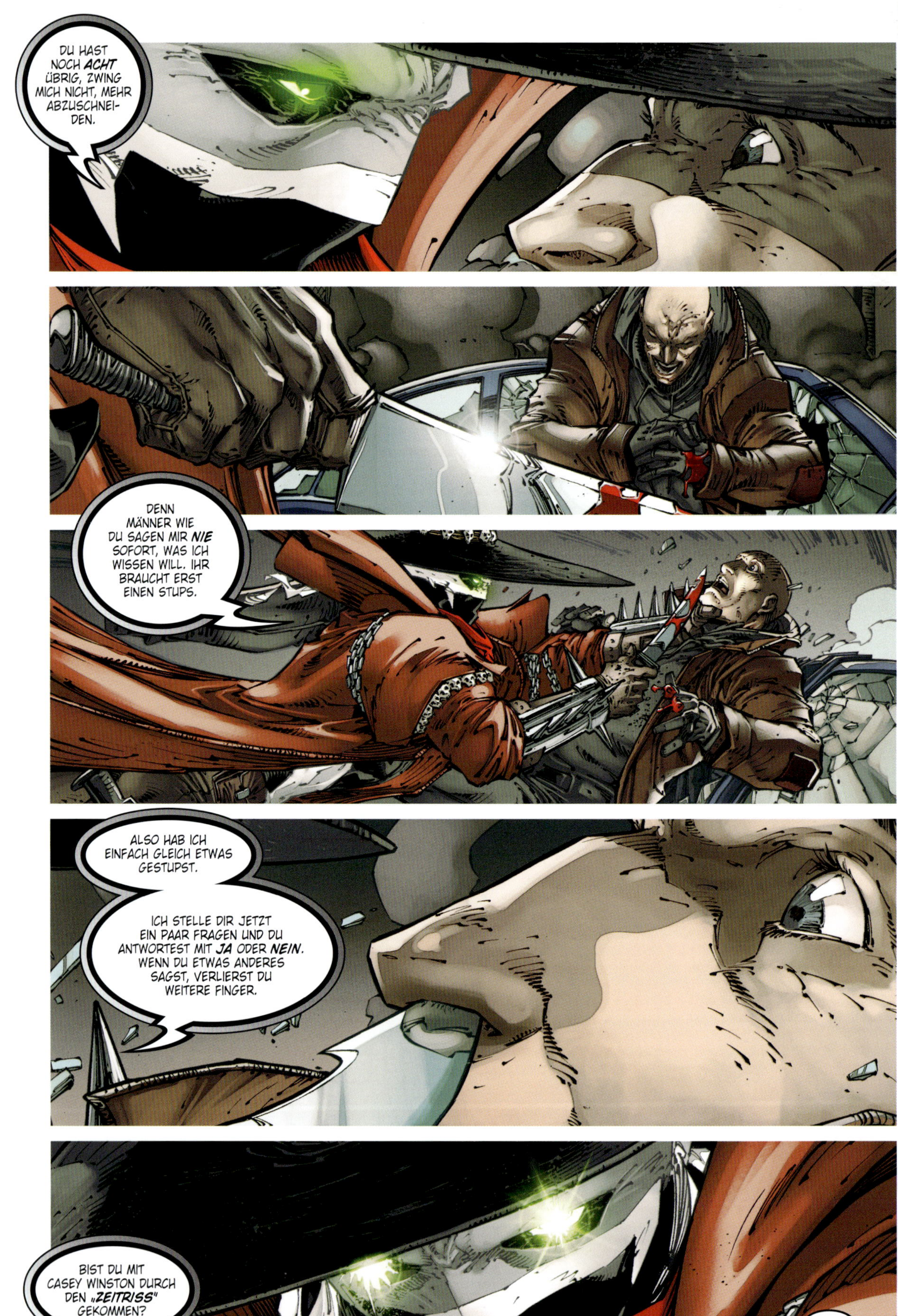
DU HAST NOCH ACHT ÜBRIG, ZWING MICH NICHT, MEHR ABZUSCHNEI-DEN.
DENN MÄNNER WIE DU SAGEN MIR NIE SOFORT, WAS ICH WISSEN WILL. IHR BRAUCHT ERST EINEN STUPS.
ALSO HAB ICH EINFACH GLEICH ETWAS GESTUPST.
ICH STELLE DIR JETZT EIN PAAR FRAGEN UND DU ANTWORTEST MIT JA ODER NEIN. WENN DU ETWAS ANDERES SAGST, VERLIERST DU WEITERE FINGER.
BIST DU MIT CASEY WINSTON DURCH DEN „ZEITRISS" GEKOMMEN?
JA.

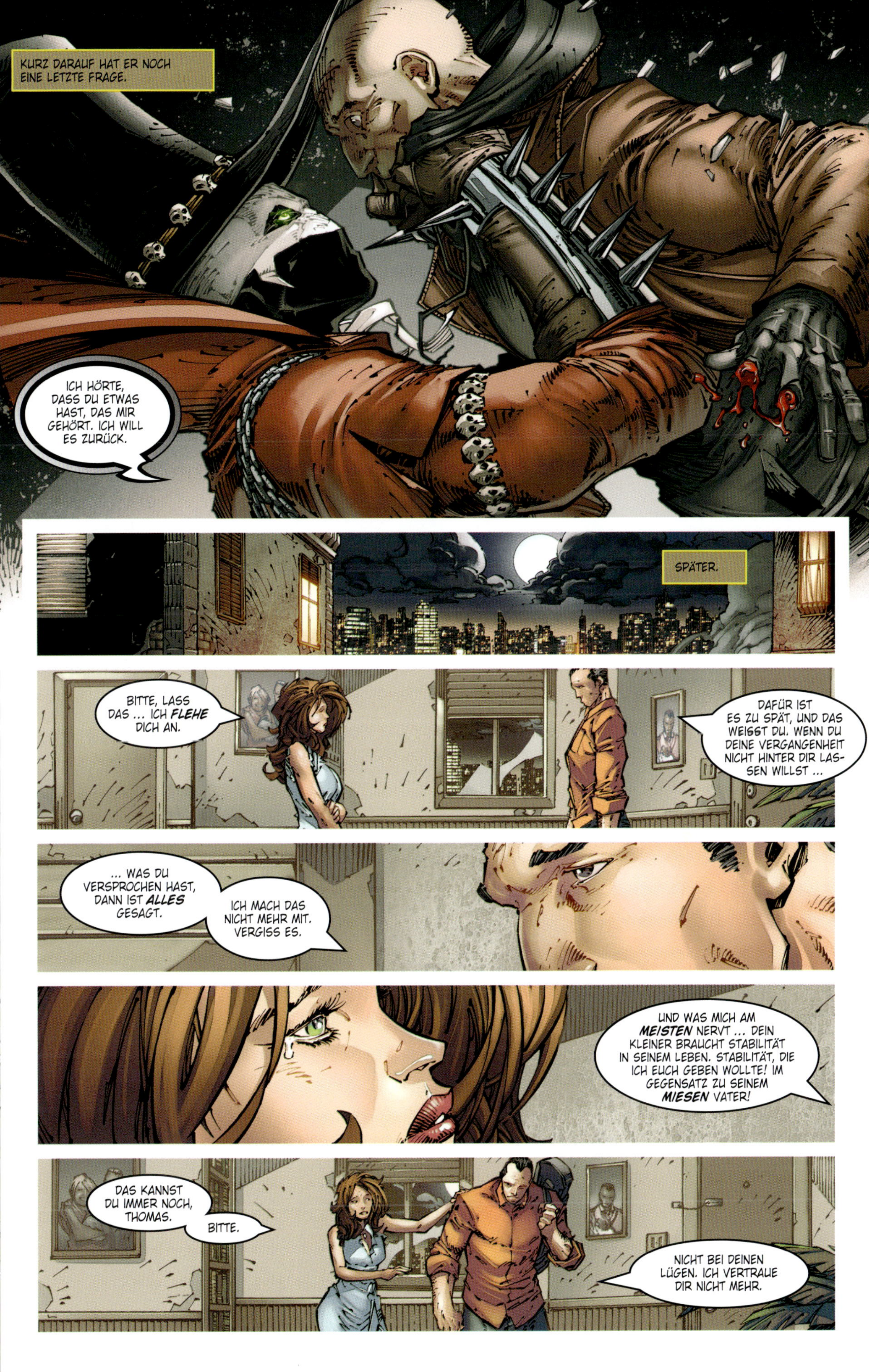
KURZ DARAUF HAT ER NOCH EINE LETZTE FRAGE.
ICH HÖRTE, DASS DU ETWAS HAST, DAS MIR GEHÖRT. ICH WILL ES ZURÜCK.
SPÄTER.
BITTE, LASS DAS ... ICH *FLEHE* DICH AN.
DAFÜR IST ES ZU SPÄT, UND DAS WEISST DU. WENN DU DEINE VERGANGENHEIT NICHT HINTER DIR LASSEN WILLST ...
... WAS DU VERSPROCHEN HAST, DANN IST *ALLES* GESAGT.
ICH MACH DAS NICHT MEHR MIT. VERGISS ES.
UND WAS MICH AM *MEISTEN* NERVT ... DEIN KLEINER BRAUCHT STABILITÄT IN SEINEM LEBEN. STABILITÄT, DIE ICH EUCH GEBEN WOLLTE! IM GEGENSATZ ZU SEINEM *MIESEN* VATER!
DAS KANNST DU IMMER NOCH, THOMAS.
BITTE.
NICHT BEI DEINEN LÜGEN. ICH VERTRAUE DIR NICHT MEHR.

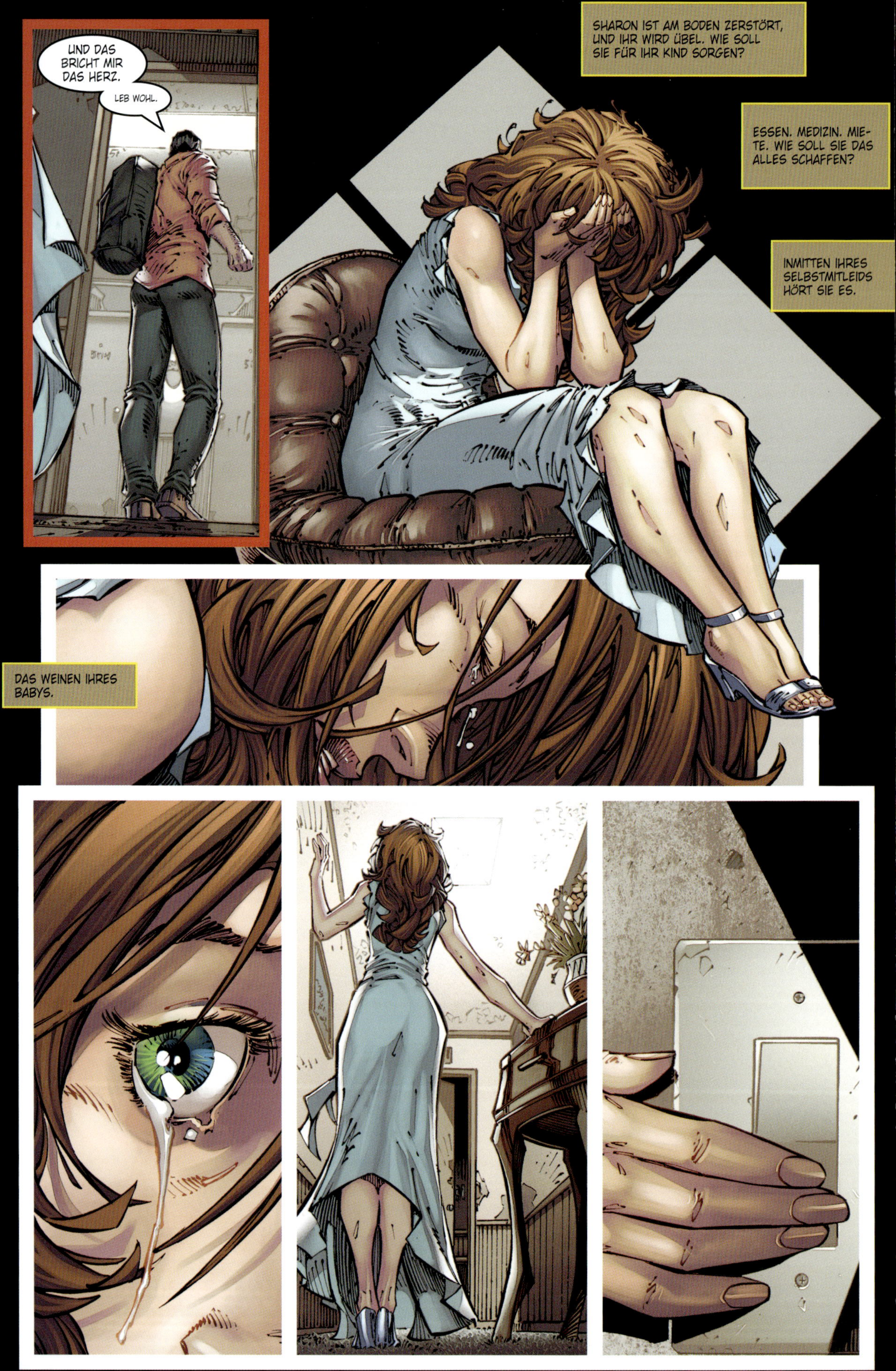

UND DAS BRICHT MIR DAS HERZ.

LEB WOHL.

SHARON IST AM BODEN ZERSTÖRT, UND IHR WIRD ÜBEL. WIE SOLL SIE FÜR IHR KIND SORGEN?

ESSEN. MEDIZIN. MIETE. WIE SOLL SIE DAS ALLES SCHAFFEN?

INMITTEN IHRES SELBSTMITLEIDS HÖRT SIE ES.

DAS WEINEN IHRES BABYS.

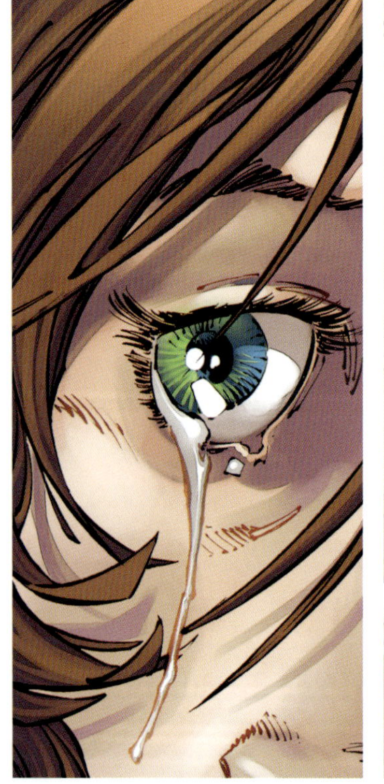

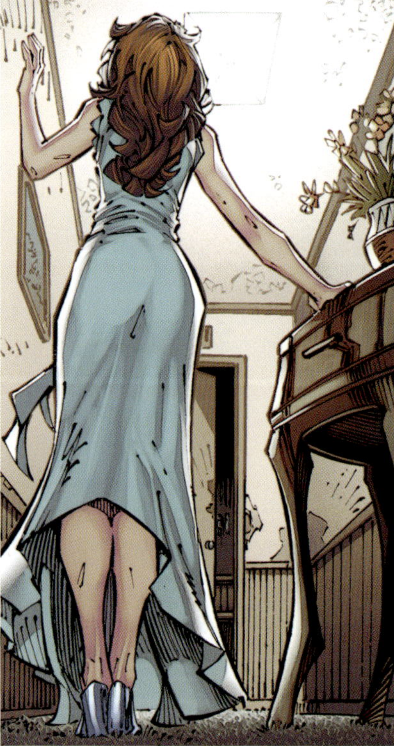

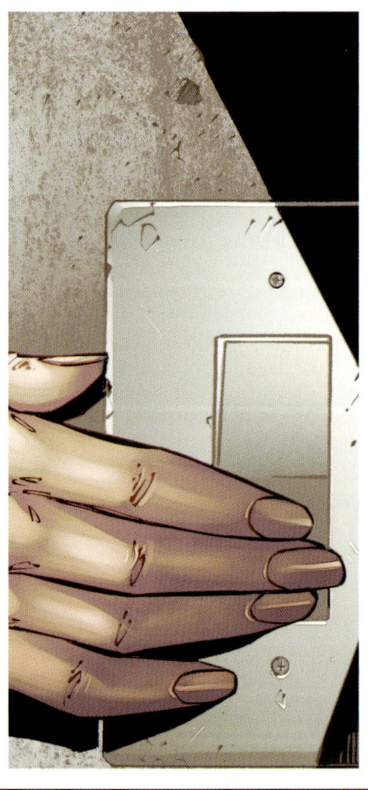

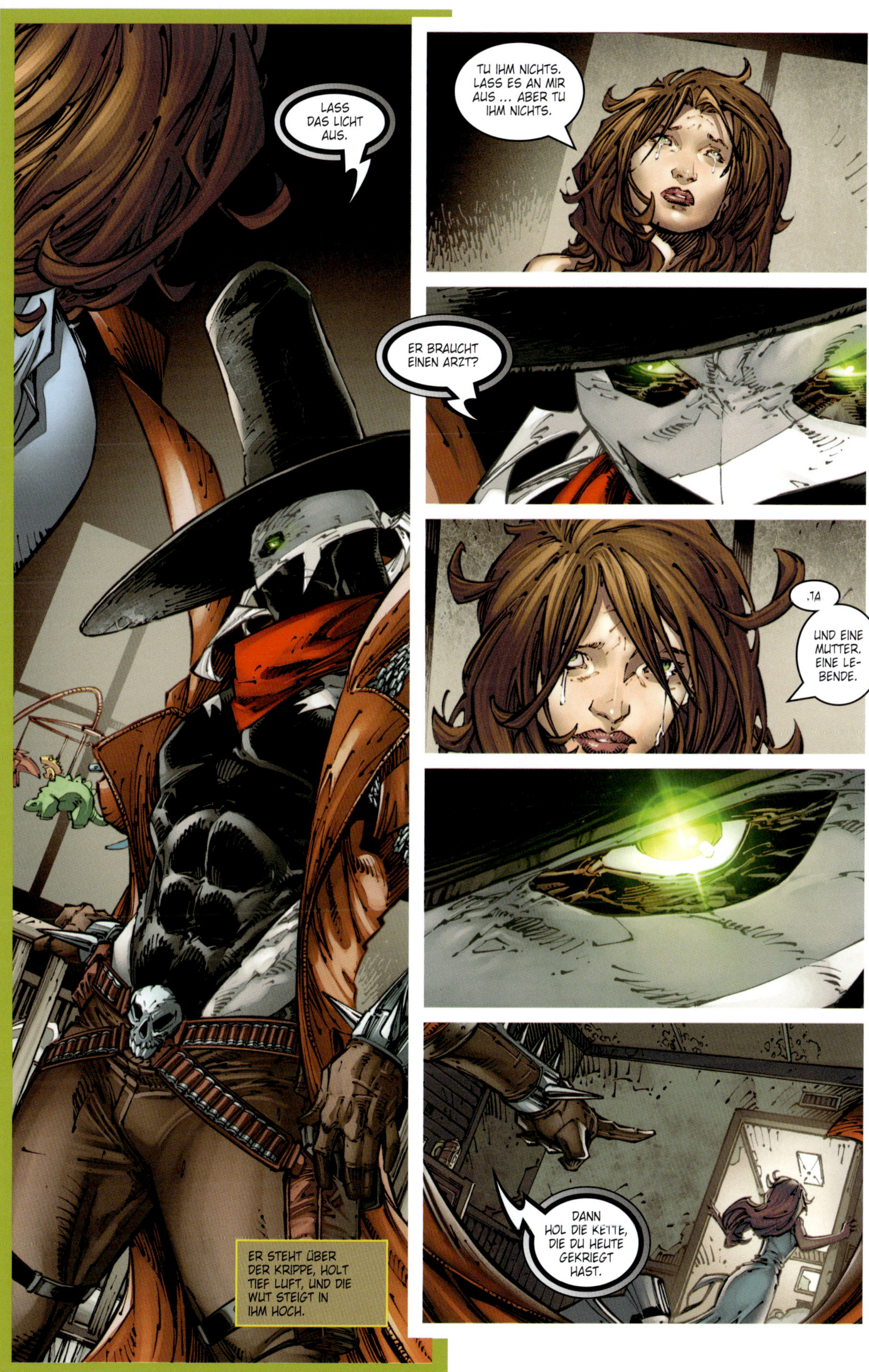
LASS DAS LICHT AUS.
TU IHM NICHTS. LASS ES AN MIR AUS ... ABER TU IHM NICHTS.
ER BRAUCHT EINEN ARZT?
JA
UND EINE MUTTER. EINE LEBENDE.
DANN HOL DIE KETTE, DIE DU HEUTE GEKRIEGT HAST.
ER STEHT ÜBER DER KRIPPE, HOLT TIEF LUFT, UND DIE WUT STEIGT IN IHM HOCH.

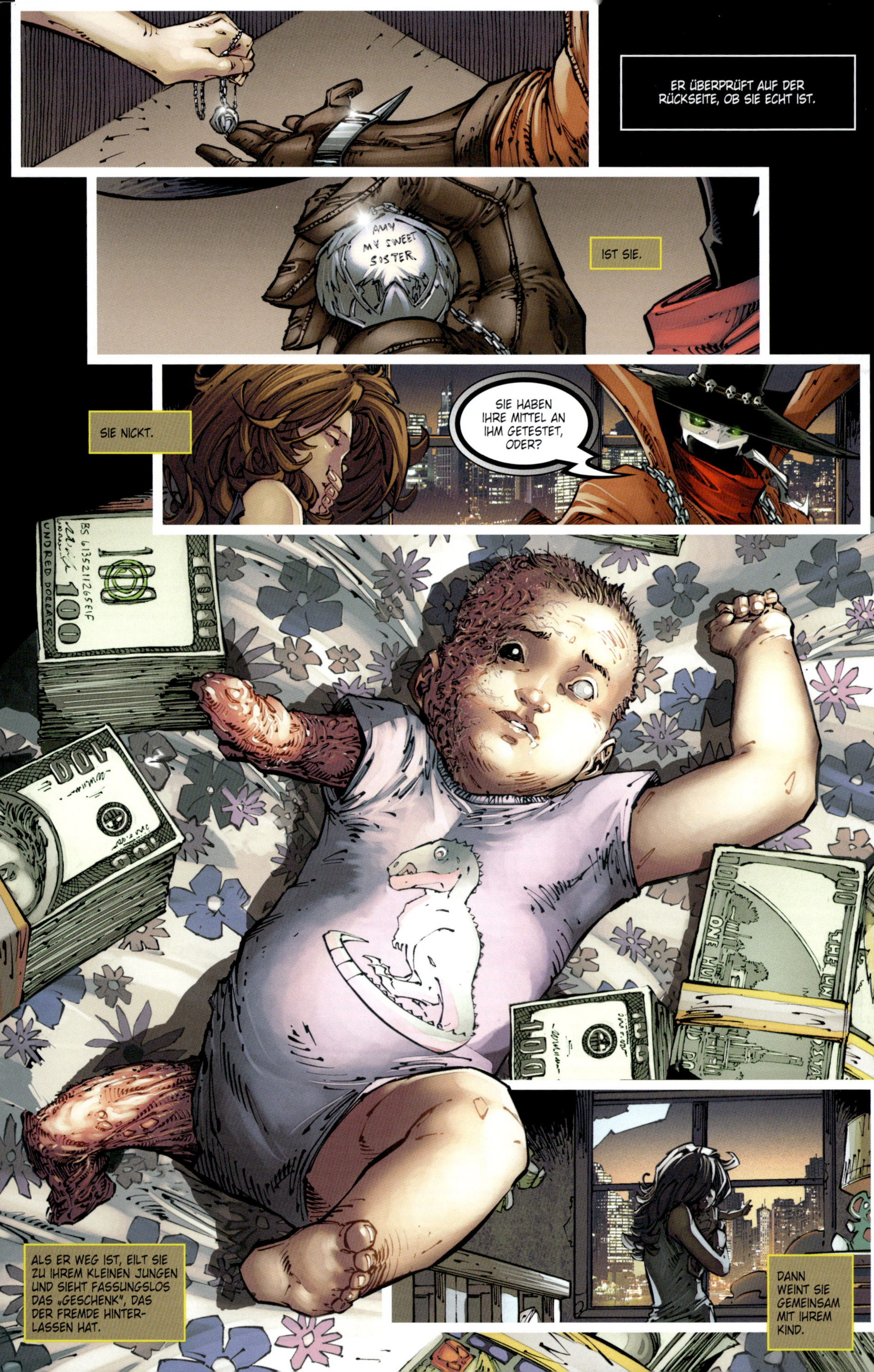
ER ÜBERPRÜFT AUF DER RÜCKSEITE, OB SIE ECHT IST.
AMY MY SWEET SISTER
IST SIE.
SIE NICKT.
SIE HABEN IHRE MITTEL AN IHM GETESTET, ODER?
ALS ER WEG IST, EILT SIE ZU IHREM KLEINEN JUNGEN UND SIEHT FASSUNGSLOS DAS „GESCHENK", DAS DER FREMDE HINTERLASSEN HAT.
DANN WEINT SIE GEMEINSAM MIT IHREM KIND.

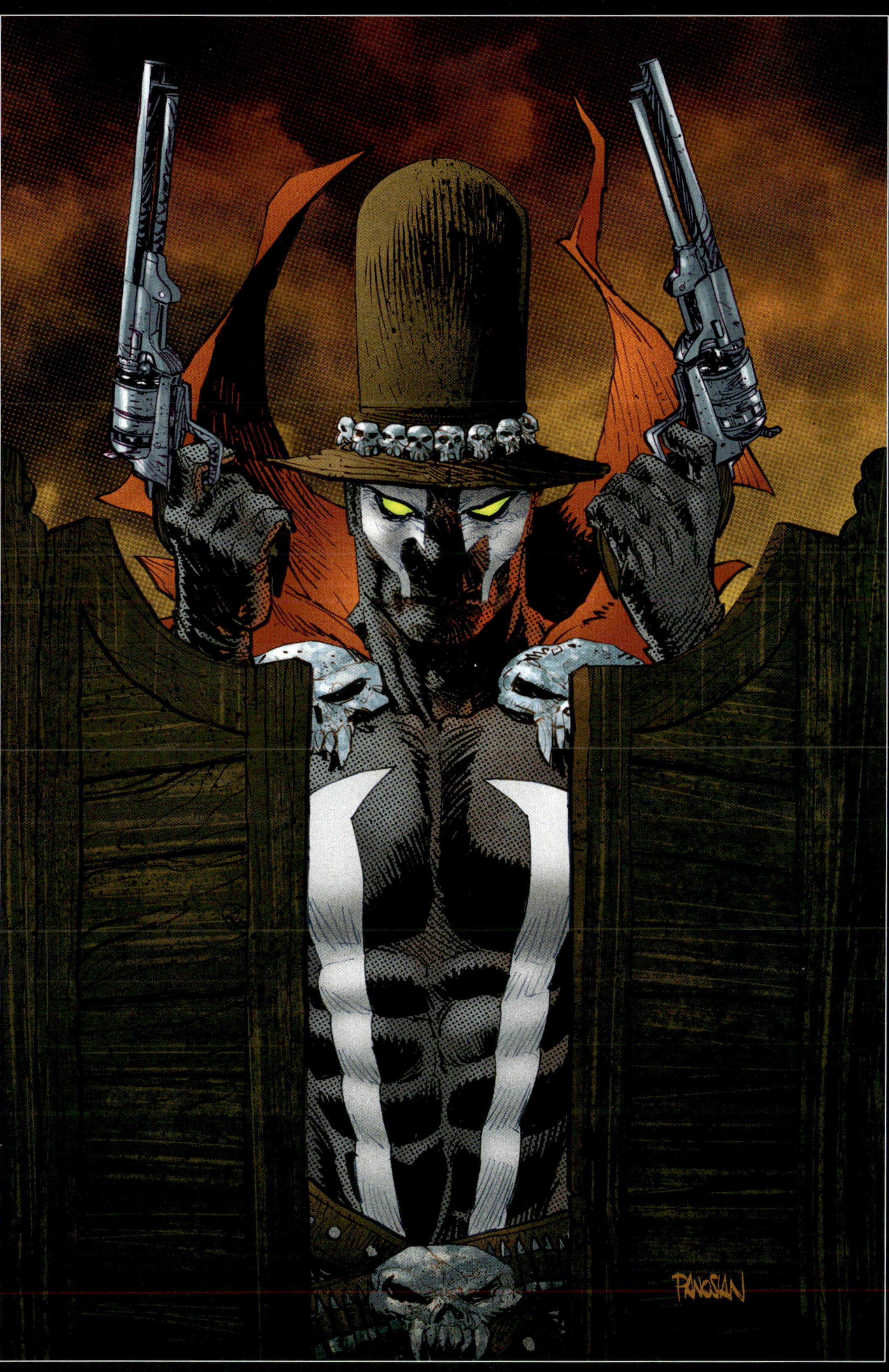

Gunslinger Spawn (2021) 25
Cover von **DAN PANOSIAN**

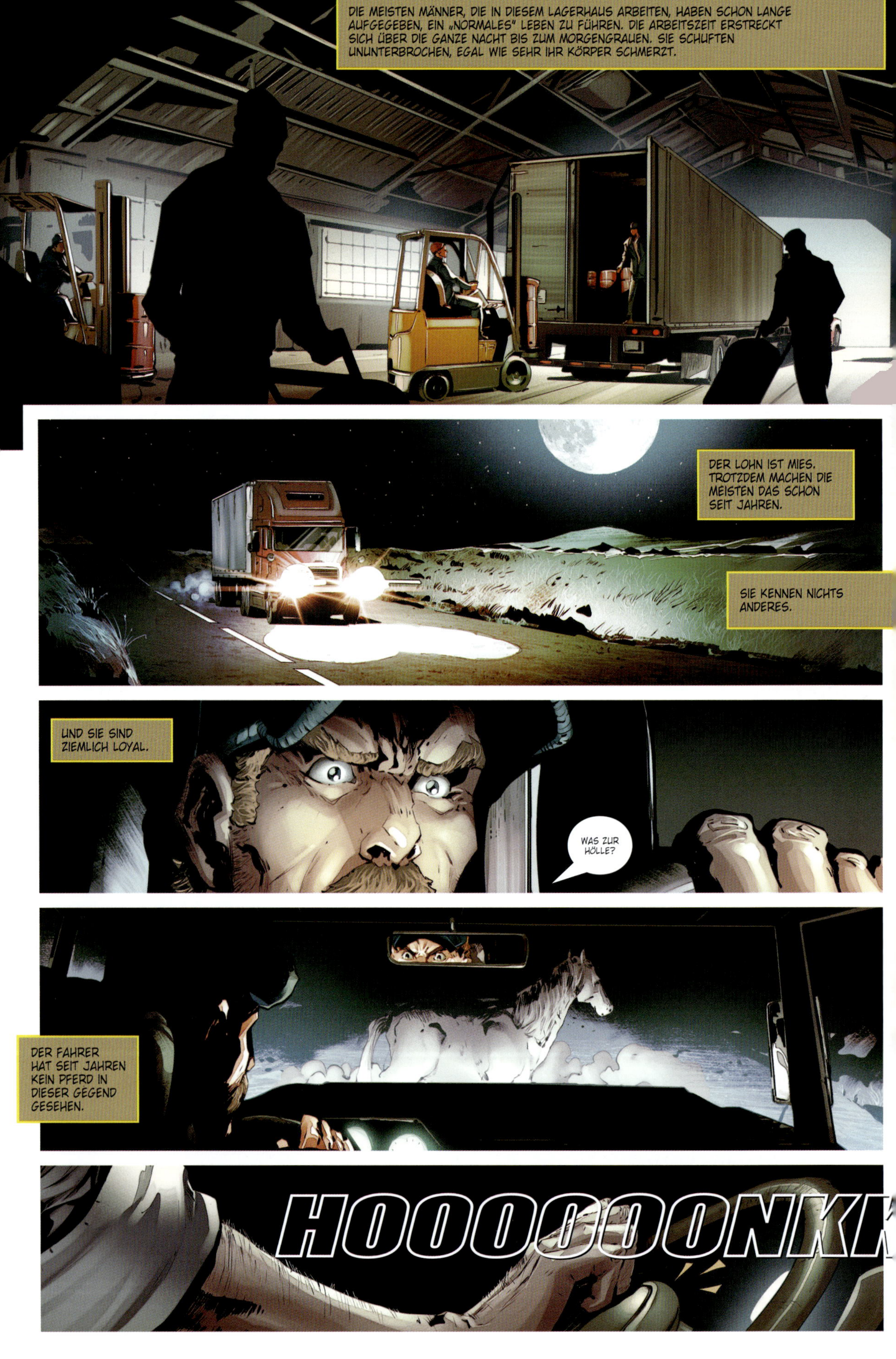
DIE MEISTEN MÄNNER, DIE IN DIESEM LAGERHAUS ARBEITEN, HABEN SCHON LANGE AUFGEGEBEN, EIN „NORMALES" LEBEN ZU FÜHREN. DIE ARBEITSZEIT ERSTRECKT SICH ÜBER DIE GANZE NACHT BIS ZUM MORGENGRAUEN. SIE SCHUFTEN UNUNTERBROCHEN, EGAL WIE SEHR IHR KÖRPER SCHMERZT.
DER LOHN IST MIES. TROTZDEM MACHEN DIE MEISTEN DAS SCHON SEIT JAHREN.
SIE KENNEN NICHTS ANDERES.
UND SIE SIND ZIEMLICH LOYAL.
WAS ZUR HÖLLE?
DER FAHRER HAT SEIT JAHREN KEIN PFERD IN DIESER GEGEND GESEHEN.
HOOOOOONKK

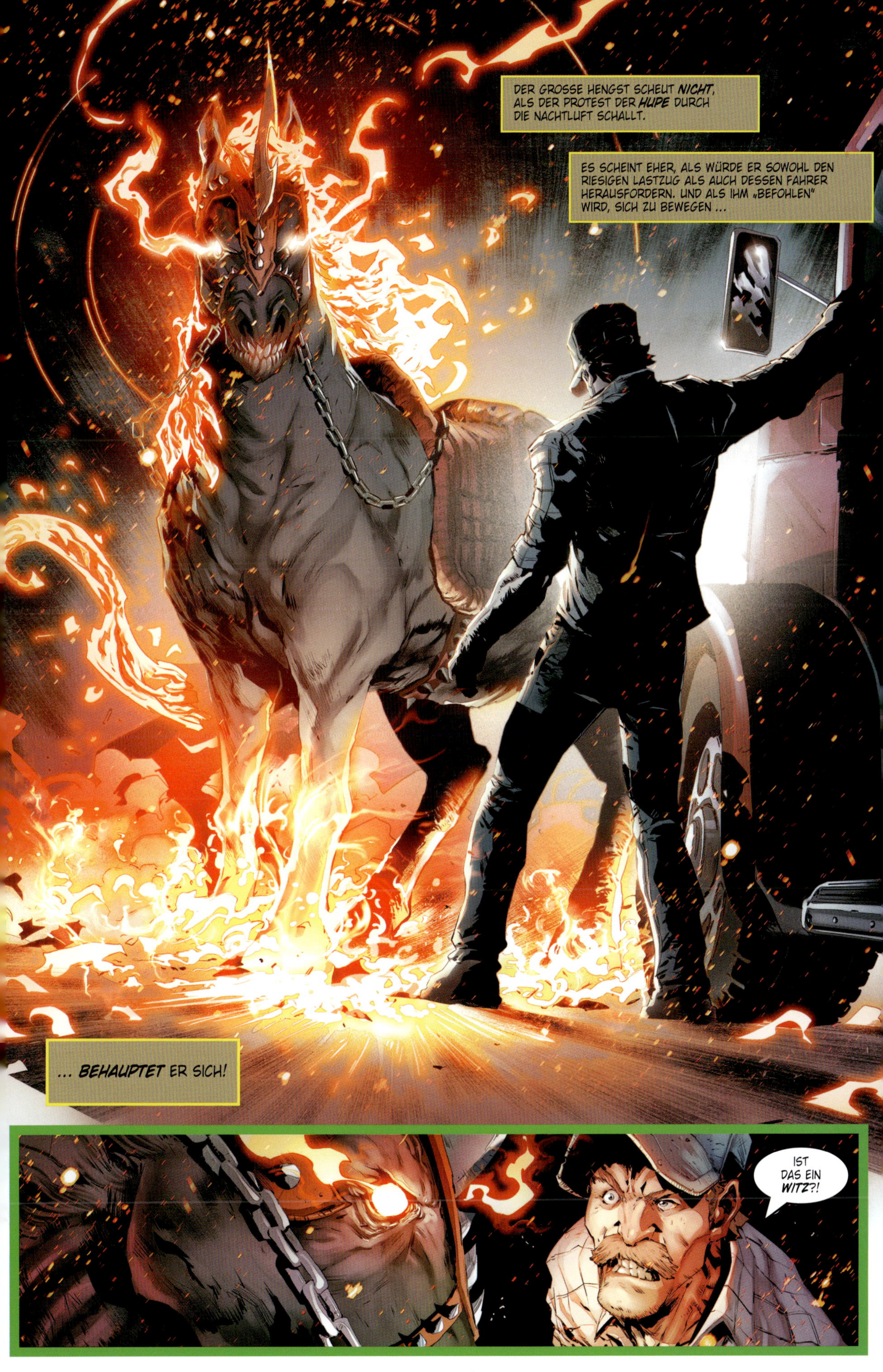
DER GROSSE HENGST SCHEUT NICHT, ALS DER PROTEST DER HUPE DURCH DIE NACHTLUFT SCHALLT.
ES SCHEINT EHER, ALS WÜRDE ER SOWOHL DEN RIESIGEN LASTZUG ALS AUCH DESSEN FAHRER HERAUSFORDERN. UND ALS IHM „BEFOHLEN" WIRD, SICH ZU BEWEGEN …
… BEHAUPTET ER SICH!
IST DAS EIN WITZ?!

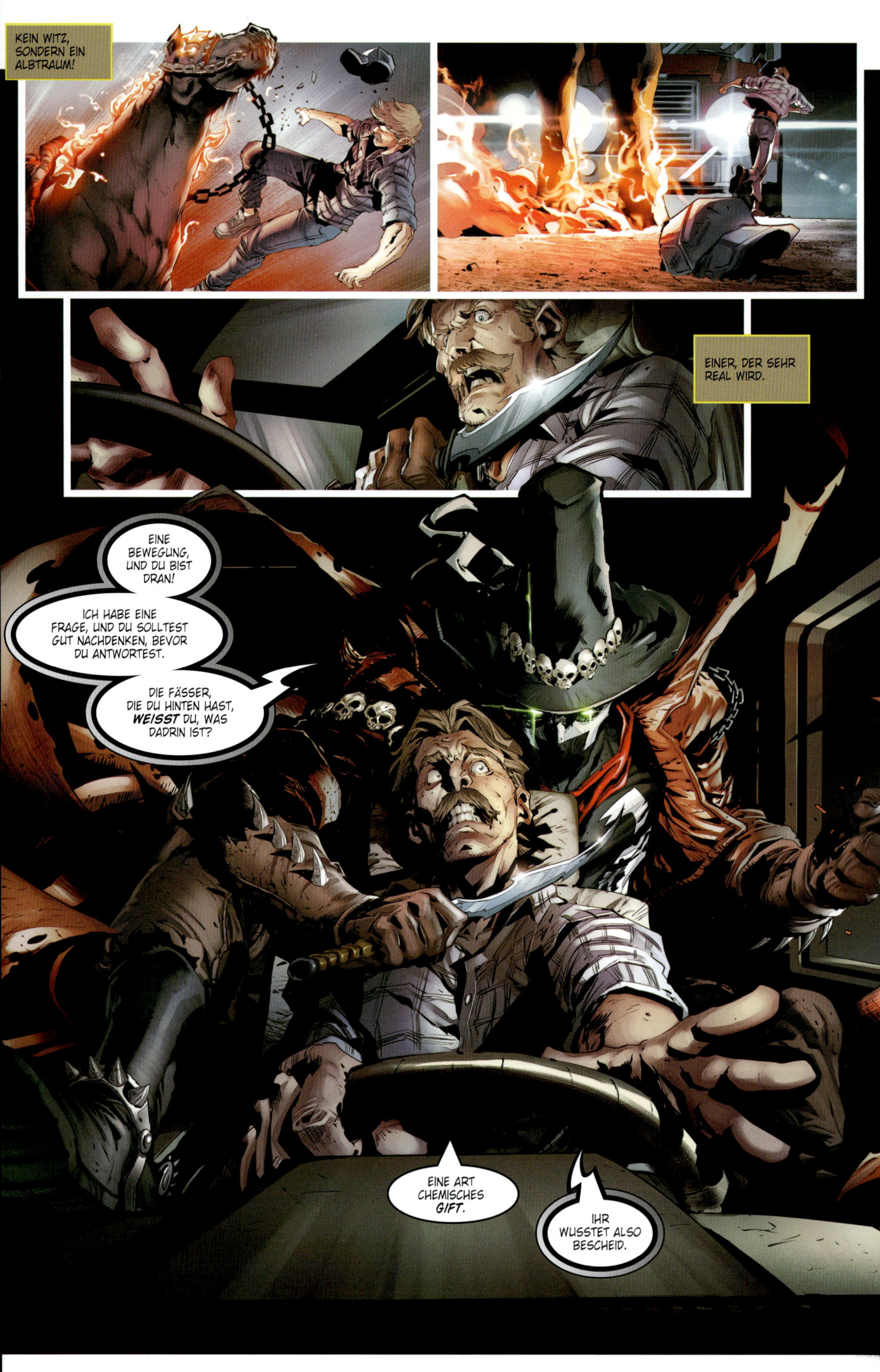
KEIN WITZ, SONDERN EIN ALBTRAUM!
EINER, DER SEHR REAL WIRD.
EINE BEWEGUNG, UND DU BIST DRAN!
ICH HABE EINE FRAGE, UND DU SOLLTEST GUT NACHDENKEN, BEVOR DU ANTWORTEST.
DIE FÄSSER, DIE DU HINTEN HAST, *WEISST* DU, WAS DADRIN IST?
EINE ART CHEMISCHES *GIFT*.
IHR WUSSTET ALSO BESCHEID.

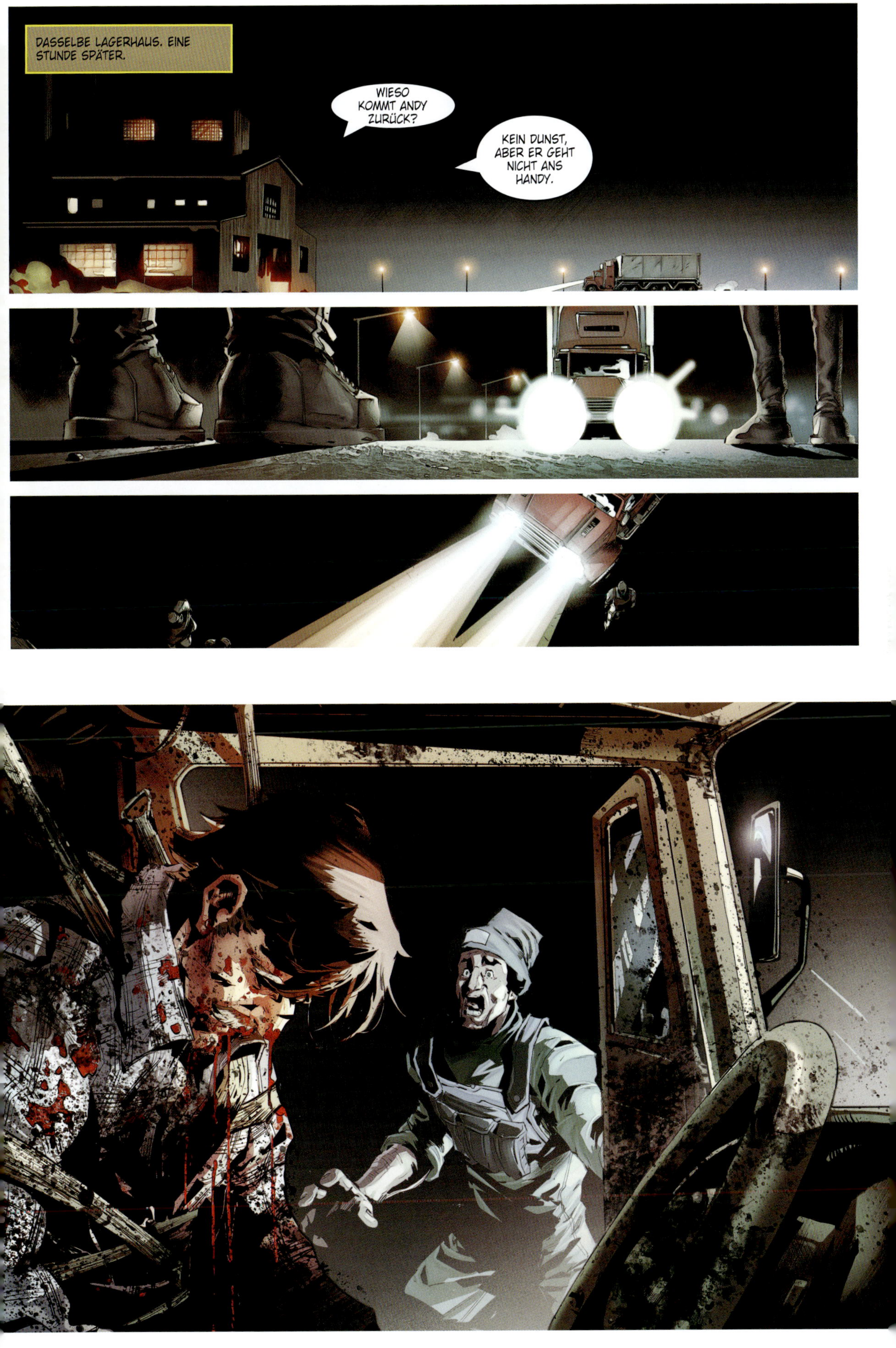

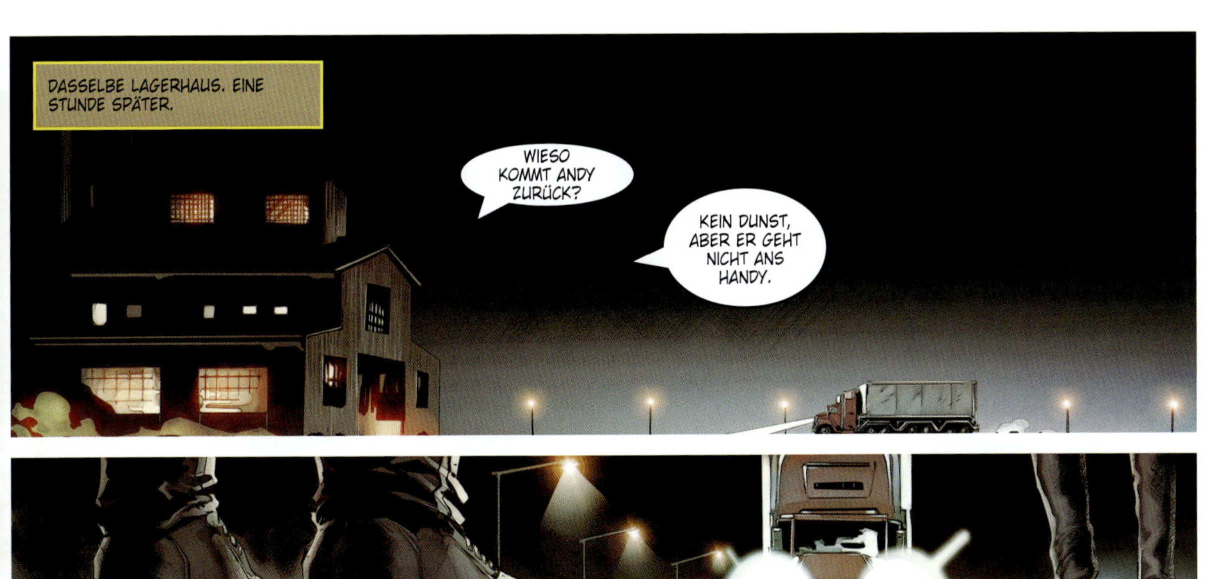
DASSELBE LAGERHAUS. EINE STUNDE SPÄTER.
WIESO KOMMT ANDY ZURÜCK?
KEIN DUNST, ABER ER GEHT NICHT ANS HANDY.

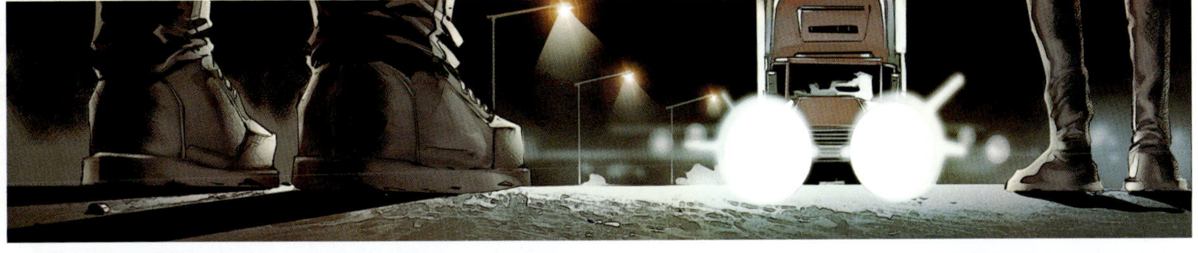

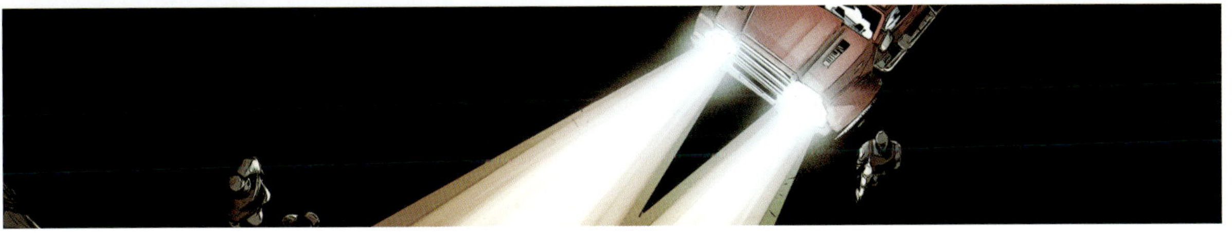

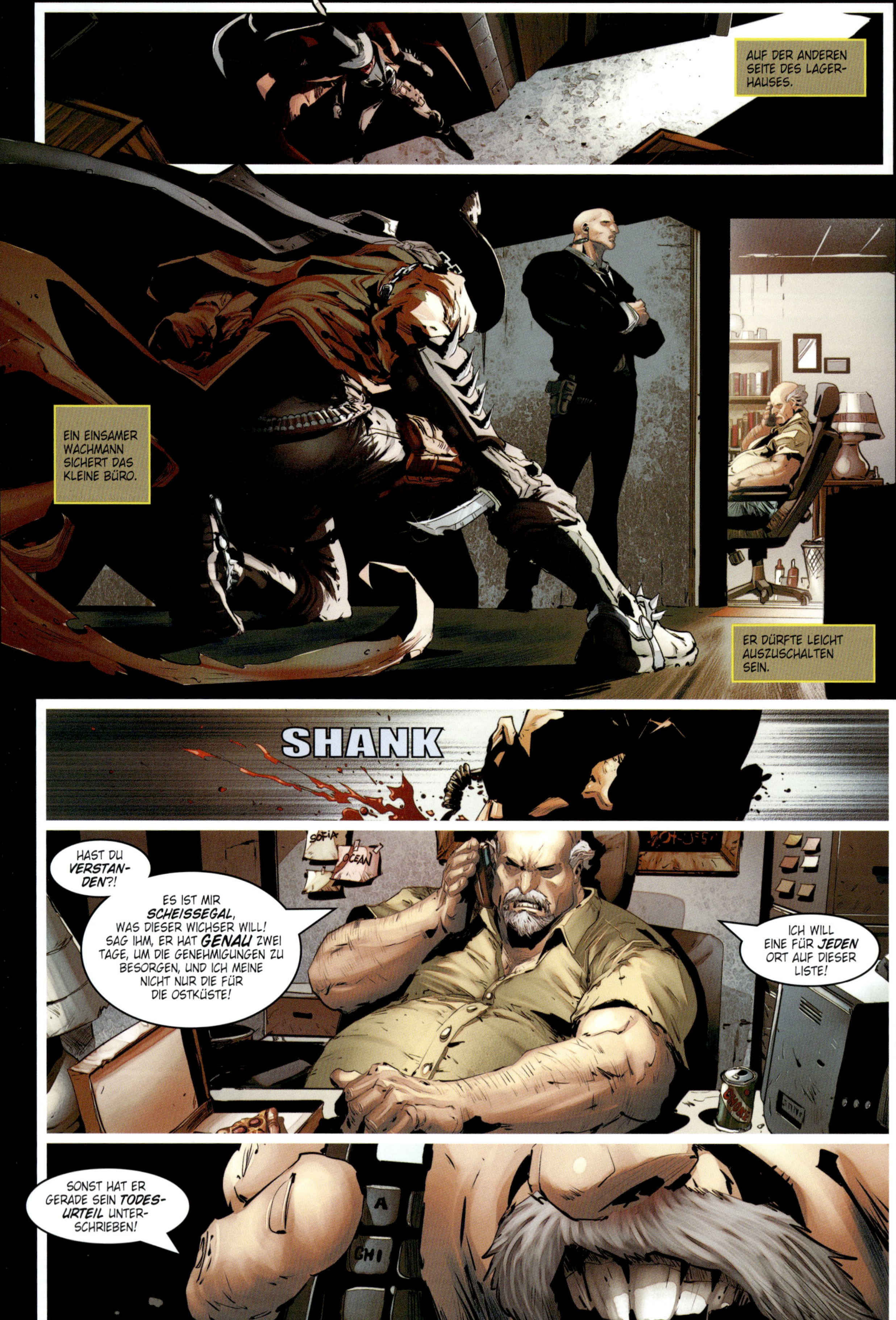
AUF DER ANDEREN SEITE DES LAGERHAUSES.
EIN EINSAMER WACHMANN SICHERT DAS KLEINE BÜRO.
ER DÜRFTE LEICHT AUSZUSCHALTEN SEIN.
SHANK
HAST DU VERSTANDEN?!
ES IST MIR SCHEISSEGAL, WAS DIESER WICHSER WILL! SAG IHM, ER HAT GENAU ZWEI TAGE, UM DIE GENEHMIGUNGEN ZU BESORGEN, UND ICH MEINE NICHT NUR DIE FÜR DIE OSTKÜSTE!
ICH WILL EINE FÜR JEDEN ORT AUF DIESER LISTE!
SONST HAT ER GERADE SEIN TODESURTEIL UNTERSCHRIEBEN!

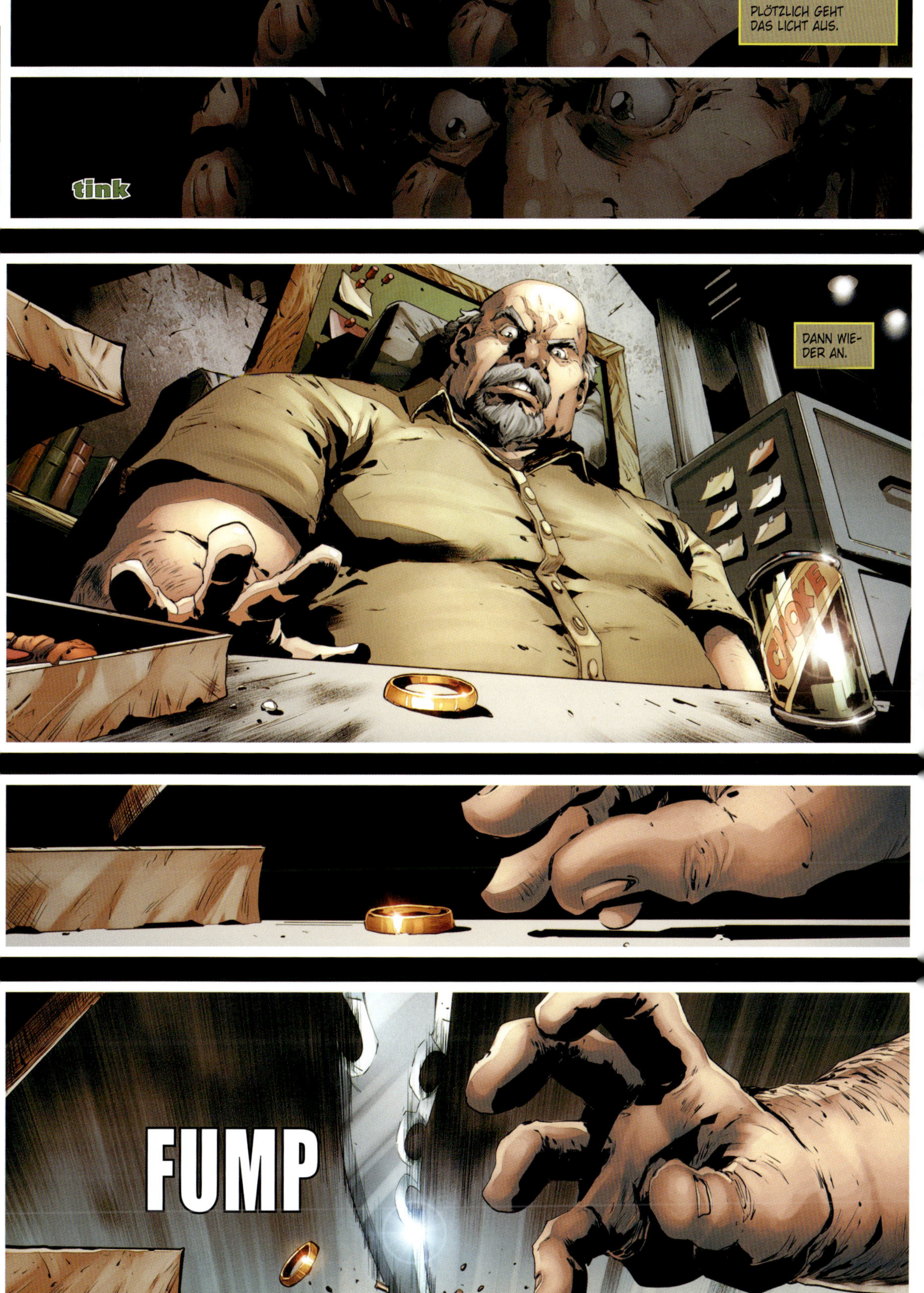
PLÖTZLICH GEHT DAS LICHT AUS.
tink
DANN WIEDER AN.
CHOKE
FUMP

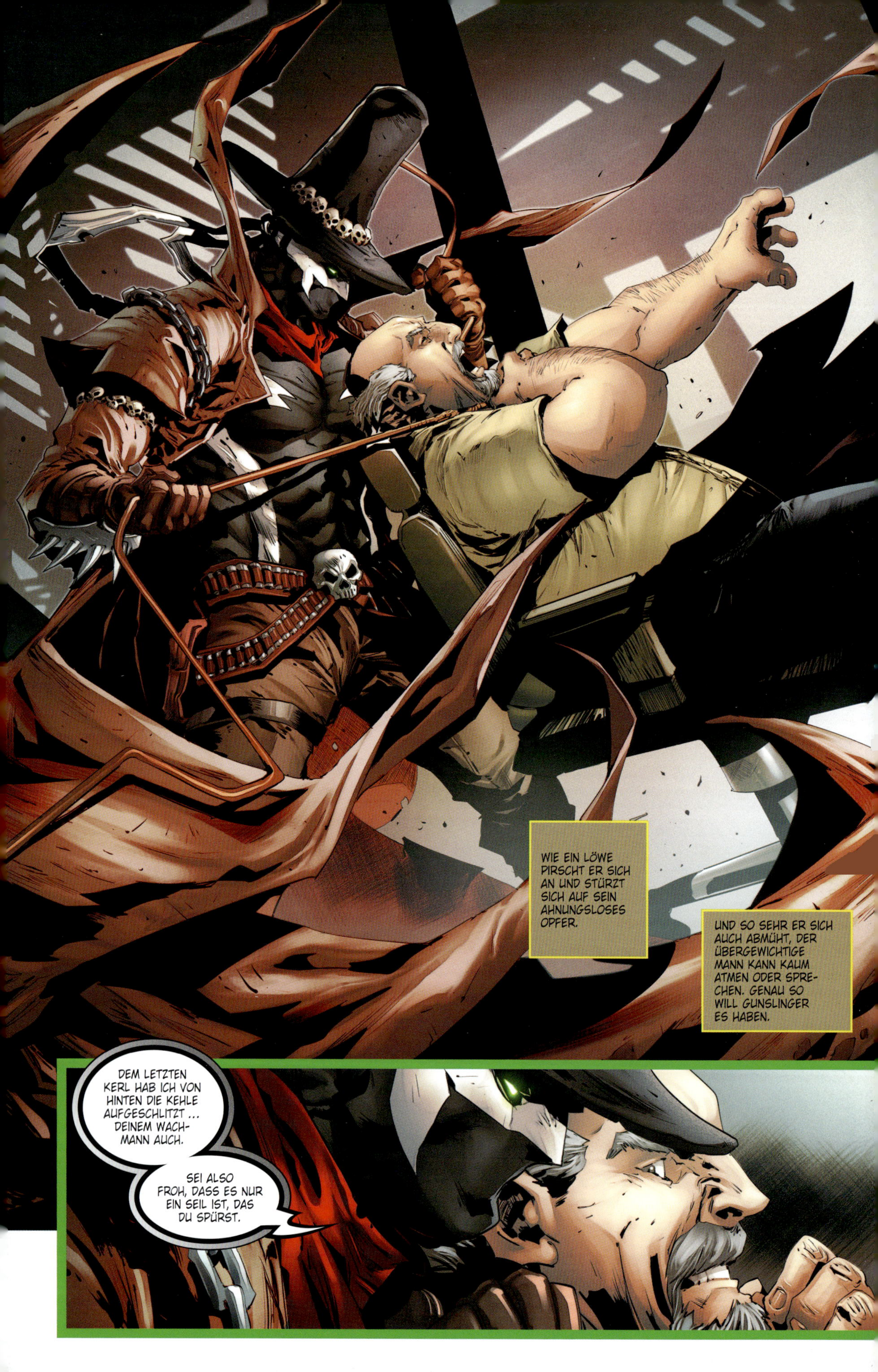
WIE EIN LÖWE PIRSCHT ER SICH AN UND STÜRZT SICH AUF SEIN AHNUNGSLOSES OPFER.
UND SO SEHR ER SICH AUCH ABMÜHT, DER ÜBERGEWICHTIGE MANN KANN KAUM ATMEN ODER SPRECHEN. GENAU SO WILL GUNSLINGER ES HABEN.
DEM LETZTEN KERL HAB ICH VON HINTEN DIE KEHLE AUFGESCHLITZT ... DEINEM WACHMANN AUCH.
SEI ALSO FROH, DASS ES NUR EIN SEIL IST, DAS DU SPÜRST.

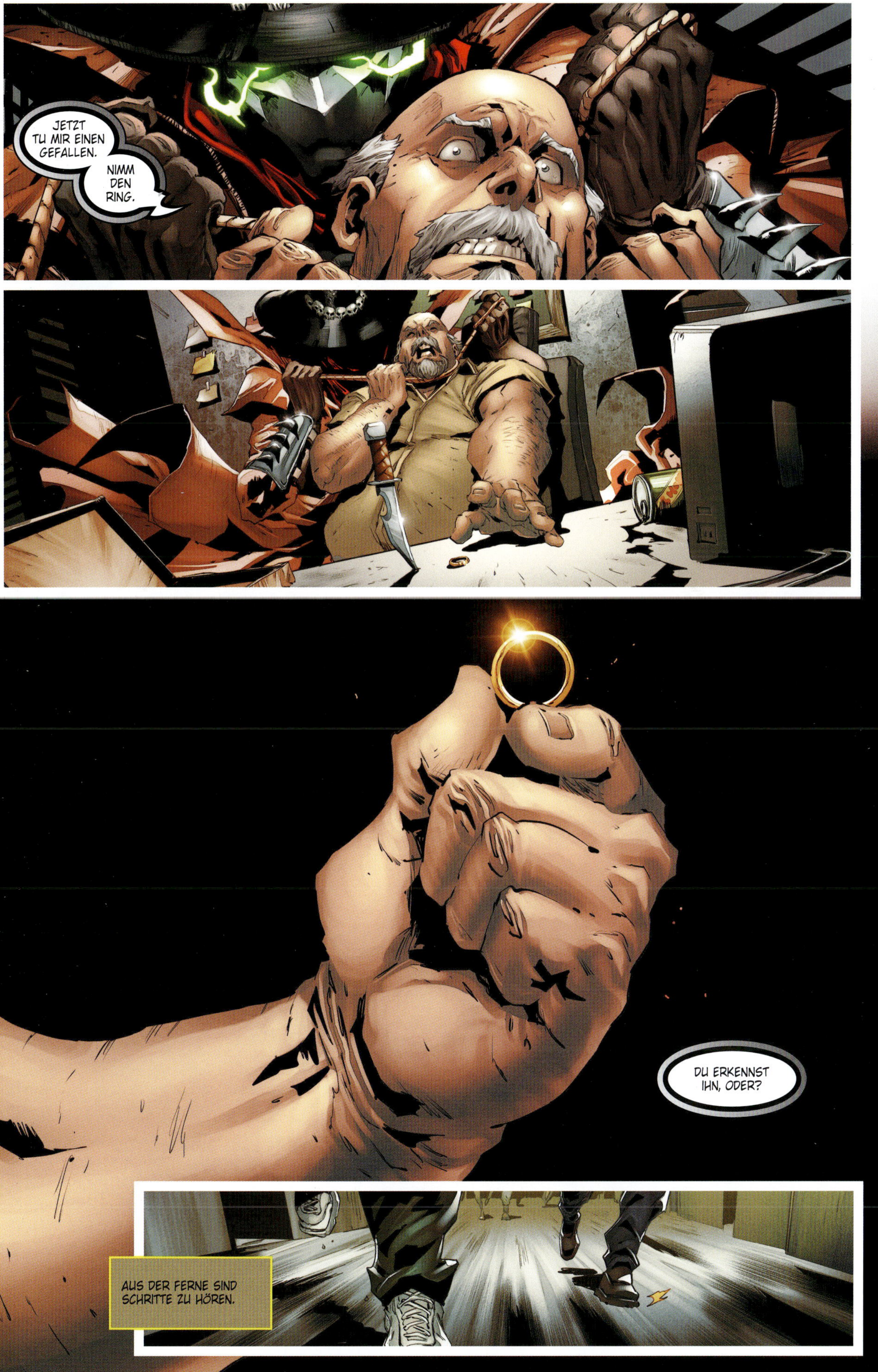

JETZT TU MIR EINEN GEFALLEN.
NIMM DEN RING.

DU ERKENNST IHN, ODER?

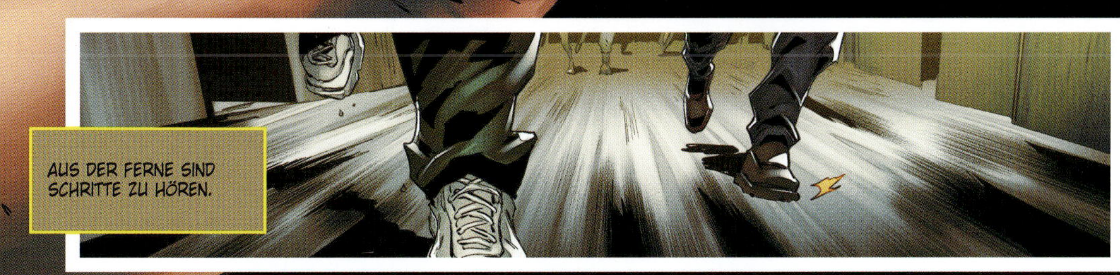

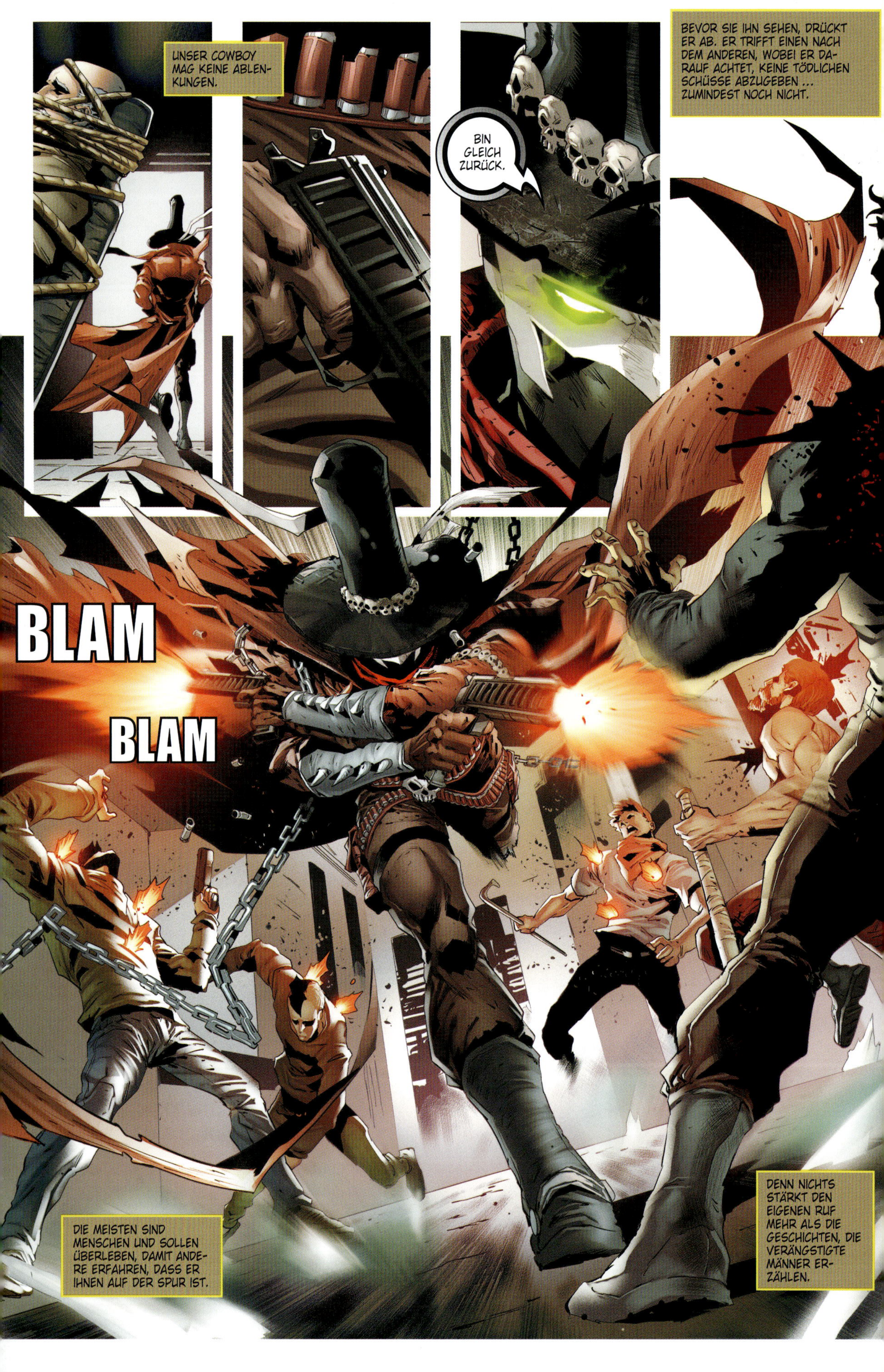
UNSER COWBOY MAG KEINE ABLEN-KUNGEN.
BIN GLEICH ZURÜCK.
BEVOR SIE IHN SEHEN, DRÜCKT ER AB. ER TRIFFT EINEN NACH DEM ANDEREN, WOBEI ER DA-RAUF ACHTET, KEINE TÖDLICHEN SCHÜSSE ABZUGEBEN … ZUMINDEST NOCH NICHT.
BLAM
BLAM
DIE MEISTEN SIND MENSCHEN UND SOLLEN ÜBERLEBEN, DAMIT ANDE-RE ERFAHREN, DASS ER IHNEN AUF DER SPUR IST.
DENN NICHTS STÄRKT DEN EIGENEN RUF MEHR ALS DIE GESCHICHTEN, DIE VERÄNGSTIGTE MÄNNER ER-ZÄHLEN.

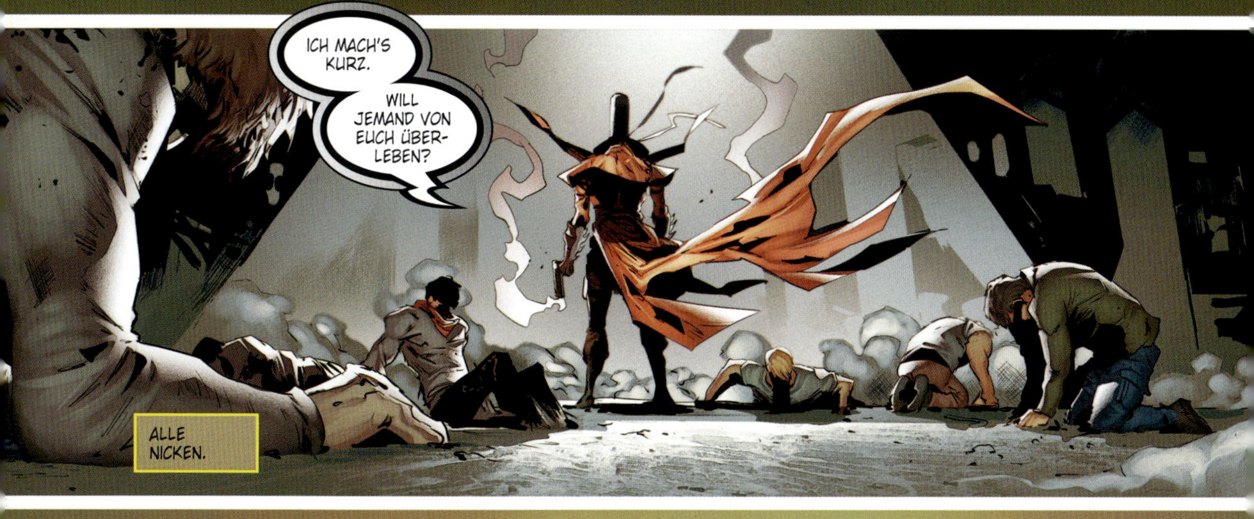

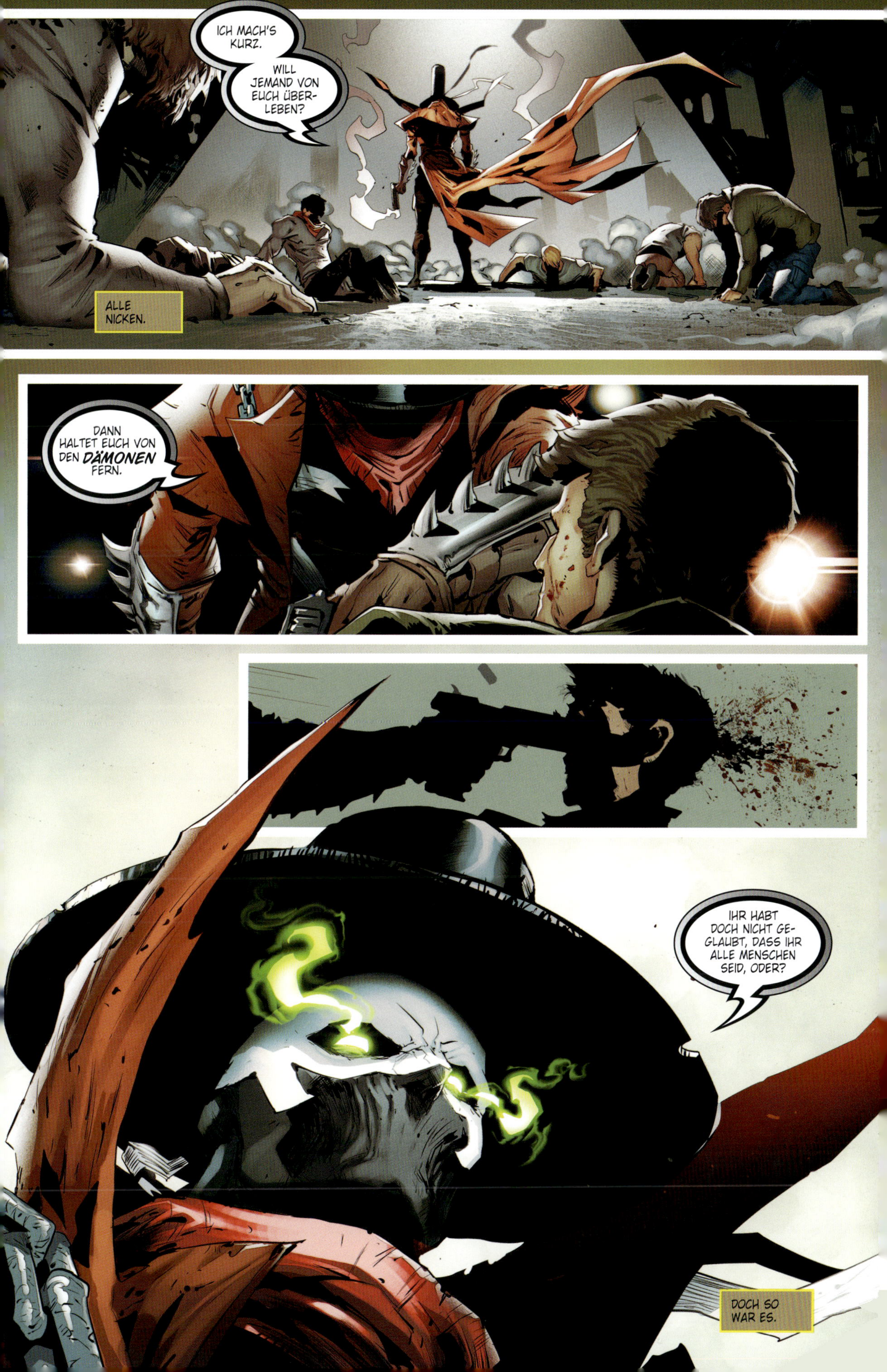

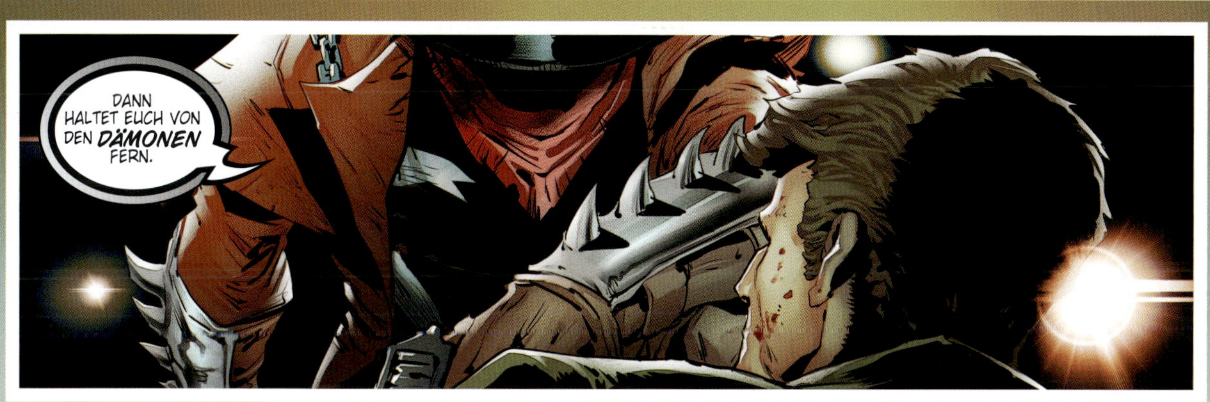

IHR HABT DOCH NICHT GE-GLAUBT, DASS IHR ALLE MENSCHEN SEID, ODER?

DOCH SO WAR ES.

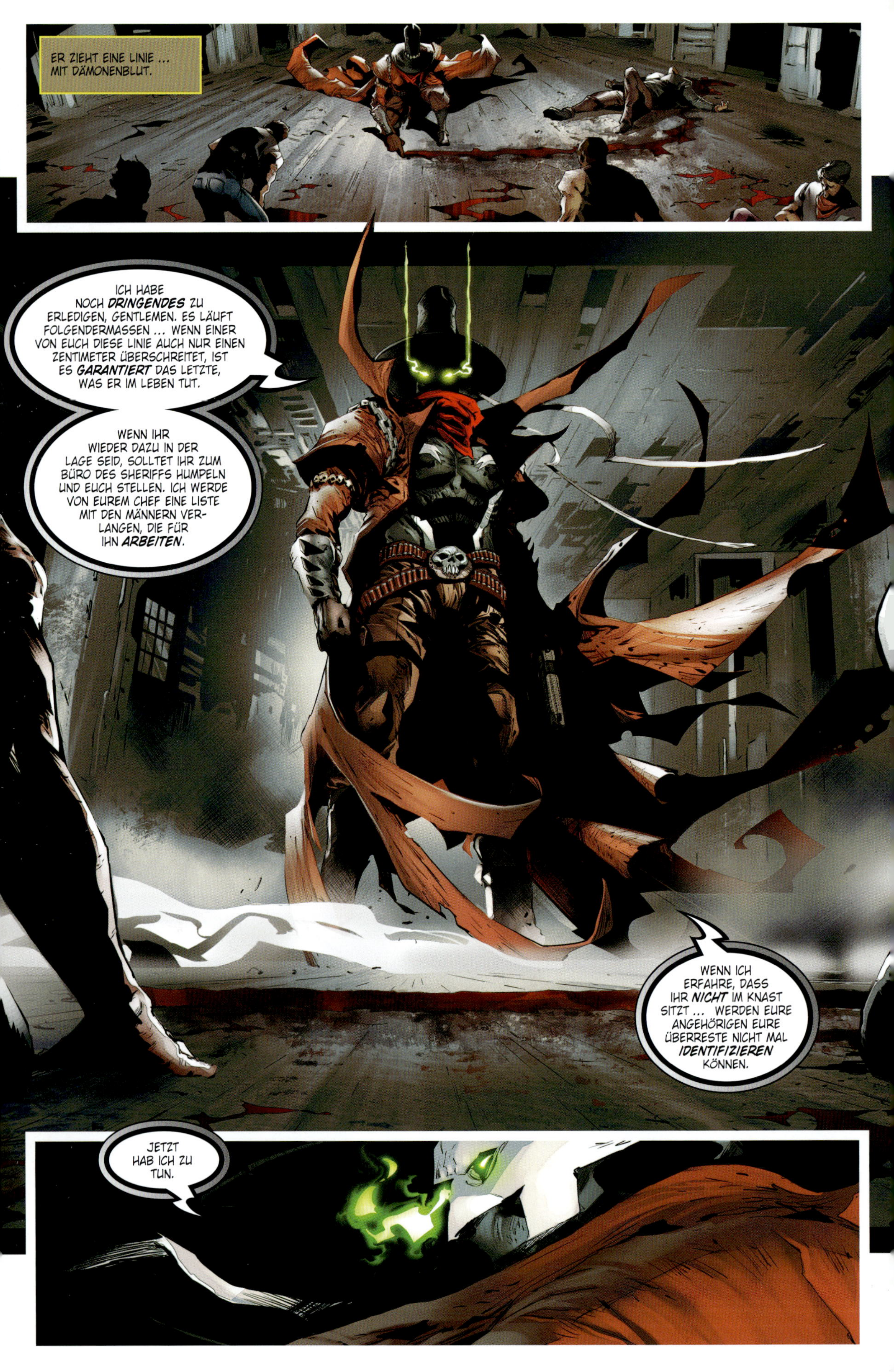
ER ZIEHT EINE LINIE … MIT DÄMONENBLUT.
ICH HABE NOCH DRINGENDES ZU ERLEDIGEN, GENTLEMEN. ES LÄUFT FOLGENDERMASSEN … WENN EINER VON EUCH DIESE LINIE AUCH NUR EINEN ZENTIMETER ÜBERSCHREITET, IST ES GARANTIERT DAS LETZTE, WAS ER IM LEBEN TUT.
WENN IHR WIEDER DAZU IN DER LAGE SEID, SOLLTET IHR ZUM BÜRO DES SHERIFFS HUMPELN UND EUCH STELLEN. ICH WERDE VON EUREM CHEF EINE LISTE MIT DEN MÄNNERN VERLANGEN, DIE FÜR IHN ARBEITEN.
WENN ICH ERFAHRE, DASS IHR NICHT IM KNAST SITZT … WERDEN EURE ANGEHÖRIGEN EURE ÜBERRESTE NICHT MAL IDENTIFIZIEREN KÖNNEN.
JETZT HAB ICH ZU TUN.

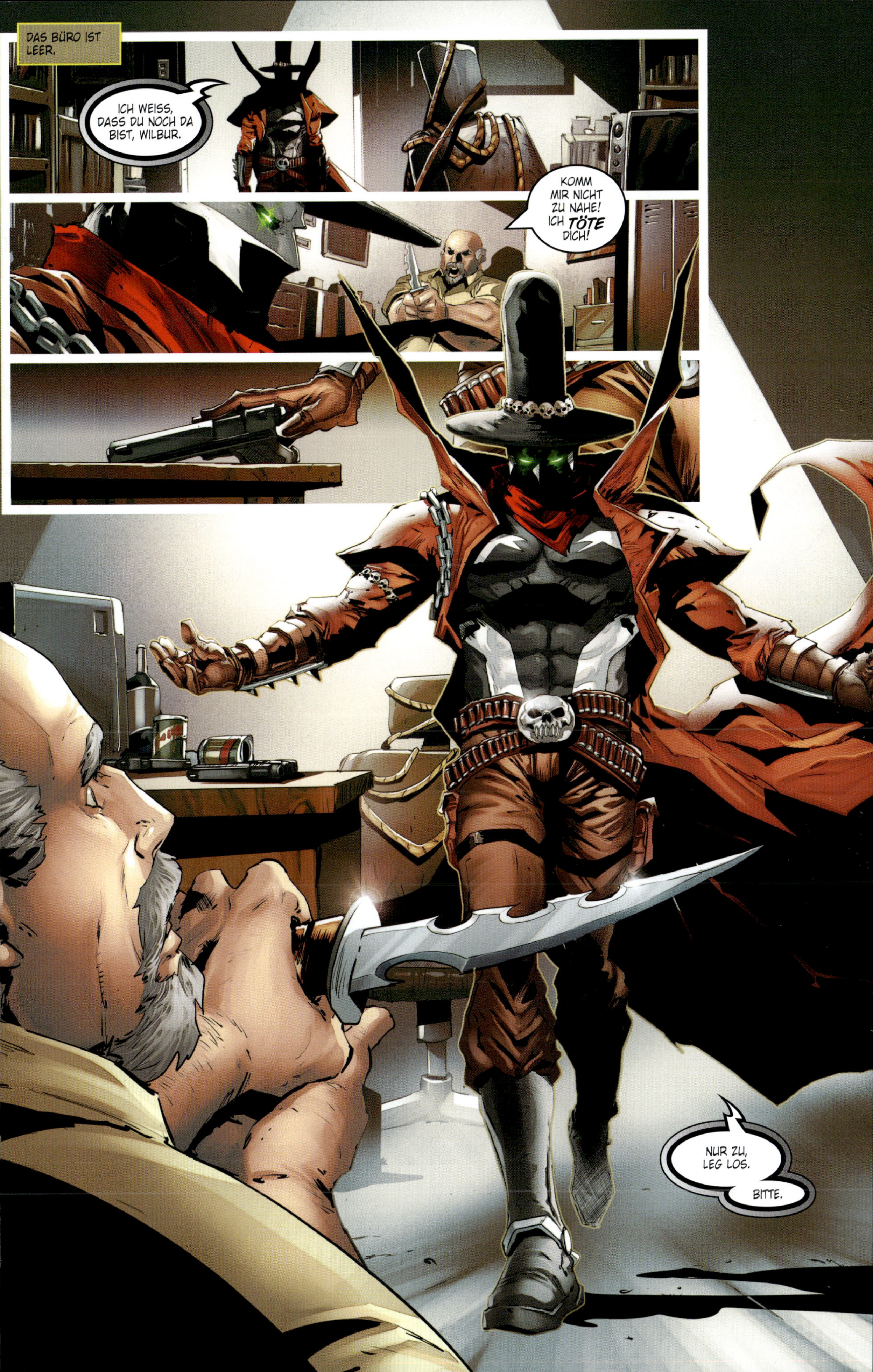
DAS BÜRO IST LEER.
ICH WEISS, DASS DU NOCH DA BIST, WILBUR.
KOMM MIR NICHT ZU NAHE! ICH TÖTE DICH!
NUR ZU, LEG LOS.
BITTE.

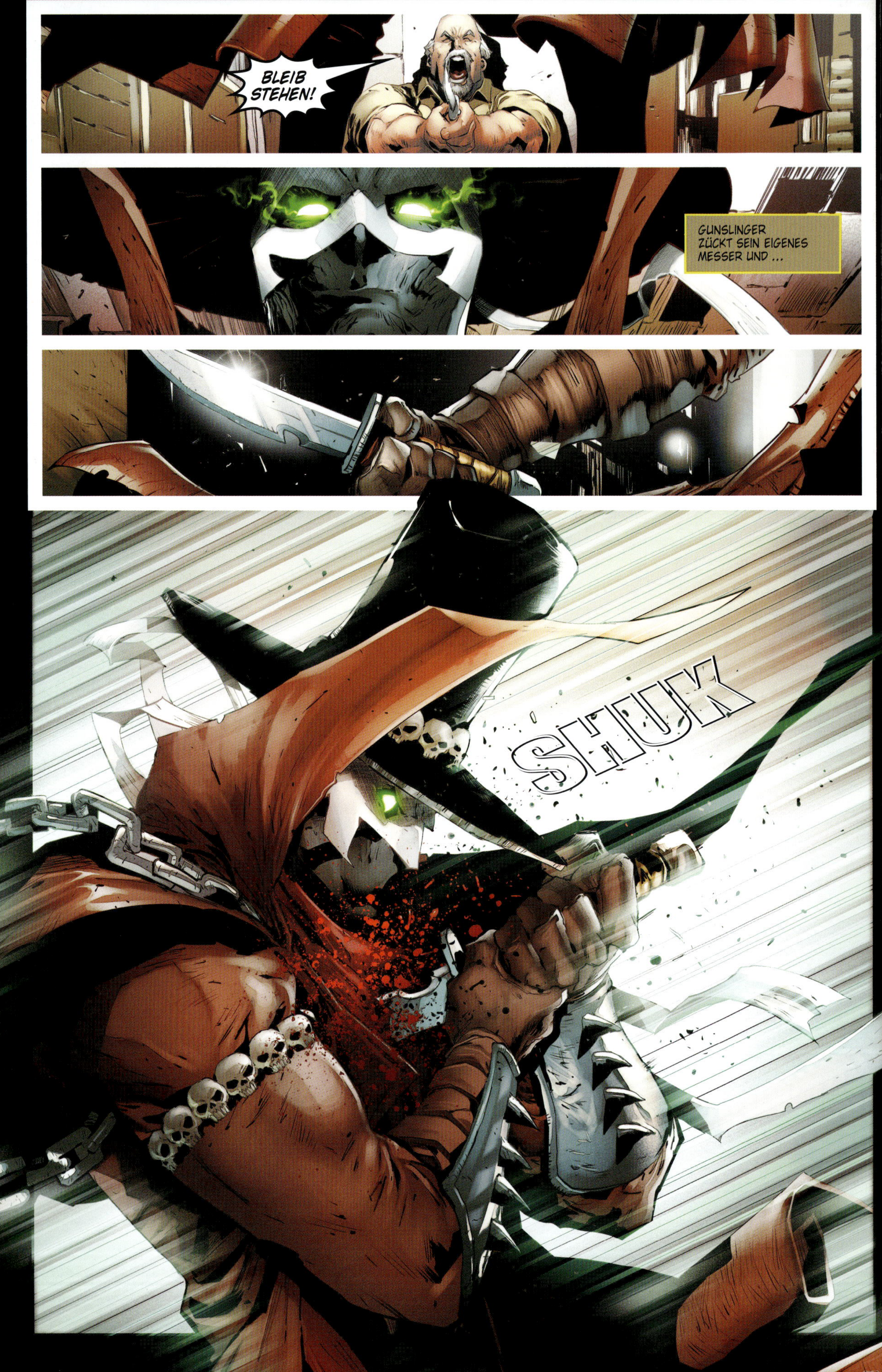
BLEIB STEHEN!
GUNSLINGER ZÜCKT SEIN EIGENES MESSER UND ...
SHUK

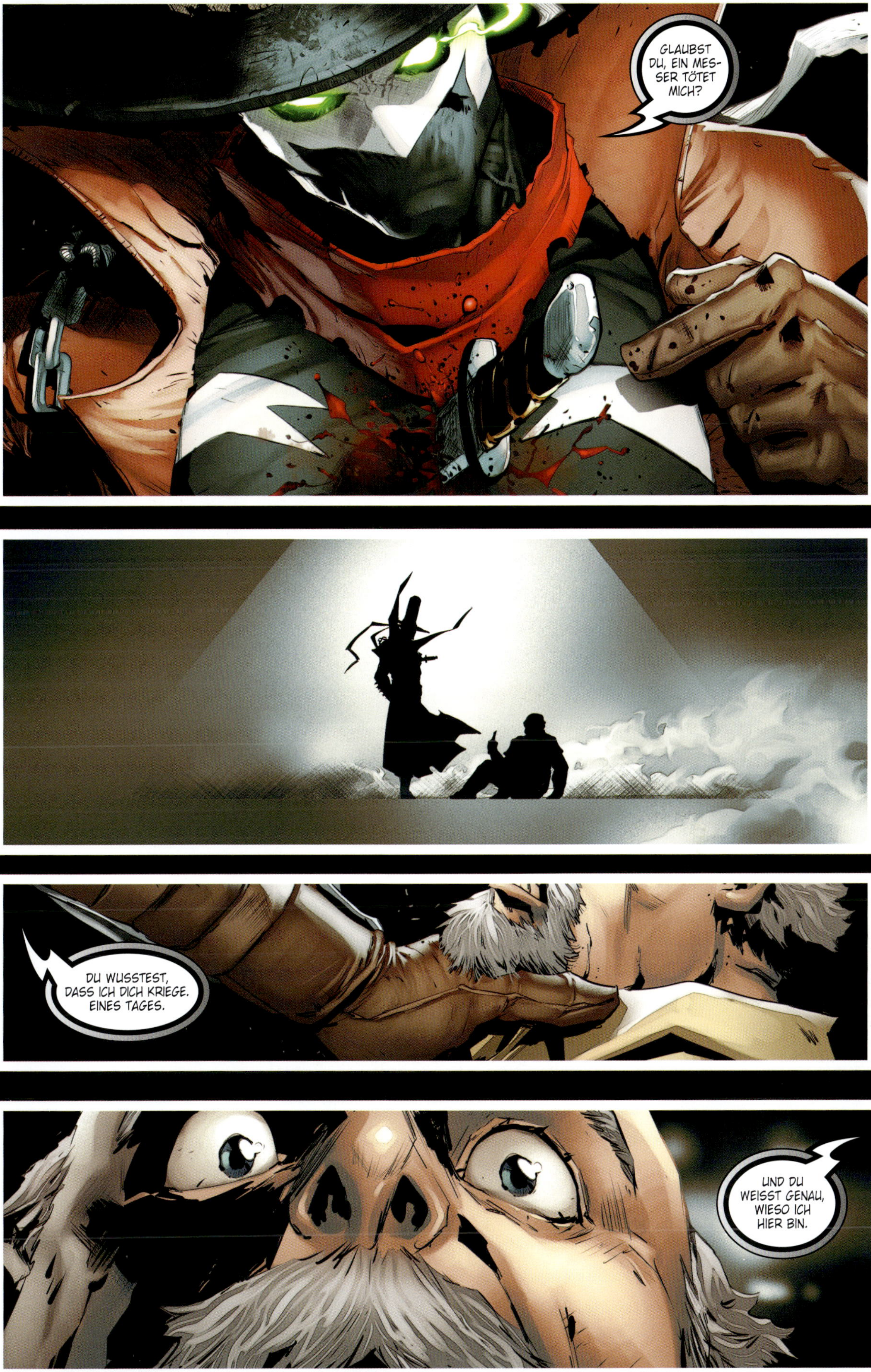

GLAUBST DU, EIN MESSER TÖTET MICH?

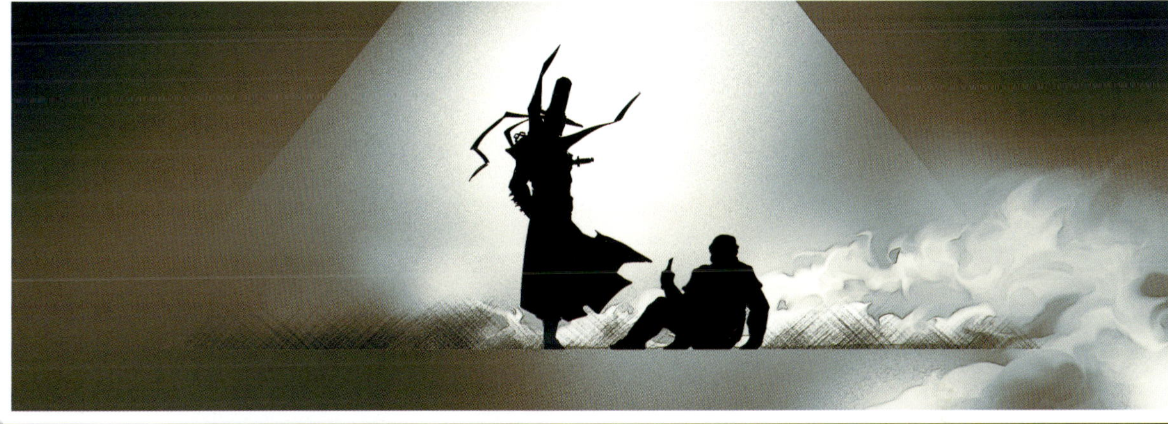

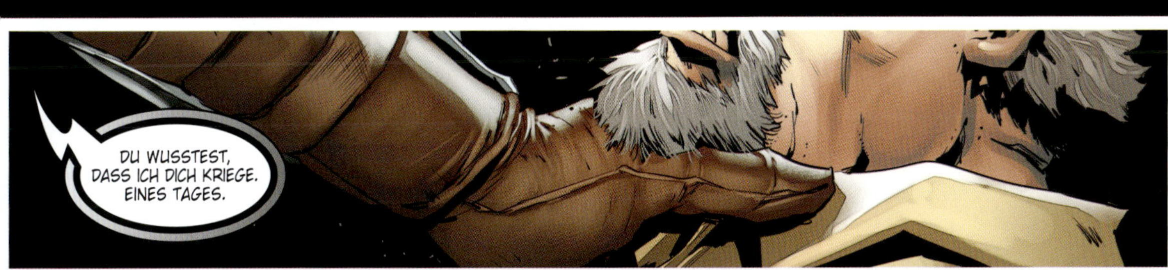
DU WUSSTEST, DASS ICH DICH KRIEGE. EINES TAGES.

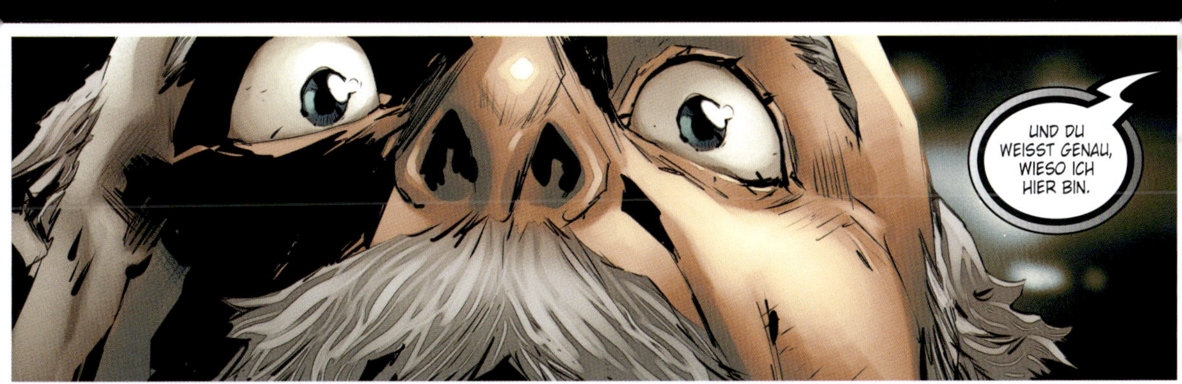
UND DU WEISST GENAU, WIESO ICH HIER BIN.

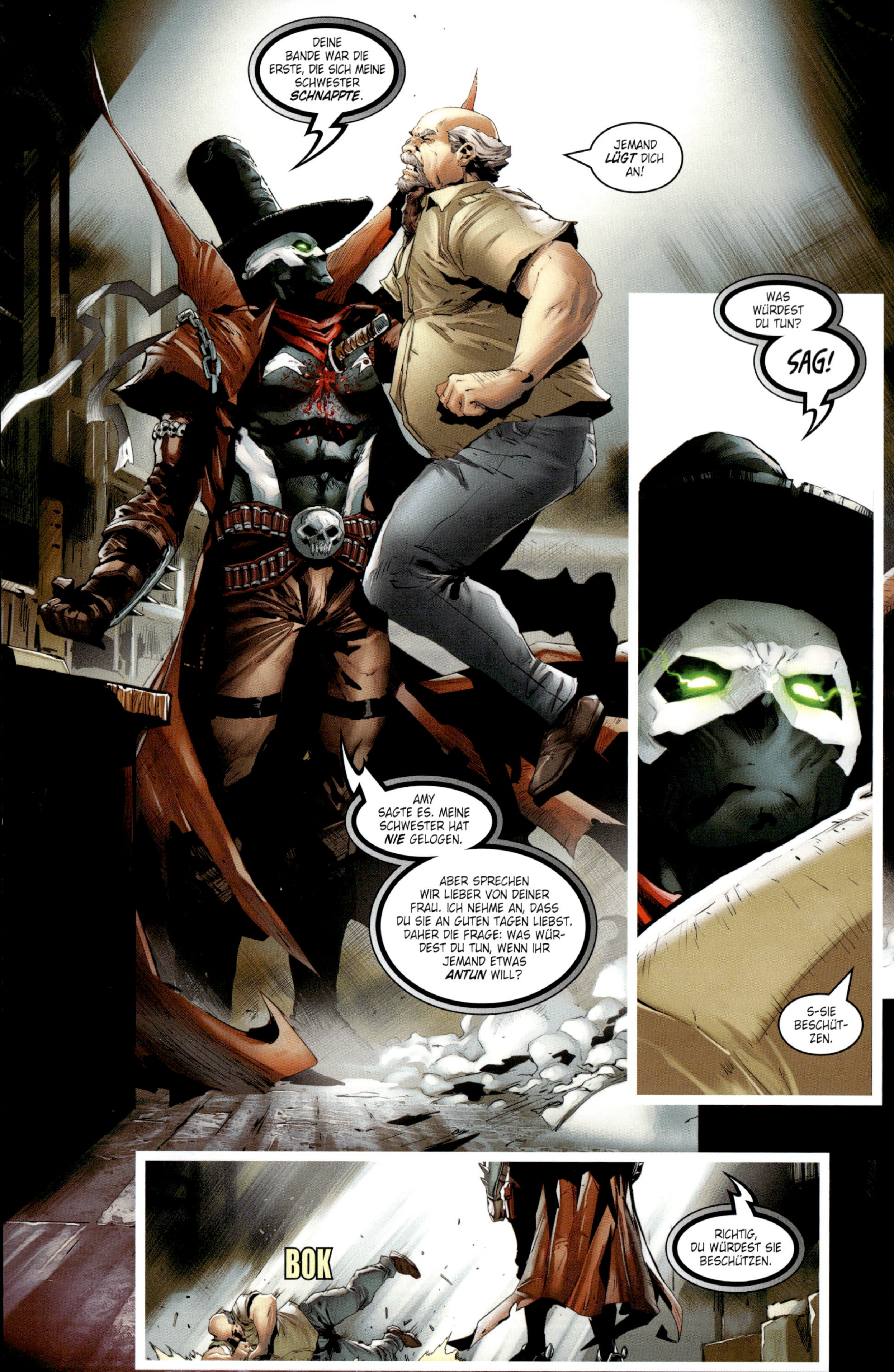
DEINE BANDE WAR DIE ERSTE, DIE SICH MEINE SCHWESTER SCHNAPPTE.
JEMAND LÜGT DICH AN!
AMY SAGTE ES. MEINE SCHWESTER HAT NIE GELOGEN.
ABER SPRECHEN WIR LIEBER VON DEINER FRAU. ICH NEHME AN, DASS DU SIE AN GUTEN TAGEN LIEBST. DAHER DIE FRAGE: WAS WÜRDEST DU TUN, WENN IHR JEMAND ETWAS ANTUN WILL?
WAS WÜRDEST DU TUN?
SAG!
S-SIE BESCHÜTZEN.
BOK
RICHTIG, DU WÜRDEST SIE BESCHÜTZEN.

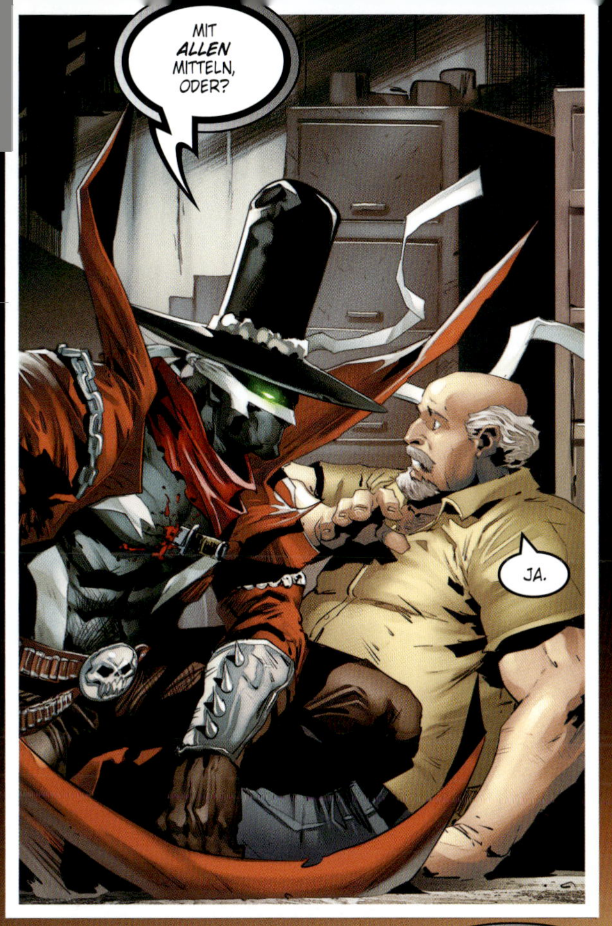
MIT
ALLEN
MITTELN,
ODER?
JA.

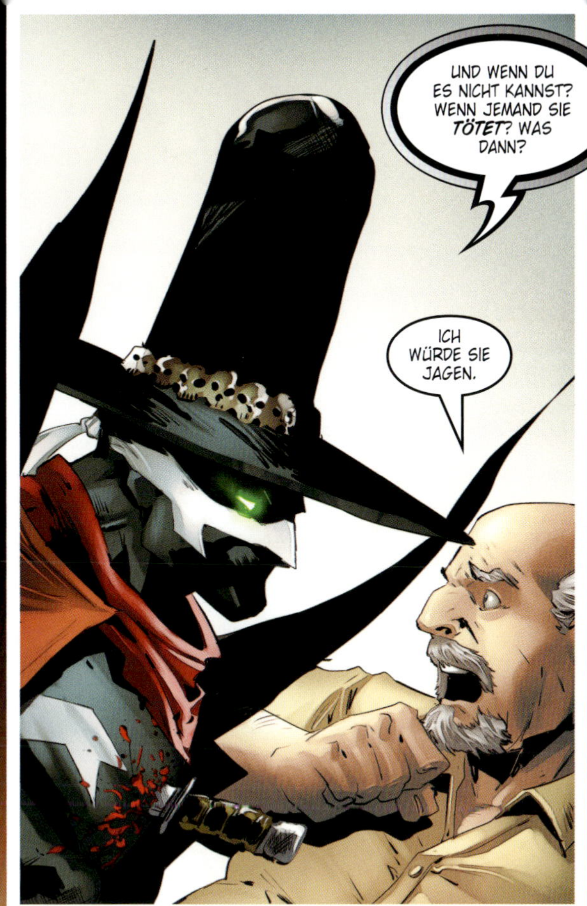
UND WENN DU
ES NICHT KANNST?
WENN JEMAND SIE
TÖTET? WAS
DANN?
ICH
WÜRDE SIE
JAGEN.

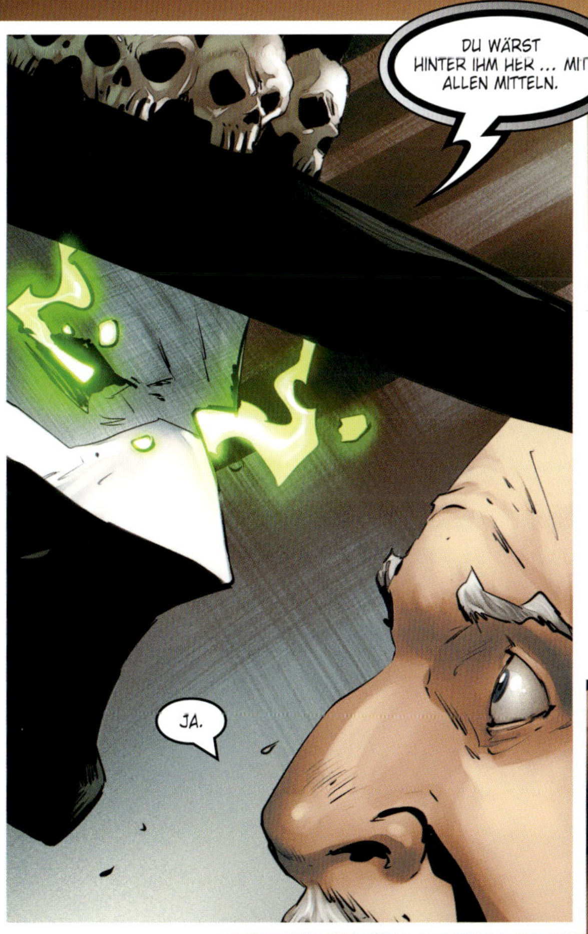
DU WÄRST
HINTER IHM HER ... MIT
ALLEN MITTELN.
JA.

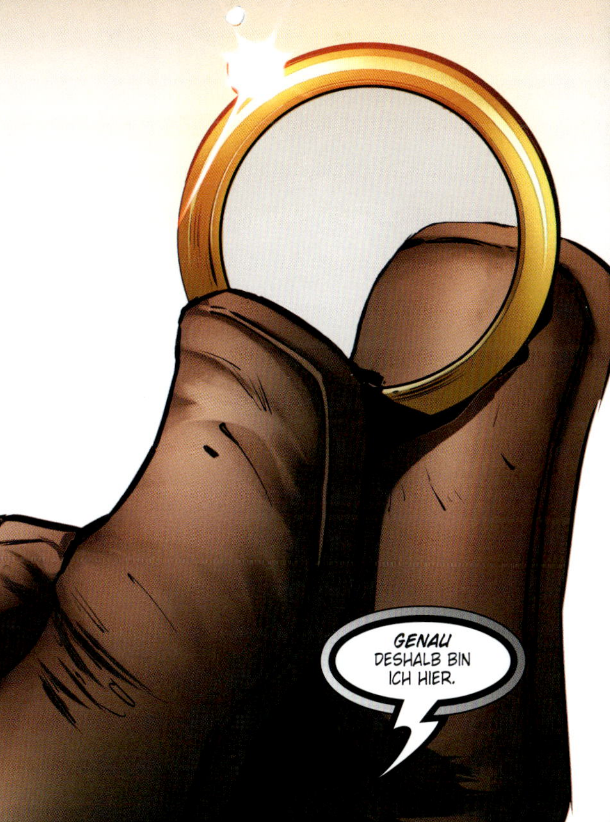
GENAU
DESHALB BIN
ICH HIER.

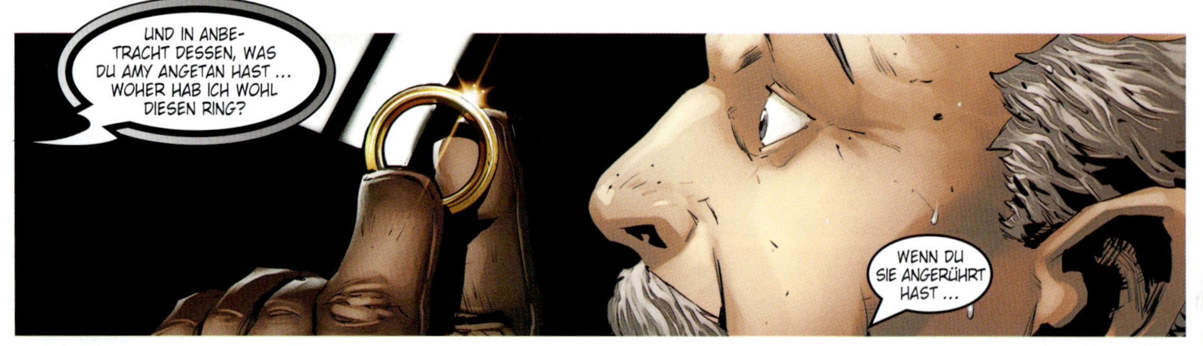
UND IN ANBE-TRACHT DESSEN, WAS DU AMY ANGETAN HAST … WOHER HAB ICH WOHL DIESEN RING?
WENN DU SIE ANGERÜHRT HAST …

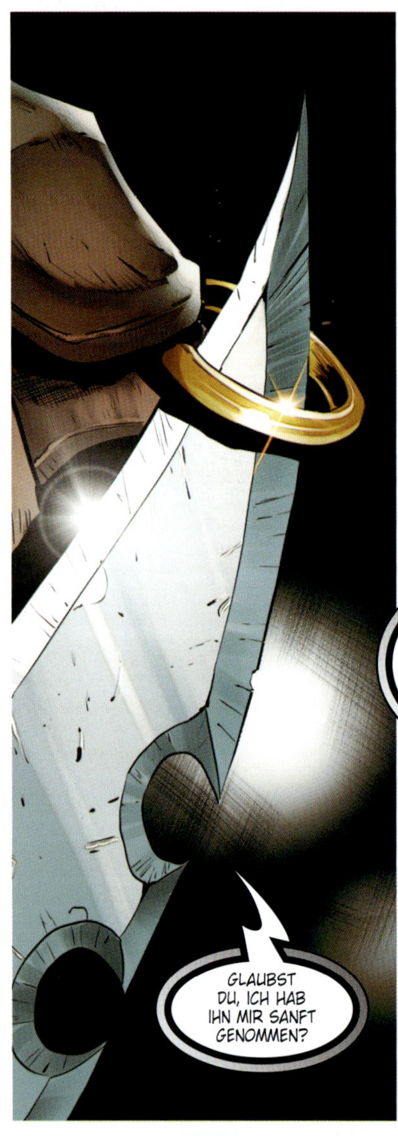
GLAUBST DU, ICH HAB IHN MIR SANFT GENOMMEN?

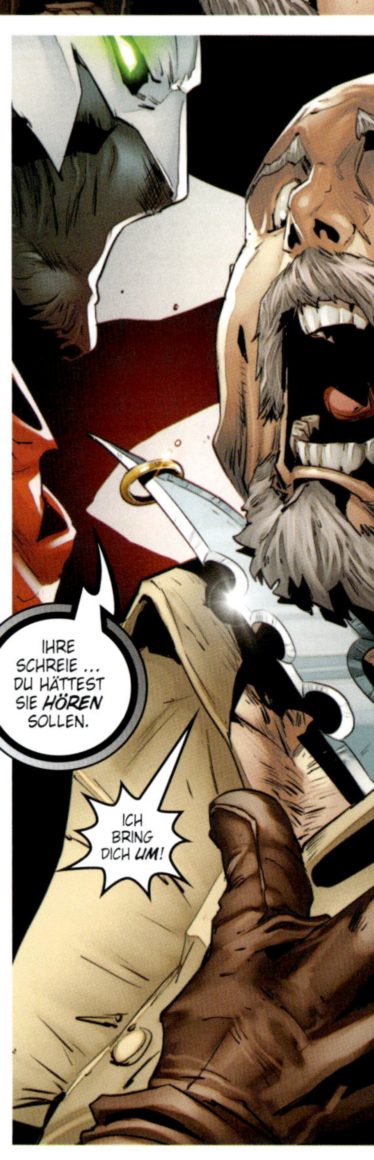
IHRE SCHREIE … DU HÄTTEST SIE *HÖREN* SOLLEN.
ICH BRING DICH *UM*!

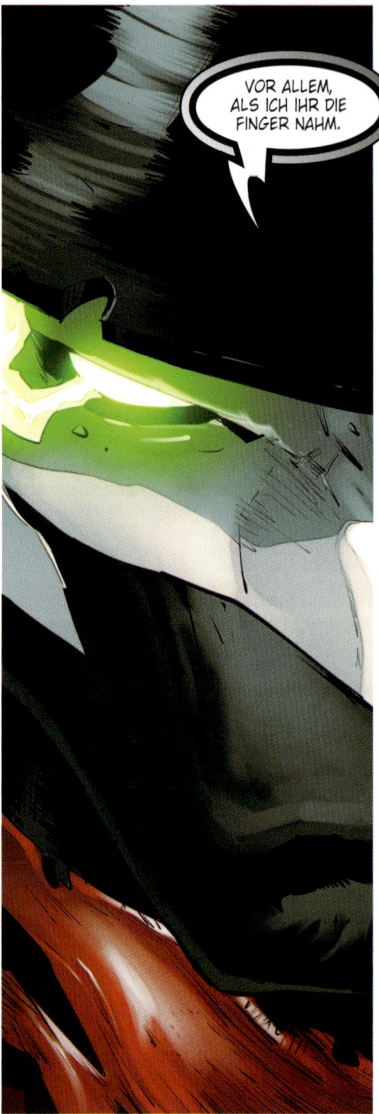
VOR ALLEM, ALS ICH IHR DIE FINGER NAHM.

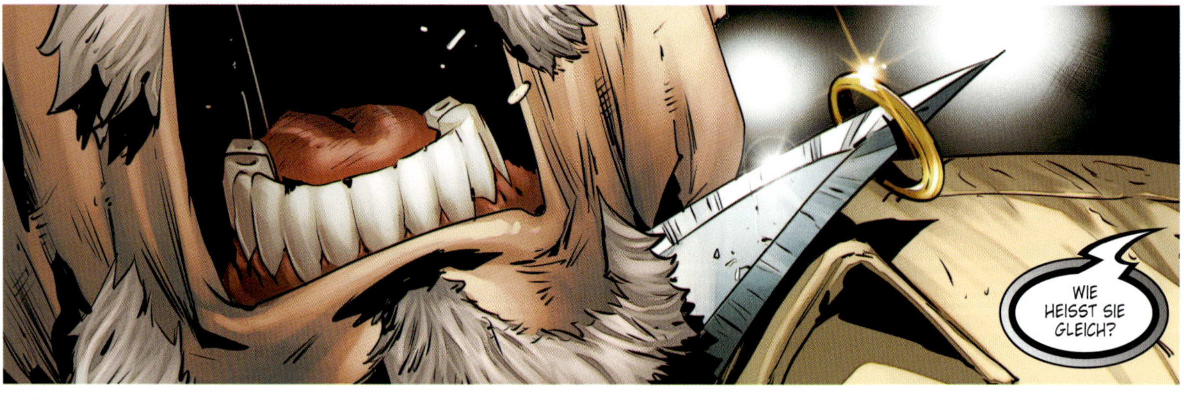
WIE HEISST SIE GLEICH?

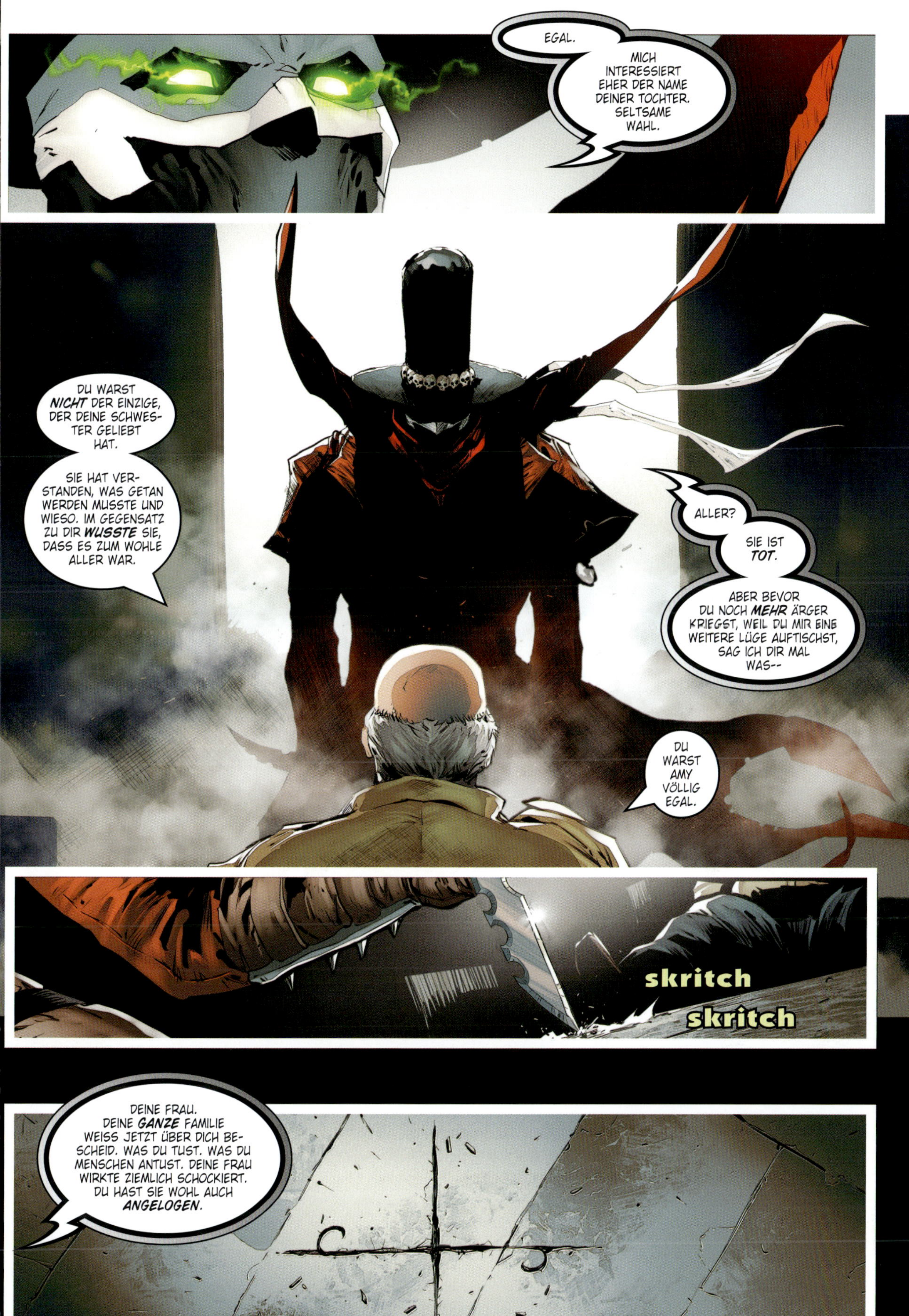
EGAL.
MICH INTERESSIERT EHER DER NAME DEINER TOCHTER. SELTSAME WAHL.
DU WARST NICHT DER EINZIGE, DER DEINE SCHWESTER GELIEBT HAT.
SIE HAT VERSTANDEN, WAS GETAN WERDEN MUSSTE UND WIESO. IM GEGENSATZ ZU DIR WUSSTE SIE, DASS ES ZUM WOHLE ALLER WAR.
ALLER?
SIE IST TOT.
ABER BEVOR DU NOCH MEHR ÄRGER KRIEGST, WEIL DU MIR EINE WEITERE LÜGE AUFTISCHST, SAG ICH DIR MAL WAS--
DU WARST AMY VÖLLIG EGAL.
skritch
skritch
DEINE FRAU. DEINE GANZE FAMILIE WEISS JETZT ÜBER DICH BESCHEID. WAS DU TUST. WAS DU MENSCHEN ANTUST. DEINE FRAU WIRKTE ZIEMLICH SCHOCKIERT. DU HAST SIE WOHL AUCH ANGELOGEN.

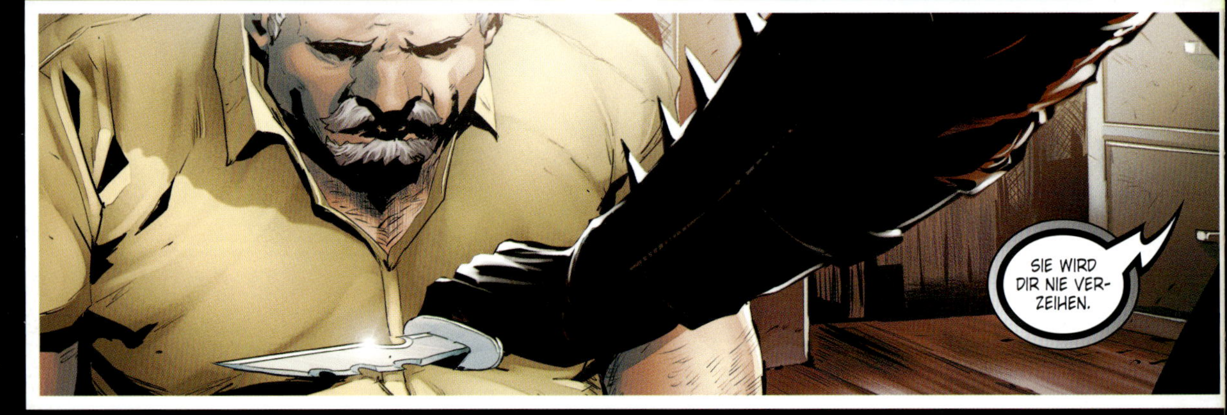
SIE WIRD
DIR NIE VER-
ZEIHEN.

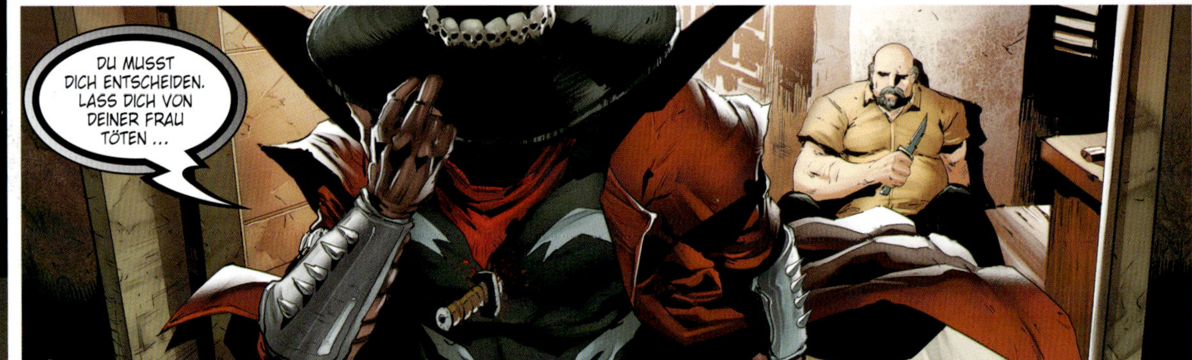
DU MUSST
DICH ENTSCHEIDEN.
LASS DICH VON
DEINER FRAU
TÖTEN ...

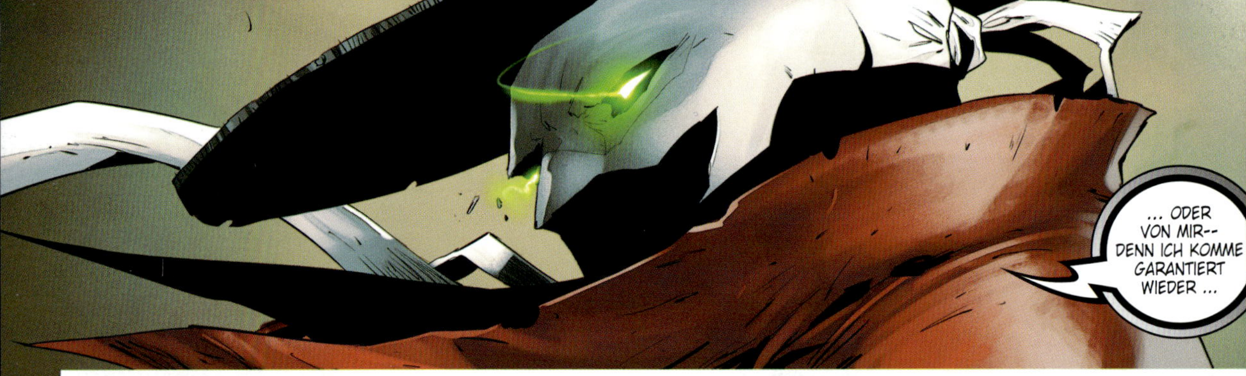
... ODER
VON MIR--
DENN ICH KOMME
GARANTIERT
WIEDER ...

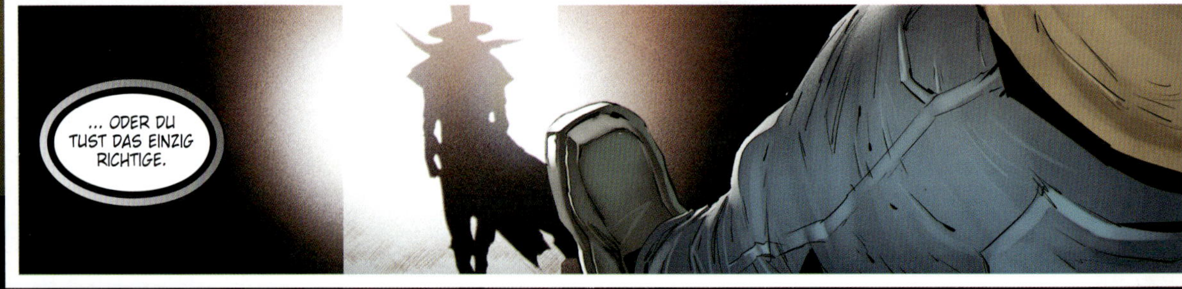
... ODER DU
TUST DAS EINZIG
RICHTIGE.

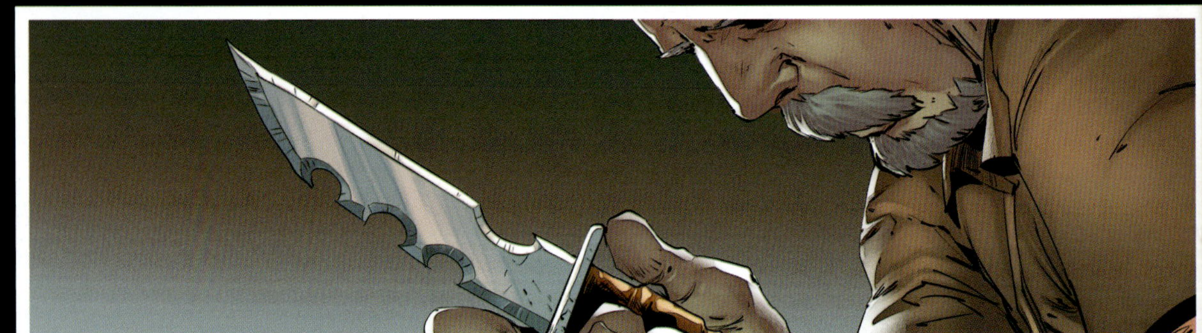

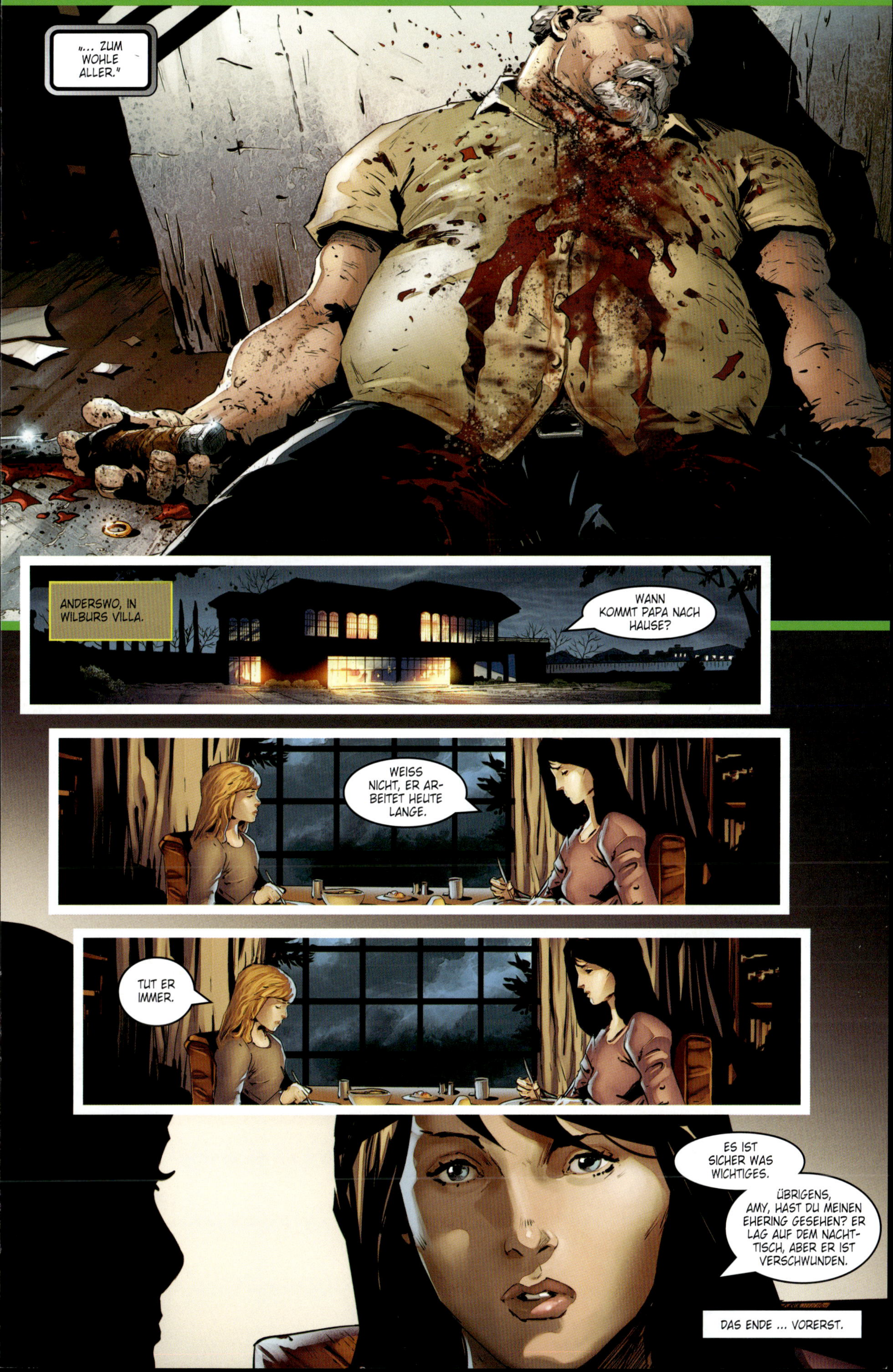

„... ZUM WOHLE ALLER.“

ANDERSWO, IN WILBURS VILLA.

WANN KOMMT PAPA NACH HAUSE?

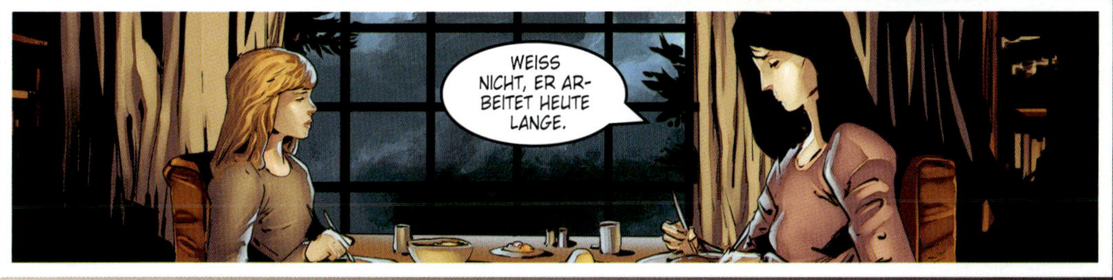

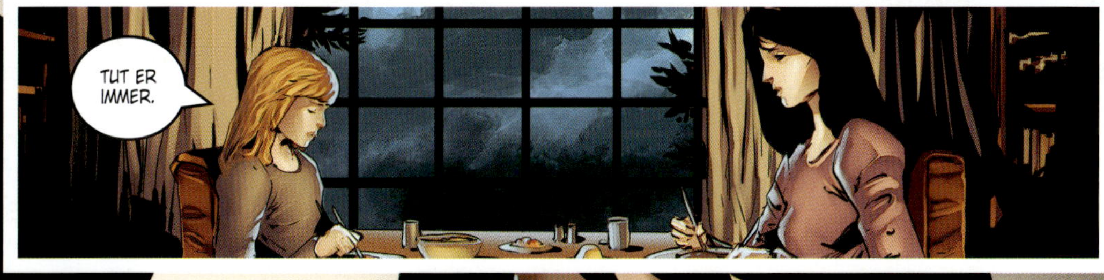

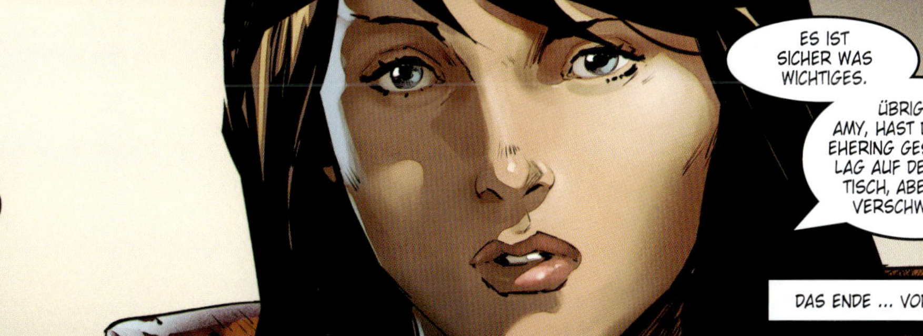

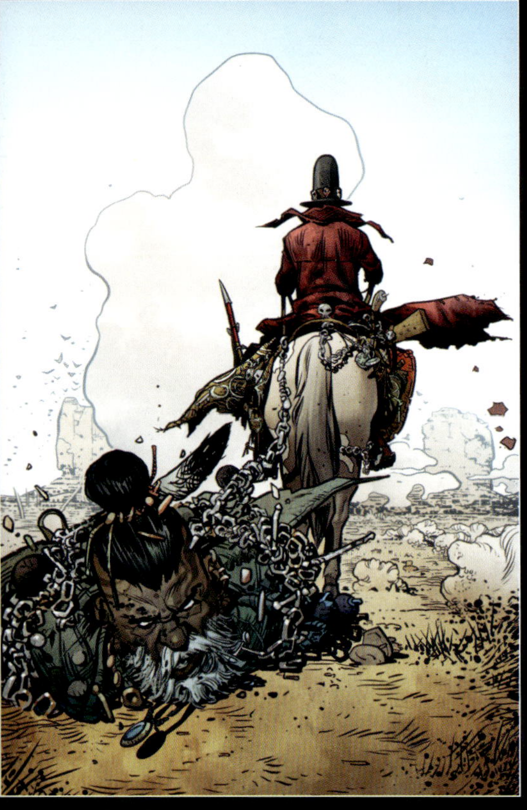

Gunslinger Spawn (2021) 20
Variant-Cover von **MIRKO COLAK**

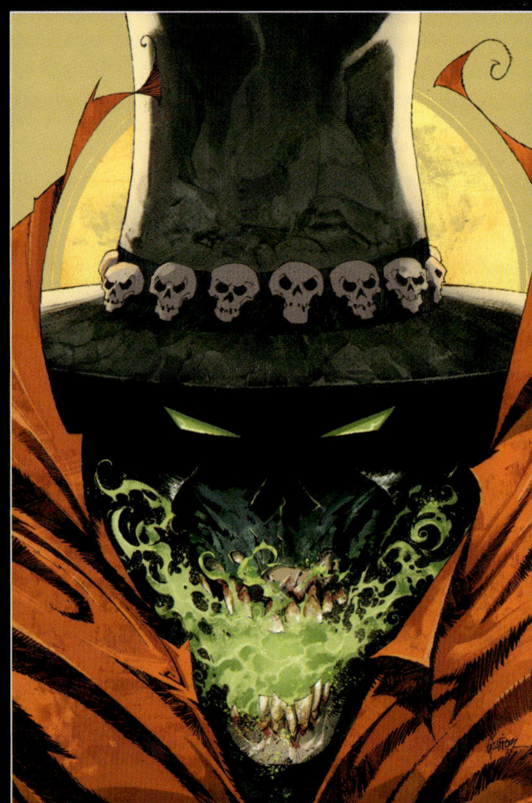

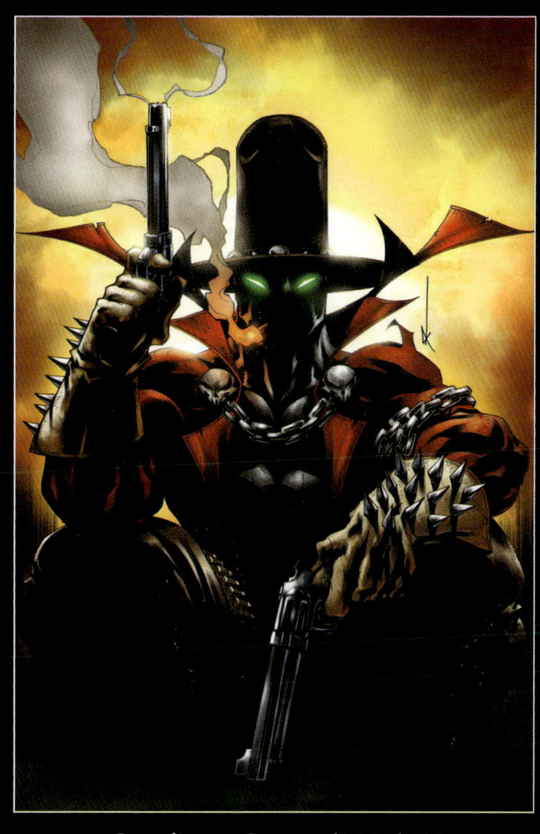

Gunslinger Spawn (2021) 23
Variant-Cover von **KEVIN KEANE**

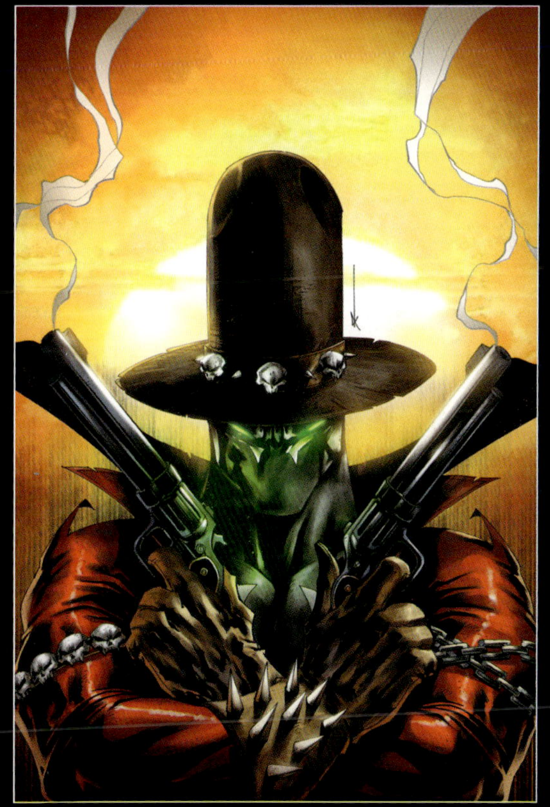

Gunslinger Spawn (2021) 25
Variant-Cover von **KEVIN KEANE**

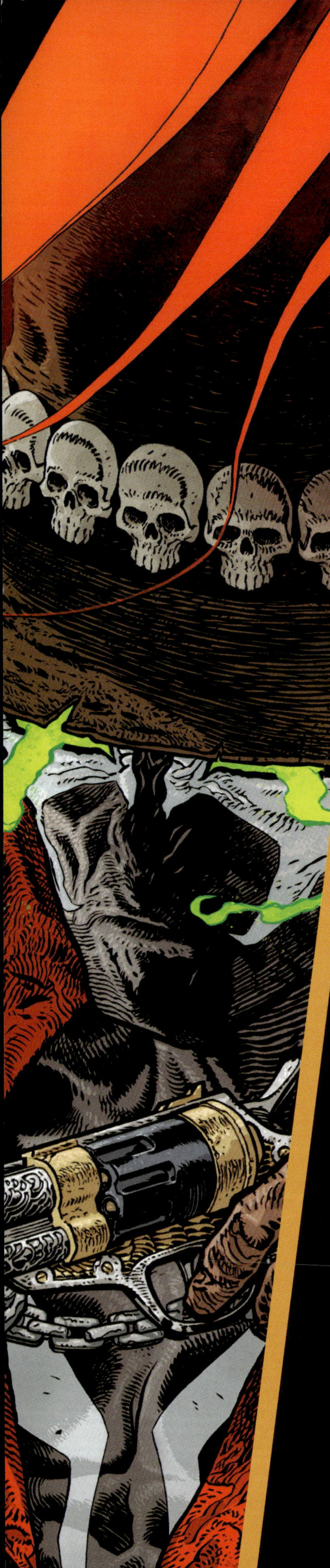

Bereits im zarten Alter von 16 Jahren erfand **Todd McFarlane** die Figur des Hellspawns Al Simmons. Ursprünglich wollte der gebürtige Kanadier Baseballspieler werden, doch eine Verletzung beendete den Traum vom Profisportler. Daher widmete er sich verstärkt seiner zweiten großen Leidenschaft, dem Zeichnen. Doch erst im Jahr 1992 sollte *Spawn* das Licht der Comic-Welt erblicken, nämlich bei Image Comics, einem Verlag, der von McFarlane mitgegründet worden war. Seine ersten Sporen verdiente sich McFarlane bei DC und Marvel, wo er vor allem durch seine Arbeit an *The Amazing Spider-Man* auffiel. Eine eigene Serie, die schlicht *Spider-Man* hieß, folgte und wurde ein echter Kassenschlager. Die Erstausgabe von September 1990 war das meistverkaufte Comic-Heft aller Zeiten. Aber es war nicht der einzige Rekord, den McFarlane brechen sollte, denn seine eigene Serie *Spawn*, die er zu Beginn ganz alleine schrieb und zeichnete, brachte ihm im Oktober 2019 sogar einen Eintrag ins Guinnessbuch der Rekorde ein. Mittlerweile unterstützen McFarlane, dem auch die Spielzeugfirma McFarlane Toys gehört, namhafte Autoren und Künstler, die das Spawn-Universum in seinem Sinne fortführen und weiter ausbauen.

Der gebürtige Texaner **Brett Booth** hat sich seine Sporen bei Wildstorm Comics mit der Serie *Backlash* verdient, die er gemeinsam mit Jim Lee konzipierte. Es folgten Aufträge bei Marvel für die Aushängeschilder *Spider-Man, X-Men* und *Fantastic Four*. Für DC illustrierte er die *Justice League of America, Teen Titans* und *Flash*. Bei Image Comics ist er der Hauptillustrator für *Gunslinger Spawn*.

Dexter Soy ist Zeichner und stammt von den Philippinen. Für DC wirkte er an Serien wie *Red Hood und die Outlaws* sowie *Batman und die Outsiders* mit. Außerdem war er an dem Crossover *Das DC-Universum vs. Masters of the Universe* beteiligt. Für Marvel zeichnete er unter anderem *Captain Marvel* sowie *X-Men*. Darüber hinaus arbeitete er an *Army of Two* mit.